Toda la noche oyeron pasar pájaros

Colección Autores Españoles
e Hispanoamericanos

J. M. Caballero Bonald

Toda la noche oyeron pasar pájaros

Novela

Premio Ateneo de Sevilla
1981

Planeta

COLECCIÓN AUTORES ESPAÑOLES
E HISPANOAMERICANOS
Dirección: Rafael Borràs Betriu
Consejo de Redacción: María Teresa Arbó, Marcel Plans, Carlos Pujol y Xavier Vilaró

Editorial Planeta, S. A., Córcega, 273-277, 08008 Barcelona (España)

Diseño colección y sobrecubierta de Hans Romberg (foto Zardoya Press y realización de Jordi Royo)

Primera edición: setiembre de 1981
Segunda edición: noviembre de 1981
Tercera edición: marzo de 1982
Cuarta edición: noviembre de 1982
Quinta edición: noviembre de 1982
Sexta edición: junio de 1983
Séptima edición: octubre de 1986

Depósito legal: B. 32.338-1986

ISBN 84-320-5543-3

Printed in Spain - Impreso en España

«Duplex, S. A.», Ciudad de la Asunción 26-D, 08030 Barcelona

Para Ramón Segura

Navegó al sudueste. Anduvo 5 leguas; mudóse el viento y corrió al güeste quarta al norueste y anduvo 4 leguas; después con todas, 11 leguas de día y a la noche 20 leguas y media. Contó a la gente 17 leguas. Toda la noche oyeron passar páxaros.

Diario de Colón, martes 9 de octubre

...y procura no reparar en otras historias de aquí adelante, de modo que parezca verdad lo que también yo tengo por dudoso.

CERVANTES, *El Persiles*

PRIMERA PARTE

I

TODAVÍA SE ACORDABA mamá Paulina del día en que apareció el viejo Leiston por el muelle y, después de recorrerlo una y otra vez con manifiesta desazón, emitió una especie de mugido que más parecía provenir de un cuerno de caza y se quedó como a la expectativa frente al caserío, esperando quizá que toda la gente portuaria que por allí había acudiera de inmediato a aquel venatorio y desconsiderado llamamiento. Pero la gente ni acudió ni se dio por aludida, simplemente observó de lejos y con escasa atención al estrafalario paseante, cosa que debió parecerle a éste de lo más descortés, pues optó por dirigirse con dubitativo enojo, esgrimiendo el bastón a manera de estoque y usando la mano como visera, a la tienda de vinos y efectos navales de Jenaro Lacavallería. No bien entró, se estuvo un tiempo casi indiscreto curioseando por aquel abigarrado almacén, donde el olor a mosto y a cáñamo formaba una combinación de lo más reconfortante, y luego solicitó en un español enmarañado hablar con el dueño. Pero el dueño no estaba a la sazón en la tienda y el viejo Leiston decidió pedir una botella de oloroso y sentarse a esperarlo, o a reponer fuerzas, junto a la única ventana que daba al puerto.

Casi dos horas permaneció en aquel observatorio, alternativamente ocupado en beber a no desdeñable velocidad y en vigilar el trajín del muelle de los Sirios, por donde acababa de amarrar un airoso falucho. Y fue más o menos entonces, después de haber consumido su botella de oloroso y dado a entender por señas cada vez más innecesarias que el vino merecía su total beneplácito, cuando mamá Paulina lo vio de cerca por primera vez. También ella había ido a la tienda en busca de Nieves, la mujer de Jenaro Lacavallería, y hubo como un reconocimiento tácito entre quienes nunca hasta entonces habían tenido oportunidad de encontrarse. Mamá Paulina creyó descubrir en aquel arrogante y enigmático forastero lo mismo que él descubriría en ella: una especie de prestigio fisonómico o de apostura natural que, aun sin asociarlos más que aparentemente entre sí, los aislaba del resto de la población portuaria.

El viejo Leiston miró de pasada a mamá Paulina y algo, el destello de ámbar que desprendía su piel, una vibración del perfil de los senos, la trenza casi albina medio suelta por abajo, lo sacó repentinamente de su pasajero estado de abulia. El vino sólo había alcanzado a producirle una discreta fotofobia, de modo que probó la excusa del parpadeo miope de los ojizarcos para acercarse al mostrador, que tenía un descomunal aspecto de reclinatorio, y situarse con mesurada estabilidad al lado de mamá Paulina. Titubeó un momento, pero se dirigió en seguida al muchacho que le había servido la botella.

—¿Supone usted que tardará todavía mucho ese señor? —preguntó sin ningún especial deseo de averiguarlo, sacudiendo contra los dedos la pipa vacía—. Quizá deba irme.

—¿Ese señor? —dijo el muchacho mientras limpiaba con un sucio puñado de estopa la tabla del mostrador—. Si no está aquí a estas horas es que ya no viene. Una costumbre que tiene de avisar.

—Las siete y veinte —dijo mamá Paulina con una precisión cronológica que nadie le habría supuesto.

El viejo Leiston comprobó primero la merma de luminosidad de la tarde y consultó luego un reloj cuyo tamaño parecía contradecirse con la capacidad del bolsillo del chaleco. Pero no corrigió ni corroboró el cálculo de mamá Paulina, que se empolvaba ahora la nariz con un gesto entre voluptuoso y apocado. Se oyó el chasquido de una madera con tan seca violencia que el viejo Leiston se volvió en busca del que probablemente había hecho restallar un látigo.

—Claro que siempre es mejor que no venga —dijo el muchacho—. La verdad.

—Una suposición —dijo mamá Paulina, y suspiró con elegante desgana al tiempo que guardaba la polvera—. Una suposición que podría irritar a alguien. No a mí, por supuesto.

—Ya han vuelto del arrastre —dijo el muchacho, haciendo con los dedos el gesto de atrapar en el aire quién sabe qué: un puñado de monedas, una esponja, la palabra avaro.

—Una pregunta, por favor —dijo el viejo Leiston, el bastón apuntando someramente a aquellas vecindades—. ¿El muelle pesquero es aquí?

El muchacho puso cara de estar oliendo alguna imposible cochambre. Se adelantó a la contestación que parecía tener preparada mamá Paulina.

—No —dijo como si no quisiera decirlo—. ¿Le apetece otra botella? ¿Le pongo unos chocos que me acaban de traer?

—La pesca llega al otro lado del Promontorio —dijo mamá Paulina—. Al muelle se lo llevó el agua, un embarcadero con más años que...

—Todo seguido —dijo el muchacho—, no tiene pérdida. Por donde anda Jaquemate, un barquero que se ahogó hace tiempo.

—El Promontorio —repitió el viejo Leiston recordando tal vez un sitio que no conocía y procurando así no confundirse más de lo que estaba—. Me parece que he oído hablar de ese Promontorio.

—Las barcas varan allí con la marea —dijo mamá Paulina— y luego ya no vuelven a salir hasta que crece el agua.

El viejo Leiston prefirió asentir a lo que en absoluto había entendido. Tenía la impresión de que una bruma malva y peguntosa se iba acercando desde el incierto fondo del almacén. Vigilaba sin motivo aparente al muchacho, que llenaba ahora un vaso de la espita de un tonel y se lo entregaba aún espumeante a mamá Paulina. Mamá Paulina recogió el vaso con suma delicadeza, lo miró al trasluz como si tuviera que hacerlo por obligación y bebió a breves e ininterrumpidos buchitos. El viejo Leiston estaba pensando que mamá

Paulina tenía efectivamente un extraño parecido con nadie cuando la oyó decir:

—Debe andar en el varadero, Jenaro Lacavallería. Yo voy a acercarme ahora por allí. Si quiere, lo llevo.

—¿Jenaro qué? —dijo el viejo Leiston esforzándose una vez más en no renunciar del todo a seguir el curso de la conversación.

—El que no ha venido —dijo el muchacho—. El que es mejor que no venga.

—El dueño —aclaró mamá Paulina con un gesto de condescendencia que debía usar a menudo.

—Yo sólo quería pedir un favor —dijo el viejo Leiston—. A él o a otro, lo mismo da. Enterarme si se vende por aquí alguna casa.

El muchacho se inclinó un poco por encima del mostrador hacia donde estaba mamá Paulina. Visto así, podía parecer raro que no presentase en la cara la señal de ninguna cicatriz.

—¿A que éste es inglés? —preguntó intempestivamente—. Seguro que la señora lo sabe.

Mamá Paulina se apartó con manifiesta contrariedad, pero no tuvo tiempo de decir nada. El viejo Leiston adoptó un aire mucho más inglés del que sin duda se le podía atribuir. Apoyó la barbilla en el puño del bastón con el aplomo del que es obedecido sin pedir que lo hagan.

—En efecto, joven —dijo—. Algo que seguramente usted no está en condiciones de compartir, una cuestión de matices.

—¿Quiere que nos vayamos? —inquirió mamá Paulina, dirigiéndose luego al muchacho en un tono no exactamente recriminatorio—. Estás tú bueno.

—Señora —dijo el viejo Leiston insinuando una vacilante reverencia y alisándose con un dedo el bigote rubicundo.

El muchacho se puso a refregar otra vez con ficticia perseverancia la tabla del mostrador, sin atender a dos hombres con aspecto de estibadores que reclamaban su presencia desde una mesita adosada a la pared. Parecía haber asumido del todo una ignorancia laboriosamente adquirida. Mamá Paulina no consintió que el viejo Leiston pagara su botella de oloroso. Le hizo una seña al muchacho y salieron sin más al tibio consuelo del crepúsculo. Un cabriolé medio desvencijado, del que tiraba una yegua que muy bien pudo tener su prestancia hacía años, esperaba en la esquina del almacén. La yegua levantó lánguidamente la cabeza cuando vio acercarse a mamá Paulina escoltada por el viejo Leiston. Miró primero a su dueña y luego al inglés con una atención excesiva incluso para un animal. Antes de que llegaran a la altura del cabriolé, la yegua se adelantó unos pasos, haciendo tintinear los cascabeles de la quijera y babeando por el freno.

—Suba por el otro lado, ¿quiere? —dijo mamá Paulina mientras se encaramaba ágilmente al carruaje, las trenzas oscilando con una locuacidad tal vez demasiado rubia para un fetichista.

El viejo Leiston tardó algo más en subir. Agarrado a la barra del asiento, tuvo que tomar impulso repetidas veces, un pie en el estribo untado de una mezcla de barro y alquitrán.

—Anda, *Balandrita,* guapa —dijo mamá Paulina casi en un susurro, agachándose para hablarle a la yegua, sin apenas mover las bridas que pendían de sus manos—. Vamos al varadero.

La yegua titubeó un punto y luego arrancó a un paso notoriamente premioso, enfilando el camino de terrizo que se abría entre las casas y la explanada del muelle. Un sol dilatado por la calina y de una inconstante tonalidad rosácea trasponía la linde nubosa del horizonte frente a la boca del río. Andaban estibando la carga en un maderero y descargando una gabarra y el viejo Leiston se inclinó temerariamente sobre el respaldo del asiento, como si intentara descubrir alguna secreta peculiaridad en aquella rutinaria faena. Pero tuvo que desistir de su empeño, pues las ballestas del cabriolé denotaban un avanzado estado de decrepitud y había que ir vigilando las bruscas sacudidas del carruaje para mantenerse en el asiento con un mediano equilibrio.

—Despacio, *Balandrita* —dijo mamá Paulina—. Despacio.

La yegua iba a su aire, siguiendo mansamente un rumbo que ya debía tener trazado e incluso corregido en su memoria. Dos mujeres, un hombre, otros dos hombres y una mujer se detuvieron, consecutivamente, y se quedaron observando con literal descaro a los ocupantes del cabriolé. Mamá Paulina les dedicó un falso saludo amistoso.

—Barcos se ven bastantes —acertó a decir sin convicción y en un respiro el viejo Leiston—. Pensé que habría menos —y se encogía de hombros como para subrayar de alguna forma lo pueril de su cálculo.

—Nunca hay bastantes —dijo sin mirar mamá Paulina—. Sobre todo en verano. Se van, adiós muy buenas, no vuelven hasta que empieza a refrescar. Como los pájaros.

—Exactamente —dijo el viejo Leiston.

Ya habían dejado atrás la dársena y las ruinas de una torre vigía, cuando la yegua se detuvo un poco más allá del Promontorio, a la puerta de un barracón hecho de chapas desiguales y tablones de andamio y todo pintado de almagre. Cerca de la orilla, fondeadas a sotavento de la escollera y ennegrecidas por el contraluz, había hasta una veintena de barcas con los aparejos tendidos sobre las bordas. Se escuchaba el arañazo pendular de las quillas contra el fondo arenoso, un refregón monocorde que parecía intranquilizar a la yegua.

—Aquí —dijo mamá Paulina, no se sabía si hablándole al inglés o a la yegua.

Cuando se apearon, el cabriolé siguió adelante como si se tratara de un acuerdo previamente pactado. El viejo Leiston miró con alternativo recelo al carruaje y a mamá Paulina.

—El coche —dijo, y se estuvo un momento como dudando de lo que debía hacer.

—No se preocupe —dijo mamá Paulina mientras veía alejarse al cabriolé con un amago de misericordia en sus grandes ojos celestes—. Ahora vendrá, me supongo.

El viejo Leiston no creyó oportuno corroborar una presunción tan aleatoria y se fue detrás de mamá Paulina. Sintió de pronto como el aleteo de un pájaro, una gaviota enferma quizás, encima mismo de su cabeza. Pero no miró: supuso que había rebasado el nivel vínico de las acústicas imaginarias y se adelantó a abrir la puerta del barracón. No bien entraron, les saltó a la cara un vaho de procedencia indescriptible y un despiadado olor a drenaje de barco. Mamá Paulina se acercó a la trabanca que hacía las veces de mostrador. Unos pescadores le hicieron sitio con una celeridad más bien grotesca y era como si hubiesen transmitido al local un efímero conato de silencio. Mamá Paulina pidió de beber en tanto que el viejo Leiston procuraba contener su asco y ordenar sus ideas. Oyó decir a alguien que el llamado Jenaro Lacavallería ni estaba allí ni había sido avistado por aquellas inmediaciones.

—Es raro —dijo mamá Paulina—. Siempre suele andar por aquí a estas horas.

—No es que tenga necesidad de encontrarlo —trató de explicar el viejo Leiston—. Se me ocurrió que podía darme un informe. Es decir, una pista sobre las casas en venta.

—¿Quiere que yo me entere? —propuso mamá Paulina—. Si era sólo eso, yo me puedo enterar.

—Muy amable —dijo el viejo Leiston, que empezaba a sentir como una baba de caracol subiéndole por el vientre arriba.

—¿Vive aquí ahora? —preguntó mamá Paulina.

—No, no en el puerto —dijo él—. En casa del señor Benijalea.

Mamá Paulina mojó los labios en su vaso de vino y volvió a dejarlo encima de la trabanca. No escupió pero miró al inglés con una fijeza reconcentrada y taciturna.

—Un sitio poco recomendable —dijo mientras iba quedándose de perfil—. ¿La casa es para usted?

—Me interesa mucho que esté en el muelle —dijo el viejo Leiston—. O lo más cerca posible.

—No me diga que va a venirse a vivir por estos andurriales —quiso saber mamá Paulina, frunciendo galantemente las cejas y acentuando el color ámbar de su piel.

—Eso pienso —dijo el viejo Leiston.

—No sé si debo felicitarlo —dijo ella, y miraba a su alrededor como para justificar su precario optimismo—. En todo caso, prefiero hacerlo cuando encuentre casa.

—Puedo esperar —dijo él—. Pero no por mucho tiempo.

Se quedaron un momento callados, aguardando tal vez a que cediera el ruidoso y humeante cerco que los mantenía pegados al tablero del mostrador. El viejo Leiston cargó su pipa pero no llegó a encenderla. Dos pescadores hablaban entre ellos, una mano de cada uno en el hombro del otro. Era una conversación simultánea y sin destinatarios, hecha de monólogos y sorderas y aparentes entendimientos gestuales. De vez en cuando bebían y se quedaban un punto en suspenso, como si intentaran recordar de qué habían estado hablando.

—La mar estaba que ni un mal viento —decía uno—, pero yo en seguida me olí que aquello no era lo que parecía.

—Le dicen Mojarrita, tú lo conoces —argumentaba el otro—. Todavía es casi un niño y aguanta media hora debajo del agua.

Mamá Paulina se volvió hacia el viejo Leiston y procuró ser algo menos incoherente.

—Aquí no entran señoras —dijo—. Putas sí que entran. Pero yo vengo algunas veces, a mí qué más me da. Ya los tengo acostumbrados.

El viejo Leiston no supo qué podía contestar. Tenía la impresión de haber visto por un ventanuco, mientras se resistía a beber lo que sería sin duda imbebible, una silueta vagamente familiar, un bulto opaco que se hurtó de repente a su ya incierta mirada.

—Me temo que debería irme —dijo en un inusitado trémolo.

—Esa *Balandrita* —dijo mamá Paulina—. A ver si ahora nos va a dejar plantados. Es que no le gusta traerme aquí, se solivianta. Tiene sus manías.

Alguien parecía querer apoyar su espalda en la espalda del viejo Leiston, un frotamiento áspero de telas sudadas y apelmazadas. El viejo Leiston debió pensar que no ofrecía un apoyo demasiado sólido y optó por situarse al otro lado de mamá Paulina. Y mientras recorría ese mínimo y agobiante trayecto fue cuando volvió a vislumbrar la silueta recortada en el ventanuco. Un cuerpo se interpuso entonces en aquella visual, pero estaba seguro de haber reconocido a la yegua asomada con pinta de espía al interior del barracón, un ojo triste brillando tercamente en una oscuridad punteada de lo que parecían ser luciérnagas. El viejo Leiston se volvió para mamá Paulina al tiempo que ésta le ponía su larga y caliente mano en el brazo.

—Ahí está ya *Balandrita* —dijo—, qué criatura. Si usted quiere, podemos irnos.

El viejo Leiston dijo inmediatamente que sí y pagó con creces lo que no habían bebido. Cuando salieron ya era noche cerrada y una negrura mate y remuneradora taponaba la entera demarcación de la costa.

II

SE LO HABÍA CONTADO tantas veces a su hijo, que éste ya no iba a olvidarse nunca. Incluso recordaría al cabo de los años lo que el viejo Leiston no tenía por qué saber, o sólo sabía a medias, a propósito de aquellas incertidumbres y afanes que precedieron al definitivo traslado de la familia al puerto. Porque efectivamente, después de toda una laboriosa sucesión de consultas, visitas y controversias, el viejo Leiston consiguió al fin lo que quería. Pero primero tuvo que elegir entre dos posibilidades: o comprar una casa en no muy buen estado de conservación, o adquirir un solar y mandar construir luego a su gusto lo que sería a la vez vivienda familiar y oficina de consignatario de buques y mercancías. Una disyuntiva que condujo al viejo Leiston a un progresivo aumento de sus capacidades coléricas y alcohólicas. La casa no dejaba de reunir, en todo caso, algunos de los requisitos que consideraba imprescindibles, a saber: que tuviese dos plantas y que, al menos desde la de arriba, se pudiese ver el mar y, en el mejor de los casos, el puerto. El mar se veía ciertamente por encima de los tejados aledaños, pero del puerto sólo se alcanzaba a distinguir el muelle de poniente y parte de los tinglados de la zona franca, lo que tampoco era mucho. Incluso teniendo en cuenta que iba a ser preciso realizar unas costosas obras de acondicionamiento, la compra de la casa resultaba a todas luces más tentadora que la del solar, cuya inmejorable situación no era quizá motivo suficiente para contrarrestar las demoras y dificultades que llevaría consigo una construcción de nueva planta.

De modo que el viejo Leiston tomó finalmente la decisión heroica de quedarse con la casa, si bien tampoco dejó de conservar una última y ambigua reserva de duda. No porque fuese a cambiar de idea, cosa nada probable, sino por costumbre de rectificar mentalmente lo que no había o pudo haber hecho. Gracias a la mediación más que aduladora del procónsul británico, logró ponerse de acuerdo con un contratista de medianas entendederas y vociferantes monólogos, con quien discutió y planificó todo lo que deseaba restaurar y modificar. La casa era de noble trazado, con una airosa galería alta volada sobre el patio central, y había sido concebida siguiendo el nada usual buen sentido de algún maestro de obras que no debía haber olvidado aún las excelencias de la arquitectura popular de la comarca. Sobre este punto, el viejo Leiston se había mostrado desde un principio plenamente conforme y quiso que se preservaran con absoluto respeto los artesonados y solerías, así como el estado primitivo de los paramentos, dejando sólo que se fortaleciesen las techumbres, se echase abajo algún tabique de mampostería y se adecentara todo lo que un imperdonable abandono había ido desluciendo o arruinando.

Las obras duraron —o consiguieron durar, según todos los indicios—, bastante más del doble de lo que en un principio se había calculado. El viejo Leiston asomaba periódicamente por el puerto, cada vez con mayor frecuencia y desazón, sin que viera nunca llegado el momento de poder pensar en irse a vivir a aquella maldita casa. Conoció, mientras tanto, a gentes magníficas y desmemoriadas, de natural melancólico e irreprochable informalidad; enriqueció su español con un nutrido repertorio de improperios locales; rompió bastones contra zócalos y quicios incesantemente defectuosos; volvió a emitir más de una vez aquel incongruente mugido con que anunciara —sin que nadie supiera a santo de qué— su primera aparición por el muelle, y procuró compensar sus disgustos y desánimos, y sobre todo su absoluta incapacidad para la paciencia, con un considerable incremento en el consumo de oloroso.

En una de las últimas visitas que hizo el viejo Leiston al puerto antes de quedarse allí definitivamente, se llevó con él a sus dos hijos: Estefanía y David. La niña debía andar entonces por los quince años y el niño por los catorce, cuando apenas habría alcanzado la cuarentena el que sería conocido, a poco de avecindarse en el puerto y ya para siempre, como el viejo Leiston. Los hijos, llegados días antes de su nativo Portsmouth, a orillas del English Channel, se habían instalado en casa de un ganadero y exportador de vinos de la ciudad, de nombre don Fermín Benijalea, con quien mantenía el padre unas fructíferas relaciones comerciales y que se ofreció interesadamente a hospedarlos hasta que pudieran trasladarse al puerto. El viejo Leiston, viudo desde hacía años de una dama galesa como él —que se decía depositaria de la limpieza de sangre de los últimos druidas—, consiguió apalabrar a una joven angloespañola que había sido expulsada del Ejército de Salvación por su desmedida insistencia en pernoctar con quienes salvaba. Y ella fue la audazmente elegida para que cuidase a los niños y éstos fueran perfeccionando su español, quehaceres ambos que parecía ir cumpliendo con una perseverancia incluso ejemplar.

Algo que no estaba todo lo claro que se suponía era el exacto motivo de los afanes migratorios del viejo Leiston. Cierto que nadie le preguntó nunca, o no recibió ninguna convincente respuesta si lo hizo, por qué enigmáticas razones había abandonado su pingüe negocio en Portsmouth, dejándolo languidecer en manos de subalternos de dudosa pericia, para venirse sin otro bagaje que el de su excéntrico entusiasmo a un lugar tan remoto y tan ajeno a sus propios hábitos y raíces. Se decía, de todas formas, que el cada vez más próspero comercio vinícola de fletes y consignaciones, aficionó al viejo Leiston a los generosos caldos con los que traficaba y, correlativamente, a la lejana costa de donde procedían. Inició primero un intensivo aprendizaje del nuevo idioma y la nueva ocupación por medio de libros, informes, cifras y consejos, que el vinatero le fue mandando con la misma amable puntualidad que las partidas privadas de oloroso y los estímulos para el viaje. Y un buen día decidió con repentina temeridad soltar amarras, aun después de haber tenido la nada alarmante intuición de que ya no iba a regresar nunca a su país, ni siquiera cuando los sucesivos estragos bélicos alterasen de pasada su manifiesta determinación de no moverse de aquel ya predilecto rincón del planeta.

Lo único que realmente intranquilizó, aunque sólo hasta cierto punto, al viejo Leiston fue el hecho de tener que poner en marcha su nueva vida con el inevitable lastre de los dos hijos y la supletoria carga de la casi improvisada institutriz. Aquella primera visita familiar al puerto no resultó exactamente estimulante en este sentido, o sólo lo fue con referencia al varón, una neta línea divisoria no del todo imprevista. La niña Estefanía proclamó desde un principio, no más bajar del *Austin* traído de Portsmouth y con el que llegaran de la ciudad, que todas aquellas vecindades y extramuros le parecían de lo más plebeyas y que vaya porvenir el suyo. En cuanto a la expulsada del Ejército de Salvación, Bárbara en el mundo, no hizo ningún ostensible gesto de repulsa, pero compartió sin decirlo los remilgos y desencantos de su pupila. Todo lo contrario, empero, le sucedió a David, quien efectuó con metódicas urgencias un completo recorrido por la ya casi habitable casa, eligiendo ufanamente para él el cuarto del piso de arriba que creyó más apropiado, y escapándose a continuación al muelle con ánimo de catalogar sus atractivos y prevenir exploraciones futuras. Quizá fuese aquella primera y fugaz impresión la que con más duradero influjo funcionara después en la memoria de David. Al viejo Leiston le satisfizo en sumo grado el comportamiento del hijo, al que ya vio desde entonces convertido en el joven Leiston, único heredero posible de todo lo que él tan esforzadamente había impulsado en Portsmouth y, andando el tiempo, dejaría consolidado en aquellas costas.

Las obras de la casa estaban ya de algún modo a punto de

concluir y el viejo Leiston logró hacerse prometer, después de un encrespado forcejeo con el voltario contratista, que el traslado podría al fin verificarse en un plazo máximo de dos semanas. Esa sola posibilidad, que más de una vez le había parecido inalcanzable de tan deseada, inyectó un innecesario remanente de dinamismo en el viejo Leiston. Y tal vez para festejarlo, quiso llevar a su hijo a la tienda de Jenaro Lacavallería, con quien ya había afianzado un trato discretamente amistoso, favorecido más que nada por la devoción a los barcos y a los vinos que se habían mutuamente descubierto. Estefanía y la institutriz prefirieron mitigar sus decepciones yéndose a pasear por las cercanías del muelle de los Sirios, la niña ya no tan niña con una sombrilla a cascos blancos y azules que la guarecía igualmente de los asedios del sol y de los transeúntes.

Camino ya de la tienda, el viejo Leiston explicaba someramente a su hijo los conocimientos, profusos o no, que había ido asimilando durante sus descubiertas por el muelle y caserío circunvecino. A su juicio, el puerto resultaba bastante más prometedor y decoroso de lo que en un principio había supuesto, sobre todo por lo que se refería a las escalas y tráficos mercantiles y a los buenos augurios, ya anunciados por el hospitalario vinatero, de la franquicia. Además había tenido ocasión de descubrir, a la altura de la playa de Cerromillán, un conjunto de casonas neoclásicas, con ricos herrajes y escudos heráldicos, que le habían causado una impresión de lo más halagüeña. Lo que no aclaró a su hijo, con quien hablaba intercalando de continuo frases en español, es que jamás pudo imaginarse que existieran allí, o hubiesen existido, abundantes familias del rango de la de don Fermín Benijalea, capaces de edificar y mantener aquellas mansiones de tan inesperada excelencia. Algo que realmente habría remunerado a su difunta mujer de otras muchas desilusiones y nostalgias, en la nada probable hipótesis de haber aceptado abandonar Portsmouth. El viejo Leiston se ensimismaba evocando, con soportable aflicción, a la aristócrata muerta de desconocido mal, y apenas si se percató de que ya habían entrado en el almacén y de que David aguardaba la iniciativa del padre. Jenaro Lacavallería debía andar por algún inexpugnable recoveco de la trastienda, pero salió a recibirlos tan pronto como supo que estaban allí.

—Ahí tiene usted a ese míster —le había anunciado el muchacho que despachaba el vino—. Viene con niño.

Jenaro Lacavallería no le contestó. Casi nunca le contestaba más que por señas y, en el más elocuente de los casos, por medio de gruñidos. Se abrochó el pasador de la tirilla de la camisa y se acercó al otro lado del mostrador, los dedos gordos enganchados de los tirantes tricolores. Tardó en descubrir al viejo Leiston, que observaba distraídamente a su hijo mientras éste examinaba con aire de experto la calidad de una jarcia de cáñamo.

—Estaba ahí —dijo Jenaro Lacavallería—. Me alegro de verlo, ¿qué me cuenta?

El viejo Leiston se volvió sin hacer ademán de darle la mano. Levantó el bastón a guisa de saludo.

—La casa —dijo—. Esa puñetera casa.

Al fondo, en el extremo opuesto del mostrador, tres hombres bebían algo que no era vino, orujo quizá. Debían ser estibadores o maquinistas de la draga. David había dado por concluido su examen de la jarcia y manipulaba ahora con unos rezones tomados de orín. Chirriaban las uñas contra los húmedos ladrillos.

—Ya la tiene casi lista, ¿no? —dijo Jenaro Lacavallería con cierta esforzada amabilidad—. Eso he oído.

—En dos semanas —dijo el viejo Leiston—. Ni un día más.

—¿Su hijo? —preguntó Jenaro Lacavallería ladeando la cabeza en dirección al curioso.

—David, el pequeño —dijo el viejo Leiston—. Un grumete.

—Siéntese —invitó Jenaro Lacavallería, señalando el camino con la cabeza y vigilando no sin inquietud los escarceos del muchacho.

El viejo Leiston no respondió, pero se fue con moderada presteza hacia la parte de la tienda dedicada a despacho de vinos. Ocuparon una mesa situada justamente en la divisoria, bajo un bien trazado arco de herradura por el que corría una decorativa red de telarañas y filamentos de polvo.

—¿Usted conoce por aquí un buen carpintero? —dijo el viejo Leiston, las manos apoyadas en el puño del bastón.

—¿De ribera? —preguntó Jenaro Lacavallería—. ¿Un calafate?

—Que haga muebles —dijo el viejo Leiston, y olía con la memoria una fresca fragancia a mosto—, ebanisto creo que se llama.

—Algo hay, ahora le indico —dijo Jenaro Lacavallería mientras se asomaba un momento al almacén de efectos navales, de donde llegaba una estridencia de sospechoso origen metálico.

—¿Está ahí el muchacho? —dijo el viejo Leiston.

Jenaro Lacavallería no supo si se refería al dependiente o al niño, pero creyó oportuno levantarse para comprobar lo que fuese. Echó una ojeada al almacén antes de dirigirse pausadamente al mostrador. Cuando había bebido después del almuerzo, el vino lo hacía más zambo y andaba como un patrón de pesca por un terreno inestable. El viejo Leiston desvió la vista hacia una ventana por donde entraba un sol casi furibundo y notó que podía soportar sin demasiado esfuerzo el inclemente desafío de la luz. Una buena señal esa tolerancia, pensó en inglés. Se acordó de nuevo de aquel olor a vino recién fermentado que lo remitía a sus primeras solitarias andanzas por el puerto, un inventario depresivo que él iba a veces restaurando con el apremio del caminante que sólo desea olvidar que siente una sed espantosa localizada en los repliegues de la faringe. El olor subalterno del mosto ocupando toda la voluble penumbra de la memoria, una afluencia de saliva que de ninguna manera se podía tragar. Y ya volvía Jenaro Lacavallería con una botella en una mano, dos copas en la otra y una libreta de negras tapas de hule bajo el brazo. Lo fue colocando todo sobre la mesa, usando de una exasperante y remisa obstinación por la simetría: la botella en medio, una copa a cada lado y, a igual distancia de la botella, la libreta formando un plano perpendicular con respecto al de la botella y las copas. Se sentó al tiempo que resoplaba, invalidando toda posibilidad de confidencia. El viejo Leiston encendió la pipa y estuvo observando cómo se llenaban las copas, justo hasta los dos tercios de su capacidad, un prodigio distributivo de la rutina.

—Conozco a uno que odiaba tanto la simetría que se quedó tuerto de un ojo —dijo a media voz el viejo Leiston.

—¿Eh? —repuso Jenaro Lacavallería—. Hay que celebrar lo de la casa —y levantó imperceptiblemente su copa, aun a riesgo de descomponer cualquier previsión simétrica.

El viejo Leiston intentaba recordar de dónde había sacado aquella prolija historia del tuerto, dos dedos indecisos acariciando el esbelto pie de la copa.

—A su salud —dijo finalmente con absoluta seriedad, y dio un largo sorbo.

—Pues aquí tiene usted lo que necesita —dijo Jenaro Lacavallería después de beber y consultar la libreta, ambas cosas al mismo tiempo—. Lo que se llama un buen hombre que sabe su oficio.

—Exactamente —dijo el viejo Leiston, acentuando el adverbio en la penúltima sílaba y sin saber del todo a qué debía aplicar semejante exactitud.

—Por detrás del puerto franco, casi a la entrada de Cerromillán —dijo Jenaro Lacavallería—. Allí lo tiene usted, el taller de Agapito. Estas sillas me las hizo él.

El viejo Leiston no llegó a comprobar la calidad de las sillas ni a anotar la información. Ya había servido otras copas y consumía la suya cuando se oyó un grito, no un cuerno de caza, por las interioridades del almacén. Hubo un corto espacio de silencio, enteramente invadido por los difusos ajetreos que llegaban del muelle, y enseguida apareció un hombre con boca de batracio y guardapolvo de color marengo. Distendió primero los labios de un modo a todas luces irregular y dijo luego que allí había un niño que se había descalabrado, que de quién era. El viejo Leiston, que estuvo unos segundos rechazando lo que no podía ser más evidente, se levantó con repentina agilidad y corrió hacia el almacén, seguido de cerca por Jenaro Lacavallería. David estaba como esperando que llegasen, negligentemente apoyado en unos paquetones de estopa, las manos en los bolsillos de los bombachos y un chorrito de sangre resbalándole por la plácida cara.

—Puñeta —dijo el viejo Leiston con la voz insegura, tropezando casi con su impertérrito hijo—. *What's the matter?*

Jenaro Lacavallería hablaba con el hombre del guardapolvo marengo y supo que el niño había estado enredando por todas partes, sin hacer caso a ninguna advertencia, hasta que se le cayó encima una roldana de hierro.

—Lo veía venir —susurró Jenaro Lacavallería.

El viejo Leiston buscaba nerviosamente la herida entre el cabello rubicundo de su hijo, apartando con todo cuidado los mechones y descubriendo al fin una brecha de escasa longitud pero de labios algo abultados.

—Yo llamaría a un médico —dijo como si lo dudara, el color purpurino de sus mejillas bastante desteñido—. ¿Es posible?

Jenaro Lacavallería se acercó a mirar, componiendo un gesto tranquilizador previamente ensayado.

—No es nada —dijo—. Un rasguño de nada.

—La sangre siempre es muy aparatosa —dijo el hombre del guardapolvo marengo, un cigarro apagado y amarillento de saliva colgando de la abertura de la boca.

—Parece profunda —opinó el viejo Leiston—. Una polea pesa mucho, habrá que avisar a un médico.

—Nada —insistió Jenaro Lacavallería—. Se le trasquila un poco y se le pone un tafetán.

—Yodo —dijo el hombre del guardapolvo marengo—. Lo mejor es el yodo.

Jenaro Lacavallería pareció asentir con la cabeza y le hizo una seña al niño.

—Ven acá, buen mozo —dijo.

David se acercó del brazo de su dubitativo padre. Tenía la cara del que cumple una obligación cuyo resultado ni siquiera imagina.

—No sé —dijo el viejo Leiston, pero no siguió de ahí.

Jenaro Lacavallería los precedió camino de la trastienda mientras el hombre del guardapolvo marengo cerraba la marcha. Atravesaron primero unos pasillos formados por estanterías abarrotadas de aparejos y cajones y torcieron después hacia una especie de nave de bodega, entre cuyas andanas de botas aparecían esparcidos no pocos cacharros de latón. El viejo Leiston sostenía un pañuelo ensangrentado sobre la cabeza de su hijo y ya dudaba de llegar a ningún sitio mínimamente respirable cuando se cruzaron con el muchacho que despachaba el vino. Llevaba una regadera sin alcachofa en una mano y, en la otra, cogido por el pellejo del cogote, un gato negro de mirada feroz. Permaneció un momento indeciso y luego soltó al gato y se apartó como pudo entre las botas para dejar paso a la comitiva, sacudiendo violentamente el dedo meñique por dentro de la oreja.

—¿Es grave? —dijo.

El muchacho debió suponer que nadie iba a hacerle demasiado caso, porque siguió su camino sin esperar respuesta. Entraron enseguida en un cuarto penumbroso y de reducidas dimensiones, mitad leonera mitad escritorio, en uno de cuyos armarios anduvo rebuscando Jenaro Lacavallería, la cabeza prácticamente sumergida entre dos baldas. Encendió luego una luz y extrajo un frasco de vidrio cárdeno, una cajita de cartón y unas tijeras, que fue depositando, ahora sin excesivos alardes simétricos, en una rinconera de mármol. Una vez comprobada la suficiencia del instrumental, levantó los ojos hacia David con la ficticia impavidez del cirujano. David se soltó del brazo de su padre y se adelantó como el mártir dispuesto a ser devorado por los leones. Lo reducido de la estancia impedía a sus cuatro ocupantes cualquier desplazamiento mínimamente juicioso.

—Necesita limpieza —insinuó el viejo Leiston tratando de recordar cómo se decía en español asepsis.

—Lo malo ahí es la herrumbre —dijo el hombre del guardapolvo marengo—, y no había.

—Pierda cuidado —dijo Jenaro Lacavallería mientras iba cortando no sin delicadeza los pelos apelmazados por la sangre y pegados en las inmediaciones de la herida.

—Asepsis —insistió el viejo Leiston aventurando al fin el nada aventurado vocablo.

Se filtraba por la claraboya un tenue resplandor que parecía crepuscular sin serlo y que aminoraba incluso la escasa luminosidad de la bombilla. Un moscón empezó a rondar por la tulipa esmaltada de verde, topándose con ella al mismo compás que se sucedían los tijeretazos. El hombre del guardapolvo marengo se inclinaba sobre la cabeza de David con una proximidad tan colindante que más parecía destinada a oler que a mirar la herida. Jenaro Lacavallería lo apartó con un brusco movimiento del codo y un carajo contigo y, después de examinar fugazmente lo que llevaba cortado, comprobó que se había excedido bastante más de la cuenta en sus atribuciones de peluquero, pues la antes copiosa cabellera del niño ostentaba una especie de tonsura de incorregible dimensión. Se apresuró en todo caso a embadurnar la calva con abundantes pinceladas de tintura de yodo, sin que el paciente acusara ningún especial síntoma de molestia, y pegó entre los pelos, juntando los bordes de la herida, una buena tira de tafetán.

—Listo —dijo palmeándole las nalgas al niño—, como nuevo.

El viejo Leiston tenía sus dudas sobre la efectividad de la cura y el optimismo del curador, pero no se pronunció ni en uno ni en otro sentido. Los efluvios del yodoformo lo transferían a una casa familiar en la campiña de Portsmouth, una desvaída acuarela con estanques y parterres, la jauría desplazándose por una lontananza de prados sumergidos en la niebla, un hombre de levita untando de un líquido amarillo la caña desgarrada del poney. Notó entonces la proximidad de David, que lo miraba entre sumiso y altanero.

—*All right* —se le escapó al viejo Leiston—. Le doy las gracias —y casi se arrepentía de haberlas dado al remover con el bastón los mechones diseminados por el suelo.

—Nada —dijo Jenaro Lacavallería—. Ahora nos vendrá bien una copita.

—Los niños, ya se sabe —dijo el hombre del guardapolvo marengo, componiendo una zafia mueca conciliadora, toda la cara atravesada por la hendedura de sapo de su boca.

—No ahora —dijo inconcretamente el viejo Leiston.

Se dirigieron otra vez hacia el almacén de efectos navales, desandando más o menos el mismo sofocante itinerario. El viejo Leiston no tardó en despedirse con repentinas premuras de Jenaro Lacavallería.

—Disculpe —dijo ya en la puerta, sin acordarse entonces del vino que no había bebido—. Muchas gracias.

—Que se haga pronto esa mudanza —dijo Jenaro Lacavallería—. Y ojo con el grumete.

—El muchachito es de buena clase —dijo el hombre del guardapolvo marengo.

David no entendió pero le dedicó un gesto aparentemente remunerativo, la anticipación tal vez de una honra desdichada. Debían quedar todavía un par de horas de luz y el muelle aparecía ahora como más quieto y vacío, como si se hubiese producido una imposible pausa en la subida de la marea y en el trajín de los estibadores. David recordaría hasta muchos años después lo que entonces pensó: que todo aquel bullicio se había interrumpido de pronto para facilitar que su padre se recuperara de tan incontrolados y escrupulosos temores. Un niño harapiento se había colocado al lado de David, ajustándose a su paso y mirándolo detenidamente sin decir palabra. A lo lejos, por la otra parte del espigón del puerto franco, se veían hasta cuatro barcas con velas latinas navegando con rumbo al varadero. El viejo Leiston empezaba a sentir un martirizante barrunto de sed, la peor forma de recordar que en algún sitio había una botella de oloroso esperando que él llegara dispuesto a bebérsela, no importaba con qué malditas ganas de hacerlo solo o en la desconcertante compañía de mamá Paulina. El sediento llevaba a su hijo cogido de un hombro, una realidad precaria pero dominadora, y creyó recordar un episodio idéntico protagonizado por no sabía quién, quizá por él mismo, en una playa otoñal del English Channel, con la variante nimia de una mujer corriendo despavorida con un niño en brazos, acaso él, de cuya hermosa cabeza chorreaba sangre sobre un blanco vestido de organdí con una celeste dalia artificial en la cintura. La emoción pretérita de aquel gusto hipersensible de tísico por acariciar con su mano ensangrentada la piel lechosa de la madre, una contradicción relativa sustentando todas las restantes y absolutas contradicciones. Y allí estaba ahora David, que ni decía nada ni se quejaba de ningún dolor, pero que tal vez aprovechara entonces la abstraída actitud del padre para tantear disimuladamente por el sitio de la herida y despegarse un extremo del tafetán. La sangre tardó algo en manar de nuevo, pero manó al fin en forma de una débil hilacha por la frente abajo del niño, mientras el otro, el harapiento, observaba atónito la escena.

Y en eso llegaron cerca de la esquina donde el viejo Leiston había dejado el *Austin,* contra el que aparecían apoyadas con lánguida impaciencia la niña Estefanía y miss Bárbara, vigiladas no de muy lejos por algunos tenaces e inquietantes espectadores. El viejo Leiston no se había percatado de aquel nuevo brote de sangre provocado a sabiendas por su hijo, de manera que se apresuró hacia las que esperaban como para tranquilizarlas de antemano. Pero Estefanía sí vio la sangre, o la adivinó visceralmente desde donde estaba, porque corrió al encuentro de su hermano con visibles muestras de estupor, abrazándolo y besuqueándolo y prorrumpiendo en una ininteligible retahíla de sollozos y demandas de explicaciones. El viejo Leiston procuró con elegante torpeza alejar a los curiosos y calmar a su hija, mientras volvía a adherir entre los pelos el tafetán y aplicaba otra vez sobre la cabeza de David el ensangrentado pañuelo. Se dirigió luego a miss Bárbara mirándola de soslayo con una instantánea sombra de culpa.

—No ha sido nada —dijo como si estuviese cansado de repetirlo—. Un golpe de nada con una puñetera polea.

—La sangre siempre es muy escandalosa —dijo la miss copiando concienzudamente la opinión del hombre del guardapolvo marengo, las manos juntas por debajo de la barbilla con una unción de plañidera de lo más capciosa.

—Un susto, ya pasó todo —insistió el viejo Leiston—. Vámonos.

Estefanía condujo a su hermano hasta el auto estrechándolo amorosamente, lo ayudó a subir como si de un inválido se tratara y lo recostó contra su pecho en el asiento trasero.

El viejo Leiston y miss Bárbara se acomodaron delante, cada uno con su moderado ceño de disgusto. Los dos tenían una misma expresión contrita pero una muy diferente compostura. Estefanía se inclinó sobre David, le lamió un resto de sangre que le quedaba en la sien y lo fue acariciando con meticulosa ansiedad al tiempo que su boca se encontraba repetidas veces con la boca del hermano.

III

ALGUNOS DETALLES SECUNDARIOS habían permanecido un tanto desvaídos, pero Lorenzo Benijalea recordaba con absoluta nitidez el momento en que supo lo del potro y la fría congoja que le subió entonces hasta la garganta. El padre estaba arriba con el viejo Leiston, mientras las niñas mayores, Natalia y Estefanía, debían andar en el gabinete de miss Bárbara o compartiendo quién sabe qué confidencias por algún excusado rincón de la casona. La lluvia los había obligado a desistir de cualquier presunta expedición callejera y el holgado tedio de la noche circulaba por las habitaciones con el sigilo erizado de un gato. Todo tenía un aire neutro de víspera de un día que iba a ser igual al que ya acababa. Lorenzo se había quedado en una de las salas del piso de abajo instruyendo a David en los secretos de un aparato de galena, en tanto que la madre —doña Herminia, ese personaje ubicuo— estaba seguramente en su alcoba y, a la vez, al otro lado de la sala, sentada en un sillón frailuno y bordando sobre un bastidor rectangular un complicado laberinto de pájaros y guirnaldas. Volvió entonces a interrumpir su labor para reiterar a los afanosos radioescuchas que ya debían estar en la cama desde hacía rato, que iban a dar las once y media. Y fue en ese momento cuando una criada ya no joven y de uniforme celeste, anunció que estaba allí Ambrosio, el picador, y que quería hablar urgentemente con don Fermín, que si podía recibirlo. Doña Herminia se levantó con mesurados sobresaltos, o eso se suponía que había hecho, y le dijo a la criada que hiciera pasar a Ambrosio, que vaya horas, y que avisara en seguida al señor. Lorenzo oyó los pasos alejándose, amortiguados por la felpa húmeda de la noche, un roce exiguo que parecía esparcirse por el patio con el agua que caía de las gárgolas. Se adelantó hacia la puerta y se detuvo a medio camino, como si hubiese cambiado el ansia de salir al encuentro de Ambrosio por la paciencia de esperar a que entrara. Pero Ambrosio no tardó en aparecer, la chaqueta cruda oscurecida a trechos por el agua, una mirada grave y consultiva registrando la habitación. Llevaba la gorra fruncida entre unas manos que no le correspondían por lo mujeriles y su compostura hacía pensar en una timidez que más bien embozaba una cortesía circunspecta.

—Pasa —dijo doña Herminia volviéndose a sentar, ahora en un canapé de tela brocada—. ¿Ocurre algo?

—¿No está don Fermín? —dijo Ambrosio, quieto en mitad de la sala como quien espera un veredicto.

—A estas horas y con la noche que hace —dijo doña Herminia mientras se aplastaba una onda contra el pómulo—. Enseguida baja.

—Un aguacero —dijo Ambrosio—. Lo pensé, pero me pareció que tenía que venir.

—No te veo desde hace dos semanas o cerca —dijo Lorenzo, pretendiendo reducir una distancia que la madre parecía empeñada en acrecentar.

Ambrosio insinuó una sonrisa que no acabó enteramente de serlo. Se pasó un pañuelo por la cara mojada, unas gotas de lluvia engrosadas por el sudor. Y ya entraba en la sala don Fermín, el índice rollizo cabalgando sobre un largo y fino cigarro puro.

—¿Qué es lo que pasa? —preguntó con el tono del siempre habituado a tener o fingir prisas.

—Pues que no sé ni por qué estoy aquí —dijo Ambrosio—. Se ha escapado ese loco, el hijo de la *Sulamita*.

—*¿Zarandillo?* —exclamó Lorenzo, asumiendo bruscamente la misma desairada inmovilidad que el picador.

—¿Así, por las buenas? —dijo don Fermín.

—Me vine corriendo en la tartana —dijo Ambrosio—. A contárselo. No entiendo cómo ha podido ocurrir, un misterio.

Lorenzo veía al potro hundido hasta los corvejones en el barrizal, las crines pegadas a los ojos despavoridos, peleando contra los bultos rastreros de la noche, sin poder elegir entre la querencia maternal del establo y el otro anhelo obsesivo por los madroños que orillaban el canal.

—A ver si te explicas —dijo don Fermín sin que pareciera dispuesto a concederle a la noticia la importancia que pudiera tener—. Pero rápido.

—Si no son las doce —interrumpió doña Herminia—, faltará poco.

—No hace ni dos horas —dijo Ambrosio—. Lo había llevado a que durmiera solo en un box porque en el establo no paraba de dar guerra, ya usted lo conoce cuando se pone así. Le eché un poco de dormidera en el pienso y me cuidé de dejar bien sujeta la tranca. No lo amarré porque hubiese sido peor.

—¿Peor que qué? —preguntó don Fermín entre dos insolentes chupadas al puro.

Lorenzo sentía la desazón creciéndole por los pulsos, ese frío colérico que se le apelmazaba en la garganta cada vez que veía a un caballo maltratado o desvalido. Dijo entrecortadamente:

—Debe andar por el canal.

—Estuve oyéndolo desde la casa y no hacía más que cocear y pegar relinchos —continuó Ambrosio—. O sea, que si lo amarro, seguro que se lastima o que arranca el cajón. Pero al rato me pareció que se había calmado —contempló reflexivamente sus uñas—. Me pareció, porque cuando fui a echarle un ojo, tenía abierta la puerta, la cosa más rara del mundo. No me explico ni cómo logró escaparse ni adónde ha podido ir. Figúrese usted el disgusto.

—Nos lo figuramos muy bien —cortó de nuevo doña Herminia en un alarde imaginativo—. Pero habría sido mejor dejar todo esto para mañana. ¿O ya es mañana?

Hubo un silencio que parecía hacerse más gravoso entre aquel abigarrado mueblaje. Ni siquiera se oía ya llover, sólo el tenue bullicio del agua corriendo hacia los sumideros del patio. Lorenzo miró a su madre con sañuda fijeza y luego se acercó hasta donde estaba David en calidad de testigo mudo y distante. Aunque unos años mayor que él, no por eso había dejado Lorenzo de otorgarle desde que llegó a la casa un trato igualitario y acogedor, el mismo que rehusara mentalmente antes de conocerlo. Una actitud que no había obedecido en absoluto a ninguna autoridad disfrazada de condescendencia, sino a una veraz y nada jactanciosa oferta de ayuda, más explicable quizá porque el recién venido necesitaba de alguien como Lorenzo, con quien poder entenderse por lo común en inglés y capaz, al mismo tiempo, de iniciarlo en los pormenores del español local. Y ahora, mientras asimilaba de un modo distinto a los otros lo que había sucedido, también quiso Lorenzo confesar benévolamente a David por qué razonable causa la huida del potro iba a impulsarlo a hacer algo que nadie debería saber ni podría evitar.

—Lo raro es que no se quedara por allí cerca —dijo don Fermín como si deseara neutralizar en parte el requerimiento de su mujer, una mano en el bolsillo del batín de solapas de raso y la otra desbaratando el puro entre las alas de un cisne de cristal—. ¿Por casualidad te has dado una vuelta?

—No —dijo Ambrosio—. Yo estaba en la casa.

—Una vuelta para ver si averiguabas algo —aclaró don Fermín.

—Con este tiempo —dijo Ambrosio, y ladeaba la cabeza hacia ningún sitio concreto—. Todo está como boca de lobo. Me alargué hasta el potrero, eso sí, pero como si nada. Ni rastro.

—Tómate un coñac antes de irte —dijo don Fermín por decir algo—. Habrá que esperar a mañana a ver qué se hace.

—Lo único que se me ocurre —dijo Ambrosio con la vista fija en una costra de barro de sus polainas.

—Buenas noches —cortó doña Herminia levantándose con manifiesta incomodidad y dirigiéndose primero a nadie y luego al hijo—. Por favor, vete a la cama y llévate a David.

Lorenzo se despidió evasivamente y salió de la sala detrás de la madre y seguido de David. Sintió otra vez aquella gélida sequedad en la boca mientras atravesaba la penumbra del patio por la zona porticada y volvía a imaginarse el acudidero obstinado de *Zarandillo,* la madroñera que ahora sólo iba a depararle al potro una nueva forma de ofuscación en medio de la negrura. Le llegó como si fuera la primera vez el aliento de los chorreantes macetones de aspidistras y gladiolos, un rectángulo vegetal inscrito en el que formaban las columnas de porte neoclásico, con el alcorque central donde crecía la araucaria que ya rebasaba la altura de la azotea. Veía la sombra opaca de la madre deformada en el piso de mármol, esa lámina de hielo verdoso más traslúcida ahora bajo la módica luz del farol colgado frente a la cancela. David ajustó entonces su paso al de Lorenzo con un gesto confidencial de apoyo, como queriendo patentizarle que entendía muy bien todo lo que estaba ocurriendo y que confiara en su segura discreción. Lorenzo cogió un momento del hombro a su amigo y subió la escalera pausadamente, rozando a trechos con los dedos el barandal tapizado. Al llegar arriba, doña Herminia los besó despidiéndose y se fueron hacia el otro extremo de la galería con un notorio disimulo de conjurados. Antes de que David llegara a su dormitorio, Lorenzo le reiteró otra vez lo que ya sabía y debía callar. David asintió por medio de una solemnidad muda y no entró en la habitación hasta ver que Lorenzo torcía nuevamente hacia la escalera. Lo turbó de pronto la dudosa posibilidad de que apareciera en aquel momento Estefanía y usara de algún simulacro maternal para dejarlo acostado.

Lorenzo se acercó con paso cauteloso a la puerta de la sala y dedujo por la proximidad de las voces que Ambrosio estaba a punto de irse. Corrió entonces de puntillas hacia la cancela, la abrió con un delincuente sigilio y salió a la calle. La tartana permanecía a un lado del portal, vaciada como en un difuso bajorrelieve sobre el fondo gris de las tapias frontales, los dos mulos tan gemelos e inmóviles que parecían uno solo desdoblado por la acción espejeante de la humedad. Lorenzo se situó contra la pared, al resguardo de un cierro, el esbozo de una cara más aniñada y apenas reconocible reflejándose deficitariamente en el cristal mojado. Notaba los pulsos percutiendo en las sienes, creciendo al mismo compás que ese ilusorio sentimiento de hombría donde se confunden la culpa y la vanagloria. No tardó en aparecer Ambrosio, que se dirigió primero a la parte de atrás de la tartana y sacó un impermeable de debajo de uno de los asientos laterales. Lorenzo se aproximó muy despacio y puso una insegura mano en el brazo de Ambrosio, quien se volvió sin ninguna ostensible señal de sorpresa.

—¿Qué haces tú aquí? —dijo.

—Voy a irme contigo —repuso Lorenzo con la voz quebrada—. Ahora.

—¿Conmigo? —dijo Ambrosio—. No. ¿Qué vas a hacer conmigo?

—Yo sé dónde tiene que estar el potro —dijo Lorenzo como antes de poder dudarlo.

—Y yo —dijo Ambrosio—. Más o menos.

Y sacudía el impermeable, alisando malamente los pliegues ya convertidos en rozaduras, un azote de hule acartonado abatido contra el silencio.

—Me lo figuro —dijo Lorenzo parpadeando—. ¿Por qué no se lo has dicho a mi padre?

—¿Para qué? —preguntó a su vez Ambrosio—. Quería que se enterara enseguida, eso sí, pero hasta que claree no se puede ni pensar en salir a buscarlo —apretó la lomera de uno de los mulos—. La trocha del canal está hecha un torrente.

—Algo se puede hacer —dijo Lorenzo levantando la vista hacia las nubes, que dejaban ahora algunos claros en el cielo negruzco—. Los dos podemos hacerlo.

—Le va a gustar mucho a tu padre —dijo Ambrosio—. ¿Por qué no esperas a mañana y te vas a *Los Gallardetes* tempranito?

Alguien se acercaba ahora por la acera de enfrente, arrimado al tapial, como agobiado por el improbable peso de un saco medio vacío. Se quedaron callados hasta que la silueta rebasó la altura de la tartana. Una racha de viento con un punto de tibieza mugía por el callejón.

—Tengo que ir ahora —insistió Lorenzo—. ¿Me llevas?

Ambrosio se quedó un momento pensativo mientras se abrochaba el impermeable. Dijo:

—Sube.

Lorenzo trepó de un salto al pescante y se hizo a un lado para dejarle sitio a Ambrosio, que subió con calma detrás de él. Se veía brillar el pelaje zaíno de los machos, las crines de la cola barriendo el estiércol del reborde del pescante. Ambrosio buscó acomodo en la almohadilla del asiento y arreó a los mulos sin voz, sacudiendo las riendas con un aviso enérgico. Hizo virar la tartana hasta colocarla en dirección contraria a la que tenía y enfiló a buen paso la calle desierta. Se repetía entre los paredones el estruendo de las llantas y los cascos resbalando por las piedras mojadas.

—Estoy más loco que tu *Zarandillo* —dijo Ambrosio, los ojos fijos en una distancia imprecisa—. Ya verás qué bien, nos van a echar los perros a los dos.

Lorenzo prefirió no contestar. Se agarró con una mano al armazón del toldillo y no pensó en otra cosa que en lo intrépido de su determinación y en lo leal de la de Ambrosio. Aunque no hacía todavía mucho que éste había entrado como picador al servicio de don Fermín Benijalea —pariente lejano de Valerio Gazul, padre de Ambrosio—, ya dejó probado con creces sus muchas pericias en asuntos de doma y monta. Lorenzo aprendió con él todo lo que su ávida adolescencia podía aprender del fascinante trato con los caballos, a los que se fue aficionando desde muy niño a través del padre, heredero y mantenedor de una cuadra no numerosa pero con extensa fama de selecta. Ambrosio, que debía andar entonces por los veintidós años, o menos quizás, había compartido gustoso con el hijo del amo muchos de sus desvelos en el oficio de desbravar potros y adiestrarlos en las mañas de la equitación. Y de ahí fue surgiendo gradualmente una mutua disposición afectiva que, más de una vez, no se refirió sólo a la mera eventualidad de los encuentros en la cuadra.

Ya habían dejado atrás las últimas casuchas del arrabal y Ambrosio desvió la tartana por una angosta hijuela de terrizo, a cuyos lados se abrían de tarde en tarde las tranqueras de las cortijadas. Los mulos iniciaron un trote corto, que

Ambrosio frenó temiendo atascarse en los hoyos solapados por el agua. Venía de la parte del mar un tupido aroma a salitre y a majada húmeda. La hacienda quedaba a una legua larga de la ciudad, como a medio camino entre ésta y el puerto. Oscilaban los halos de los faroles de la tartana en medio de la negrura, un resplandor difuso columpiándose a ambos lados del camino y dándole al campo una evanescente apariencia de fanal iluminado por dentro. Lorenzo puso un pie sobre el asiento y se abrazó a su pierna doblada, el mentón apoyado en la rodilla, intentando contener un temblor producido quizá juntamente por el fresco de la noche y la emoción del viaje. Sentía una vez más ese estremecimiento voluble que lo transportaba al entrevisto paradero de aquel potro cerril, cuya pureza de sangre estaba documentada desde hacía nueve generaciones. No lo habían podido separar de la madre —que lo coceó inadvertidamente a poco de nacer— hasta después de cumplir los diez meses y tampoco hubo forma de que aceptara el hierro del primer bocado, de modo que decidieron dejarlo crecer un poco a su aire a ver por dónde salía, si es que no se desgraciaba de una vez contra los muretes del establo o las vallas del potrero en uno de sus arranques de furia. Sólo admitía y no siempre alguna fugaz caricia, un cepillado suave de la capa por parte de Lorenzo, el único que podía también hablarle bajito muy cerca de la oreja sin que se mostrara excesivamente huraño. Y ahora andaría perdido a saber por qué barrizales del canal, chapoteando entre las sombras que acabarían por encajonarlo en un espacio más insufrible que el de su estrecho y solitario acostadero. A Lorenzo le pareció que se despertaba cuando Ambrosio le dio con el codo diciéndole:

—Toma, valiente. Ponte esto.

Lorenzo se colocó trabajosamente y sin decir nada el poco útil impermeable y ya no tardaron en desviarse por la costanilla que llevaba a la hacienda. Atravesaron una verja que se abría en el chaflán de una tapia encalada y con alero de cascotes. En la parte alta del portón, formando un arco de medio punto entre dos pilares coronados por sendos jarrones de yeso, podía leerse un nombre, *Los Gallardetes,* y una fecha, 1928, las letras y los números de hierro. A Lorenzo se le anticipaba en la memoria la doméstica y jamás olvidada mezcla de olores a heno y a mantillo, a carburo y a acequia, ese vaho asociativo y visceral que exhalan los parajes de la noche donde hay caballos. Subieron por un carril de albero que llegaba hasta la explanada del caserío, a cada lado una hilera de eucaliptos alternando con unos bancos de fundición y unos barriletes sembrados de cactus. Ambrosio condujo la tartana hasta el extremo de un porche, a medias iluminado por dos lámparas de acetileno, y se apeó como afectado por una repentina abulia.

—Voy a llevar los mulos —dijo.

Y los desenganchaba cansinamente mientras Lorenzo se iba hacia la entrada del casal, los muros tapizados en parte por dos inmensos arbustos de buganvillas. Las caballerizas formaban un ángulo del extenso cuadrilátero de la explanada, el establo en la parte de la izquierda y la línea de boxes corriendo hasta la medianía del lado frontal. Apenas si podía distinguirse desde allí la cerca de tablas del potrero. Las llamas nítidas, albinas del carburo removían las sombras con una basculante y melancólica arritmia. Lorenzo se acercó como sin rumbo a los almiares que colindaban con el establo y se quedó de pronto indeciso, volviéndose a uno y otro lado en busca de la procedencia de una especie de aleteo que parecía lejano pero que ocupaba un espacio mayor del que razonablemente podía corresponderle. Miró a la techumbre del casal desfondada por la tiniebla, miró a las encimeras de los pajares, y no vio nada. Pero el rumor persistía y algo, una fricción distinta, un graznido irreconocible, le hizo levantar la cabeza hacia no sabía qué oscuro distrito de las nubes bajas. Tampoco vio nada esta vez, aunque tuvo la certidumbre de que un enjambre de pájaros había pasado por allí cerca, confundiendo tal vez la última ruta de la noche. Y en eso descubrió a Ambrosio inmóvil junto a una columna del porche, también mirando hacia arriba, y se apresuró hasta él como para que no lo amilanase esa supletoria alarma o acaso para abolirla con la credulidad fortalecedora de su compañía. Pensó que no iba a decirle nada de lo que había oído o imaginado, desalojando así cualquier presunta distracción en el normal curso de las diligencias que se avecinaban.

—Ha cambiado el viento —oyó que le decía Ambrosio antes de que él llegara.

Lorenzo cubrió en unos saltos la escasa distancia que lo separaba del soportal y dijo:

—Tenemos que irnos ya.

—Ven —dijo Ambrosio—. Siéntate, ven.

Y lo llevó junto a un postigo que se abría en un lateral del porche. Se sentaron en un poyo revestido de azulejos y abrigado por unas viejas mantas estriberas. Ambrosio no levantó los ojos ni dijo nada mientras liaba un cigarro con impasible minuciosidad, el dedo índice distribuyendo la húmeda picadura sobre el papel, enroscándolo y desenroscándolo repetidas veces. Pasó después la lengua a todo lo largo del cigarro y lo sacudió cogiéndolo de un extremo. Le había ofrecido el cuarterón a Lorenzo, pero éste no quiso.

—Te recomiendo que duermas un rato —dijo—. La luna va a salir dentro de poco, yo te aviso.

—Mientras antes vayamos, mejor —dijo empecinadamente Lorenzo—. Tú lo sabes de sobra, ¿o no tengo razón?

—Asómate por ahí y verás cómo está todo de agua —repuso Ambrosio—. Y además no se ve a dos pasos, encima eso. Si no te ahogas, te descalabras.

—Peor para *Zarandillo* —dijo Lorenzo, y rascaba con la punta del zapato la yerba mustia acumulada entre las losas.

—No vamos a conseguir nada —dijo Ambrosio—, hazle caso a este perro viejo —le puso una ecuánime mano en el hombro—. Habrá que esperar por lo menos a que salga la luna.

Lorenzo veía ahora blanquear los listones de la cerca y aceptó, suponiéndolo cercano, el plazo sugerido por Ambrosio. Se arrebujó en el impermeable y oyó como por detrás del muro el sordo refregón del yesquero, la respiración quejumbrosa de algún durmiente, las secas chupadas al cigarro, el viento meneando las hojas. No el escalofrío afilado por el relente, sino el sueño y la inacción empezaban a torturarlo por junto, esa ardua necesidad de sobreponerse a su propia lasitud y probarle a Ambrosio hasta dónde podía llegar su capacidad de resistencia. Debían ser ya cerca de las tres. Pensó que estaba deslizándose, a rachas intermitentes, por un duermevela vejatorio del que tenía forzosamente que escapar. Pululaban por el fondo centelleante de la visión unas imágenes inconexas y fragmentarias, de superpuestas analogías con alguna extraviada realidad, entre las que reconoció no sin vacilaciones a su padre ordenándole en inglés que estibara él solo un carguero si no quería que lo dejase encerrado en la sentina, y a una criada con el rostro intercambiable de mamá Paulina enseñándole los pechos junto a un turbio ventanuco del desván, y a él mismo dominando un caballo desbocado ante las atónitas miradas de la gente del muelle, y a Estefanía desnudando con unas temblorosas manos cubiertas de arrugas a su hermano David entre los madroños del canal, mientras algo, una opresión entre las piernas o un doloroso cepo del frío, le impedía avanzar hacia un sitio obligatorio y darse exacta cuenta de que estaba tendido en el poyete, una manta pegajosa por encima y todo el cuerpo entumecido. Se puso en pie de un salto y descubrió una tenue luminosidad, de alba o de luna, que partía inciertamente las sombras del porche. Corrió entonces casi sin poder llamando a Ambrosio en dirección a la entrada del casal y penetró en un oscuro y vacío vestíbulo que no pertenecía ya a ningún paraje del sueño, las paredes revestidas de trofeos y estampas ecuestres. Se disponía a desviarse por un corredor lateral cuando fue el propio Ambrosio quien lo llamó desde la puerta, el estímulo de su silueta recortada contra el hosco telón de la penumbra.

—Me quedé dormido —dijo acercándose jadeante—. ¿Qué hora es?

—Como las cinco, cerca —calculó Ambrosio después de observar la todavía exigua altura de un gajo de luna que asomaba entre las nubes.

—Hay que irse enseguida —dijo Lorenzo, con un brillo de desazón escociéndole en los ojos—. ¿Por qué no me has avisado?

—Nos venía bien dormir un poco —respondió Ambrosio—.

Estuve hablando con Benito, pero le dije que no hacía falta que nos acompañara —señaló con la cabeza hacia algún indeseable rumbo de la noche—. Ahora nos vamos, su hora. Si es que todavía tienes ganas de buscar a ese energúmeno.

—Puedo irme solo —dijo Lorenzo, y se estiraba de las vueltas de los calcetines como para disimular algún probable síntoma de cansancio o de duda.

—También —dijo Ambrosio—. Ya se ve algo con la luna, en media hora estamos allí abajo.

Venía de las caballerizas un rumor que la madrugada hacía más dilatado y recalcitrante, primero una especie de frotamiento de crines o de hojarasca, una rumia quizá demasiado sonora, y luego lo que parecía ser el ruido de un caballo echándose en el acostadero desde una altura superior a la presumible. Hubo un eco como lleno de boquetes en la pared del casal que le recordó a Lorenzo el aleteo que había escuchado poco antes.

—¿Vamos a ir andando? —preguntó éste.

—Un pie detrás de otro, caballista —dijo Ambrosio—. Claro que también podemos cargarle un catre a la yegua caponera por si te da el sueño.

—Ese que canta es el búho —dijo Lorenzo sin mirar.

—Ponte esto, anda —dijo Ambrosio, señalando unas botas de pocero y una pelliza que estaban sobre una banqueta—. Vas a necesitarlo.

Lorenzo obedeció en silencio mientras Ambrosio recogía un candil de aceite y una jáquima, a más de una garrota para cada uno. Cruzaron luego el rellano y se metieron por la vereda que bajaba, entre pastizales y barbechos, hasta el canal. Ya se alcanzaba a ver desde allí el bulto borroso de las casas de Cerromillán y de los tinglados del muelle y, más al fondo, aplastadas contra el cerco brumoso de la boca del río, las luces de las balizas parpadeando como luciérnagas. Corría el agua por las zanjas excavadas a ambos lados de la trocha, un murmullo tenaz y soñoliento acompasado a los remotos fusilazos de la tormenta, que ya debía estar descargando sobre los que faenaban en los caladeros de Argónida. La vereda se hacía ahora más abrupta y descendía a un pradillo bordeado de chumberas, entre cuyos declives se había embalsado la lluvia hasta formar una laguna que cubría mayormente el camino.

—Lo que yo me temía —dijo Ambrosio—. Mira bien por dónde vas.

—Descuida —musitó Lorenzo.

—Tenía que haber trabado a ese cabrón —dijo Ambrosio con un tono de voz que no acababa de ser iracundo—. Anoche tenía toda la cara de un loco.

Lorenzo lo miró un momento como si le tapara la boca, el claroscuro del cuerpo oscilando con la llamita apestosa del candil, pero no dijo nada. Se apretó los lagrimales entre el dedo pulgar y el índice mientras sondeaba con la garrota en la otra mano las quiebras del terreno. Cuando vadearon la charca, ya relucía en un recodo la cinta fosforescente del canal. Lorenzo caminaba sin apartar la vista de los tramos del suelo menos sombríos, no sabiendo muy bien qué reconocibles rastros del potro podían encontrar por aquel atolladero, y se agachó de repente ante lo que parecía ser la huella de un casco. Ambrosio se inclinó a su vez, acercando el candil y pasando un dedo por el reborde de la huella. Dijo:

—Un mulo cargado. Es de hace tiempo, mira.

Y señaló otras dos marcas de herradura, mal dibujadas en una pequeña cresta de tierra no limada del todo por la lluvia. Lorenzo apenas consiguió ver más que una señal fangosa, pues Ambrosio ya seguía adelante con la luz y se apresuró tras él. La trocha se perdía en un calvero y volvía a entreverse un poco más largo, orillando a la derecha el cauce del canal. Se oía el bullicio de las aguas crecidas por encima de la respiración de Lorenzo, el sofocante pulso de la noche apagando el otro impetuoso pulso del muchacho. No tardaron en llegar a las manchas de los madroños, por donde se detuvieron a buscar con mayor ahínco alguna pista. Pero, por más que lo intentaron, no hallaron ninguna, así que decidieron alargar la exploración por la parte menos accidentada de aquellas inmediaciones. Siguieron hasta un túnel bajo el que discurría el canal y junto al que se levantaban unos cobertizos medio desmantelados e invadidos de maleza. El túnel iba encajonándose por una hondonada y la bovedilla apenas sobresalía unos palmos de la rasante del barbecho. Ambrosio se apresuró de pronto hacia el talud, un desplazamiento vidrioso que alertó a Lorenzo como el barrunto de un peligro impensable. Pero Ambrosio estaba en cuclillas a unos pasos de él, palpando la pastosidad del declive, y no parecía exteriorizar ninguna alarma. Se quitó luego la gorra y se metió los dedos entre los pelos ensortijados, mirando reflexivamente a Lorenzo.

—Aquí lo tienes —dijo.

—¿Qué? —preguntó Lorenzo agachándose a su lado, la mirada tupida y anhelante.

—Se resbaló por este lado del repecho —dijo Ambrosio—. No me gusta.

Lorenzo creyó descubrir las marcas inciertas de unos cascos y varios surcos irregulares abiertos en la tierra floja del talud, entre unas pellas de excrementos. Volvió a preguntar:

—¿Y cómo lo sabes?

—Eso me temo —dijo Ambrosio observando los alrededores—. Estos cagajones son recientes —los removía con la estaca—. Debió asustarse y se metió en el túnel.

Lorenzo miró aquella boca subterránea, más visible entonces con los primeros despuntes del amanecer, y una ácida congoja se le inyectó por el pecho arriba como a través de un émbolo doloroso. Después se fue resbalando, sentado como estaba, hasta la orilla misma del canal. Se puso en pie con un esfuerzo enfermizo y comprobó que el agua no le llegaba más arriba de las botas. Apoyó entonces una mano en el muro tapizado de líquenes y se asomó a lo hondo del túnel mientras Ambrosio lo cogía recelosamente de un brazo diciéndole:

—No pensarás meterte.

—¿Qué podemos hacer? —balbuceó Lorenzo con la voz de cuando era niño—. Ahí no voy a dejarlo.

—El canal trae mucha agua —dijo Ambrosio—. Y además yo no sé cómo estará eso —se mordió pensativamente un nudillo—. Lo mismo nos encontramos por ahí al barquero Jaquemate.

—Vamos a entrar —decidió Lorenzo entre suplicante y conminativo—. Ha podido lastimarse, necesitará ayuda.

—A lo mejor tampoco está ahí dentro, quién sabe —dijo Ambrosio, y se quedó un momento como restaurando mentalmente algún desorden—. Espérame, ahora vengo. Voy a echar un ojo por la otra parte del túnel.

Lorenzo no se movió de donde estaba ni apartó los ojos de la boca del canal. Sabía que el túnel formaba una curva en su medianía y que la longitud no debía llegar a un centenar de metros, pero a él volvía a parecerle como una cueva sin fondo, ese agujero infernal al que tantas veces se había asomado con su hermana Natalia y con Sagrario, la hermana de Ambrosio —que todavía no era picador en *Los Gallardetes*—, y con Benito, el hijo del yegüero, en aquellas no tan lejanas tardes del verano de las averiguaciones clandestinas. Nunca se aventuraron dentro del túnel más que unos morbosos pasos, sabiendo como sabían que en mitad de la ululante negrura aguardaba una amenaza cierta, la misma quizá que se repetía en un recuadro esmaltado a la puerta del transformador del muelle de los Sirios, avisando que no la tocaran bajo peligro de muerte. No querían dudar que ese peligro estaba sobre todo allí, en lo profundo del canal, materializado en forma de horrible calavera gesticulante, las dos tibias prevenidas para golpear al intruso y arrastrarlo al abismo. Y otra vez le llegaba a Lorenzo, por detrás de una neblina deformante, aquellos temores asociados a la existencia del túnel, cuando Sagrario y Natalia corrían de la mano por la vereda y Benito se masturbaba entre los carrizos del talud al mismo tiempo que lo masturbaba a él, calculando luego qué evidente o ficticio derrame seminal había sido más copioso. Entreveía de nuevo a aquellas muchachas de la siembra forrajera, haciendo el ademán de echar viento con las faldas subidas desde la otra parte del canalillo. El envanecido miedo de la culpa y el otro miedo de la amenaza invisible, juntos ahora en el recuerdo del día en que Natalia lo empujó hacia el interior del túnel y él se cayó de bruces en el agua cenagosa y supo de pronto, en el preciso momento en que se levantaba y veía a su hermana y a Sagrario con las bocas juntas, que el espanto inicial se resolvía finalmente en la convicción de que había dejado de ser un niño. Pero ahora no lo empujaba nadie sino que era Ambrosio quien le ponía una apacible mano en la espalda y él se volvía lentamente como para demorar enterarse de lo que ya sabía.

—Nada, por allí no se ve nada —dijo Ambrosio, hincando la garrota en la blandura del repecho—. Ni rastro el angelito ni de su puta madre.

—Está ahí dentro —dijo Lorenzo, convencido de que en esa sola afirmación residía la clave de tantas penosas indagaciones y correrías.

—Vete a saber —dijo Ambrosio—. Un caballo loco es peor que un cimarrón, tira por donde menos se espera.

—Está ahí —repitió Lorenzo.

Ambrosio lo miró de hito en hito mientras se echaba el aliento en las manos y se las restregaba una y otra vez. Se oían las tórtolas despertándose por los eucaliptos de la colina. Hubo un módico espacio de silencio antes de que Ambrosio recogiera la estaca y le sacase un poco más de mecha al candil. Se ajustó luego el ronzal en la cintura y dijo con una decisión súbita y desprevenida:

—Agárrate a mí y no te sueltes.

Y se internaron sin más preámbulos por el túnel. Iban pegados al muro, por donde discurría una especie de arcén ahora anegado, tanteando con las garrotas en la escurridiza consistencia del cieno. La bóveda los obligaba a caminar por aquella parte un poco encorvados, las rezumantes hebras del verdín lamiéndoles a trechos la cara con un tacto viscoso de murciélago. A Lorenzo empezó a producirle un más mortificante escalofrío la húmeda bocanada de la oscuridad, esa rotación quimérica de bultos impulsados por la llamita del candil, entre los que no tardaría en columbrarse la imposible calavera de todos los peligros de muerte o la imaginaria sombra de Jaquemate. Quizás el túnel se bifurcase de pronto hacia un recinto desconocido donde todo podía ser simultáneamente verdad y mentira. La memoria letárgica del miedo confundida ahora con una nueva contracción de la náusea en el estómago. Dejaron atrás el último destello del alba y penetraron en una tiniebla hedionda que coincidía con la curva del túnel y que el débil péndulo de la luz no conseguía disipar. Lorenzo recordaría hasta mucho después lo que sintió entonces, esa ambigua sospecha de que nada de aquello podía ser cierto, o sólo lo era en la medida que la evocación modificaba la realidad. Ni había estado toda la noche en vela, huido de su casa, ni iba agarrándose a Ambrosio ni caminaban a tientas por dentro del túnel ni le crecía el temor mientras más sensiblemente intuía la proximidad del temor de *Zarandillo*. Pasó un tiempo impreciso: unos minutos de Ambrosio y toda la adolescencia de él, eso fue lo que pensó o supuso más tarde que había pensado. Y ya aparecía un atisbo de claridad al otro lado del túnel cuando casi tropiezan con el potro. Estaba echado en uno de los entrantes por donde vaciaban los desaguaderos y apenas si hizo un brusco y fugaz movimiento de alarma. Ambrosio situó cautamente el candil de forma que pudiese alumbrar más largo y el potro cabeceó un punto, como si no deseara que lo molestasen o como si no estuviese en condiciones de manifestar ninguna reacción ante lo intempestivo de aquella visita. Se quedó de perfil, en una tensa inmovilidad, y su cabeza fue una carátula quemada mientras no la hurtó al resplandor, el ojo brillando con una desorbitada y medrosa fijeza. Lorenzo sentía en la garganta el pálpito del corazón y como el roce gelatinoso de un sapo por dentro de las botas.

—*Zarandillo* —susurró.

—Pásate al otro lado y háblale —oyó que le decía Ambrosio—. Ten cuidado, no lo asustes.

Y así lo hizo sin que el potro cambiara de actitud, simplemente lo siguió con la vista haciendo uso de una impavidez que no se correspondía para nada con su habitual conducta de indómito. Lorenzo le metió los dedos suavemente entre las crines y le rascó las quijadas, susurrándole palabras sin sentido, incluso palabras con algún sentido, mientras Ambrosio intentaba pasarle la jáquima por la cabeza. Cuando lo consiguió se volvió casi sin respirar para Lorenzo.

—Vete despacio para la salida —dijo muy bajo—, que él te vea.

Lorenzo creyó no haberlo entendido del todo, pero se fue retirando con la espalda pegada al muro rezumante, una mano en el bolsillo apretándose el sexo contra el pubis. Y en eso el potro braceó con repentina brusquedad, buscando al parecer acomodo para poder levantarse, cosa que logró al fin no sin que se golpeara levemente contra la arista de la bovedilla. Ambrosio tensó el ronzal y dejó que el potro se resbalara hacia el lecho del agua y tomara luego los vientos de la salida. El eco de los cascos retumbaba por el cañón del túnel igual que el pedrisco sobre un tejado de latón. Al potro le llegaba el agua por encima de los corvejones y escarceaba con creciente nerviosismo detrás de Lorenzo y frenado por Ambrosio. Y a poco ya salían al increíble alivio de un amanecer mate y sin trampas. Lograron a duras penas hacer subir al potro el repecho de la vaguada y conducirlo hasta unas manchas de aneas, donde se encabritó de entrada y adoptó finalmente una docilidad que nadie le había conocido. Tenía unas rozaduras en la cruz y en una caña y el lamentable aspecto de salir de donde salía. Ambrosio se volvió entonces en busca de Lorenzo, el extremo de la jáquima bien anudado en la mano, y lo vio como queriendo ocultarse por detrás de unos carrizos. Estaba vomitando.

IV

AUNQUE YA SABÍA DE SOBRA todo lo que iba a ocurrir, Sagrario no se olvidaría nunca del día en que supo la noticia a través de la propia interesada. Probablemente tampoco habría llegado a conocer todos los pormenores de aquel anómalo reajuste familiar si los acontecimientos se hubiesen producido de un modo más recatado, o menos desafiante, aun contando con que a ninguno de los protagonistas le importara en absoluto lo que pudieran pensar o dejar de pensar en el puerto. Sagrario se acordaba muy bien de la primera ocasión que tuvo de hablar con aquella mujer de largas trenzas rubias, todavía joven y con una insidiosa reputación de díscola. Fugitiva de su marido o repudiada por él —según— justo al día siguiente de la boda, su sola prestancia física la dotaba sin duda de toda clase de involuntarios privilegios, aunque no de tantos como para que Sagrario dejase de sentir por ella una animadversión demasiado ostentosa para ser verídica.

Había ido esa mañana al muelle a ver de cerca un barco empavesado que ya había visto de lejos entrando en la dársena, cuando se dio cuenta Sagrario, sin ningún aviso previo, que la todavía no llamada mamá Paulina estaba detrás de ella. No se volvió sino que se fue desplazando como si observase distraídamente la maniobra de atraque, el chigre jalando a estridentes resoplidos de la estacha de popa. Mamá Paulina se situó entonces a su lado y usó de su más selecta sonrisa para decirle:

—Tengo que hablar contigo —modulaba la voz con una languidez musical y susurrante—. ¿Quieres que demos un paseo, te importa?

Sagrario no respondió en seguida. Veía de reojo la pamela de color limón que llevaba colgada a la espalda, las trenzas rozando los pezones, el destello dorado que emitía todo aquel cuerpo a la vez atrayente y repudiable, más teñido de ámbar bajo el ya sofocante sol de las once.

—¿Yo? —acertó a decir—. Iba para casa.

—Es un momento —insistió mamá Paulina, su blanca mano sobre el brazo oliváceo de la muchacha—. Sagrario.

Se quedaron un punto titubeantes y silenciosas, esperando quizá cada una de ellas que la otra tomara la iniciativa, hasta que se dirigieron pausadamente, como de común acuerdo, hacia el camino que llevaba a la playa de Cerromillán, por detrás de los inmediatos almacenes de la zona franca. Venía hasta allí un olor acre a brea caliente y a valvas de ostiones amontonadas al sol, las mismas fétidas emanaciones que harían evocar a Sagrario, mucho tiempo después, todo lo que había supuesto para ella aquel imprevisto encuentro. La marea estaba bajando y una brisa de poniente removía a intervalos inútiles la pegajosa cortina del calor.

—Hace tiempo que quería hablarte —volvió a decir mamá Paulina—. Tú eres ya una mujer.

Sagrario miró entonces por primera vez de frente a mamá Paulina, los ojos negros en los celestes, como gratificándola desde sus dieciséis años por la constatación de aquel repentino crecimiento. Acabó de masticar la pastilla de leche de burra que tenía en la boca.

—Ya nos ha dicho mi padre lo que pasa —aventuró con una azorada cautela—. A mi hermano Ambrosio y a mí.

—Lo sé —dijo mamá Paulina como si hubiese preferido no recordarlo hasta entonces—. Por eso quería verte lo antes posible. Que supieras por mí lo que tu padre te ha dicho, tú ya puedes comprender esas cosas.

—Supongo —dijo Sagrario—. Mi hermano es el que no quiere ni oír hablar del asunto, eso parece.

—También lo sé —reiteró mamá Paulina—, lo sabía desde el principio. No me extraña nada, la culpa es mía.

—Cada cual lleva a los suyos en la masa de la sangre —recitó Sagrario y con un tono sentencioso amén de extemporáneo.

—¿Dime? —dijo mamá Paulina.

El sol reverberaba cegadoramente en unos lienzos de pared que corrían paralelos al camino, la ausencia de árboles haciéndose más ostensible. Sagrario interceptó el resol con una mano y, con la otra, se enlazó un mechón de pelo por detrás de la oreja. Dijo:

—¿Y usted qué piensa hacer?

—Lo mismo te pregunto —repuso mamá Paulina—. Es muy difícil, me doy cuenta perfectamente de lo que quieres decir —levantó las cejas en una enojosa pausa—. Tu padre y yo estamos intentando resolverlo lo mejor posible, sin que se vaya a convertir en un conflicto para nadie.

—Ya —dijo Sagrario con algo tan parecido a la discreción que no hubo respuesta.

Venía en dirección contraria la recua de los areneros, un muchacho bruno en camiseta arreando tediosamente a un burro rezagado, los serones rebosantes dejando en el camino polvoriento un pespunte de agua. Sagrario veía rezumar ese agua delante de ella como otro monótono reguero de su memoria, reducido ahora a un tramo concreto de tantas derrochadas autonomías infantiles, cuando ya nadie podía marcarle las fronteras de sus correrías por aquellos alrededores. Sintió entonces en el hombro la tibia mano de satén de mamá Paulina y se hicieron a un lado, entre los mustios agaves que crecían a la altura del rompeolas.

—De niña venía a mariscar por aquí —dijo mamá Paulina como para coincidir con lo que podía pensar Sagrario, o intentando quizá cubrir de algún modo los ariscos huecos del silencio—. No me dejaban, pero era igual.

—¿No la dejaban, dice? —preguntó Sagrario con un malicioso mohín de incrédula—. ¿Usted vivía en el puerto?

—Usted, no: tú —dijo mamá Paulina—. Y me llamo Paulina.

—Paulina.

—Dime.

—¿Usted vivía aquí? —se corrigió sin ganas—. ¿Vivías aquí?

—Los veranos. No había casi nadie, toda la playa para una —anudaba y desanudaba el extremo de una trenza, pasándosela por los pechos con una inadvertida voluptuosidad—. ¿Tú no vienes a la playa, no te gusta bañarte?

—Con ocho años, ya andaba sola hasta por Punta Bolina.

—¿No vienes a bañarte?

Sagrario se quedó un momento absorta, repitiendo mentalmente las palabras de mamá Paulina, toda la plava para una, la vista clavada en las resecas hojas de las pitas. Dijo evasivamente:

—Voy con mi hermano a la alberca de la yeguada, lo prefiero —y añadió en seguida con una atropellada pretensión de madurez—: ¿Qué va a pasar si se viene a vivir con mi padre?

Mamá Paulina la miró como enseñándola a que ella también la mirase de otra manera.

—Si yo pudiera me casaría con él —dijo después de morderse el labio inferior—, eso es lo que haría, seguro. No me casaría con nadie nada más que con él.

—¿Y nosotros, mi hermano y yo? —dijo Sagrario—. Porque mi padre no cuenta, qué va, mi padre está embarcado todo el tiempo —tragó saliva con la cabeza baja—. Y ahora se le ocurre decir que lo que nos hace falta es alguien que haga de madre. Figúrese qué idea más buena, a estas alturas.

Se oía chillar a una bandada de gaviotas, que cruzaron el camino en vuelo rasante y se fueron posando indolentemente sobre las últimas piedras del rompeolas.

—Todo saldrá bien, Sagrario —dejó un espacio en blanco detrás del nombre—, ya verás. Tu padre y yo vamos a hacer lo imposible para que todo salga bien.

—Lo imposible —repitió Sagrario incluso con mansedumbre—. Me duele la cabeza.

—Confía en mí —dijo mamá Paulina—. Será del sol, ven.

—¿Y no te importa lo que digan por ahí? —preguntó Sagrario tuteándola como sin darse cuenta.

—No —dijo mamá Paulina, y esa sola sílaba se le quedó colgando, negra, de la boca—. Ya han hablado todo lo que han querido, un montón de basura. Me trae sin cuidado, ni puñetero caso. ¿Y a ti, te importa?

—¿A mí?

Hubo como un frágil silencio que ya no era necesario romper. El camino se perdía entre las dunas que limitaban por aquella parte la brumosa extensión de la playa: una amplia franja de arena blanquecina, con la divisoria marcada sinuosamente por un borde de algas muertas, y otra mayor y más oscura que iba ensanchándose a ojos vistas, como si se vaciase el mar por un inmenso agujero situado al otro lado del horizonte. Y ese olor triste de las cosas que el calor empieza a corromper. Unas garitas de mimbre, acogedoras y deslucidas, parecían acotar la única zona habitable de la playa, proyectando el resto de todo aquel litoral que llegaba hasta los bajíos de Argónida en un más desvaído y desértico ciclorama. Se veían esparcidos por la arena unos raigones de caña y unas tablas podridas, como de barcas desguazadas o naufragios ocurridos poco tiempo atrás. Y en eso llegaron hasta la exigua sombra de unos tamarindos. Mamá Paulina debía de andar buscando un sitio para sentarse cuando Sagrario se detuvo, un pañolito apretado contra la sien sudorosa.

—Tengo que irme —dijo a media voz—. Me está esperando Ambrosio en la yeguada.

—¿Quieres que vaya el martes por ti? —preguntó mamá Paulina acariciando el negro pelo de la muchacha con una suave vehemencia—. Tu padre llega a eso de las seis. Nos vamos al muelle a esperarlo, ¿quieres?

Sagrario asintió con la cabeza y dio unos breves pasos, todavía de espaldas al inmediato rompeolas. Veía a mamá Paulina avanzando hacia la orilla mientras se colocaba la pamela y se echaba las trenzas para atrás, una figura incolora destacando sucintamente en el contraluz como en una acuarela demasiado aguada, sin que la dificultad de ir andando sobre la arena seca lograse descomponer su airoso desplazamiento. Quizá se acordara entonces de cuando la vio por primera vez con su padre, saliendo de la tienda de Jenaro Lacavallería, muy juntas las caras, y no sintió sino una brusca sensación de estar más privada de madre que nunca, un excitante deseo de seguirlos y averiguar adónde iban o en qué clandestinas manipulaciones andaban metidos. Pero lo único que finalmente hizo fue correr en busca de Ambrosio, imaginando mientras corría en qué hueco de arena, fétido camarote de barco, jergón de posada estaría su padre, el hermoso cuerpo de él groseramente tendido junto al hermoso cuerpo de la malcasada. Ese encono mezquino, apenas traducible, ese instintivo rechazo que, a partir de aquel recordado primer encuentro, ya había dejado de tener sentido y quedaría por último anulado en lo más menesteroso —o lo más disponible— de la sensibilidad de Sagrario.

Ella sólo conocía entonces muy someramente la historia privada de quien acabaría recibiendo, incluso por parte de los menos obligados, el inseparable nombre de mamá Paulina. No hacía mucho tiempo que Sagrario había ido medio enterándose de algunos aislados episodios referentes a aquella desconcertante mujer, murmuraciones equívocas que fue soldando sin mayor fundamento hasta completar una imagen de lo más defectuosa y arbitraria. Llegó a sentir una especie de acicate morboso cada vez que se cruzaba con ella, no todavía con mamá Paulina sino con la presunta fugitiva del marido al día siguiente de la boda. Aunque seguían atribuyéndole lances escabrosos, dudosas desvergüenzas, actitudes contradictorias, nadie había osado nunca otorgarle un trato distinto al de la adulación más deferente. Algún tiempo después, cuando ya mamá Paulina quiso restaurar todas las carencias familiares sin renunciar por ello a lo que siempre había sido, supo Sagrario la escueta y tortuosa versión —no la única aceptable— de unos sucesos tan zafiamente convertidos en leyenda portuaria.

Hija de Luciano Casalajunta, un hidalgo montañés venido a menos en la época de las grandes plagas forestales, mamá Paulina fue destinada sin previa consulta al primogénito de un terrateniente de aquella comarca, un gañán velozmente enriquecido a partir del hallazgo de cobre en el pegujal que constituía toda su herencia. El novio electo que se llamaba —o a quien decían— Felipe Anafre, debía andar entonces por los treinta y cinco años, cuando quizás ella acababa de cumplir los veinte. Tanto o más que sus desacuerdos íntimos, que eran todos, lo que realmente separaba a los prometidos era una discrepancia física tan manifiesta que nadie podía suponer que se tratase de una indeliberada parodia racial. No bien se iniciaron las relaciones y se concretó la fecha de la boda, mamá Paulina cayó en una especie de postración que los padres quisieron sañudamente atribuir a una variante nerviosa de las emociones propias del caso. La novia ideó toda clase de excusas hiperbólicas, a más de ingenuas, para ir posponiendo la celebración del matrimonio, pero de nada le valieron ni las lágrimas ni los embustes ni las amenazas de escándalo. El padre necesitaba a toda costa salvar su buen nombre y resolver su penuria y ésa era una razón más que suficiente para que ella aceptara un sacrificio tan lucrativo. Encerrada en su habitación, veía mamá Paulina llegar el día aciago inventándose soluciones desesperadas: una súbita tentación de huida, la artimaña última de las abiertas venas de la muñeca tiñendo dulcemente el agua de la jofaina, el ardid del desvirgamiento traumático como causa de repudio por su oculta actividad de libertina. Pero nada hizo sino casarse.

—¿Tú te das cuenta, Sagrario, te imaginas lo que yo podía sentir arrodillada en el altar junto a aquel monigote, aquella bestia parda disfrazada de novio, repitiéndome mentalmente mientras le decía que sí al cura que me cagaba en mi padre, que mejor muerta?

La boda se celebró efectivamente con la debida pompa y, a renglón seguido, mamá Paulina fue conducida a uno de los cortijos de los Anafre —de nombre *Pandehigo* y de tierra calma en algo menos de su enorme mitad—, para iniciar el primer tramo de su luna miel, que sería también el último de su irrisoria vida marital. Llegaron al atardecer en un reluciente *Nash* recién importado para ocasión tan señalada, el novio al volante sin decir esta boca es mía, chupando un interminable caramelo que olía a menta, y ella mirando aturdidamente el borrón cárdeno de las rastrojeras invadidas de flores, los enjambres de los estorninos verdinegros chillando entre los hinojos de la cuneta, un sabor amargo a víctima ciñéndole la garganta como un dogal. El caserío de *Pandehigo* aparecía encaramado sobre una loma, al fondo de una vereda de tierra rojiza, los surcos de los carros abiertos en el polvo como en un bancal, unas estacas retorcidas sosteniendo las alambradas de púas a cada lado. Se columbraban a mitad del camino los barracones que hacían las veces de gañanía en tiempos de siega. Felipe Anafre condujo torpemente el auto hasta el patio del caserío, donde ya había gente esperando. El patio era de cumplidas proporciones y blanqueaba en el centro un pozo con pilón adosado y, a la izquierda, un tapial cubierto en parte de jazmines y capuchinas. La casa de los amos quedaba enfrente, un noble edificio de viejas piedras enjalbegadas y floridos herrajes, con los huecos velados por cortinas de esparto. A la derecha, cerrando uno de los laterales a distinto nivel, se veía lo que debía ser la vivienda del capataz y el almacén de aperos. Todo parecía preparado y como en suspenso para recibir a los novios. Felipe Anafre se bajó del auto, ya a la puerta de la casa, y saludó a algunos de los jornaleros que por allí había. Llegaba de algún sitio del tejado el enervante zureo de las torcazas.

—Yo no me moví. Me quedé dentro del auto sin saber por qué, con la vista clavada en el brocal del pozo y una quemadura por dentro del pecho. Y él se acercó sin ninguna prisa, abrió la puerta y me dijo: sal. Y yo salí, medio sonámbula y tropezando con los faldones del vestido de novia. Creo que llevaba en la mano esa maldita corona de azahar y él me la quitó y la tiró al aire para que la cogiera alguno de los hombres del campo que permanecían junto al portón. Y dijo: aquí está la novia, pero hasta mañana o pasado no vais a verla. Y se reían todos por igual. Yo, con esa candela en el pecho que todavía pienso que no se me ha apagado. Y ya sentí que me llevaba para adentro de la casa.

O sea, que Felipe Anafre condujo a mamá Paulina, sin más circunloquios, a la alcoba nupcial ya convenientemente dispuesta, una habitación fría y espaciosa, de rico artesonado y solería de ladrillo bermejo. Entre los dos balcones, había una mesa como de sacristía vestida con un mantel de holanda, sobre la que se amontonaba lo que parecía ser un banquete y que, a simple vista, se componía de gazpacho, pichones en salmorejo, huevas aliñadas, garbanzos con acelgas, jamón, sandía, leche frita y tocino de cielo, a más de seis medias botellas de amontillado, seis gaseosas de bolindre verde y una jarra de zarzaparrilla. Mamá Paulina no recordaba bien si el novio la invitó a comer algo no más llegar o lo hizo durante alguno de los breves intermedios habidos en el ceremonial amatorio. El caso fue que Felipe Anafre cerró los balcones, por donde entraba el empalagoso aliento de los jazmines húmedos, y se desnudó de espaldas a la novia, dejando la ropa donde buenamente caía y poniéndose luego un pijama de seda con dragones verdes sobre fondo marrón. Mamá Paulina permanecía inmóvil en la otra parte de la alcoba, examinando el recamado del mantel como para disimular su turbación, una creciente congoja dejándole apenas sitio en la garganta para poder respirar. Sintió detrás suyo a Felipe Anafre, pero no se movió hasta que una mano no tan brusca como suponía la obligó a volverse. Preveía ella como un suplicio infernal el comportamiento de aquel indeseable vestido ahora de enano japonés, su absoluta incapacidad para oponerse a unas nunca imaginadas prácticas sexuales, el miedo vaciándose por los boquetes del asco. Felipe Anafre procedió entonces a desnudarla con cierta postiza delicadeza, una conspicua lentitud en la operación de desabrochar los botones, descolgar el vestido de los hombros, bajar los tirantes de la enagua, soltar los broches del sostén. Y ella convertida en una estatua de piedra todo el rato, sin moverse y sin decir palabra.

—Tuvo que pasar mucho tiempo para que yo pudiese soportar encima la mano de un hombre. No era repugnancia, era como un pánico difícil de explicar, una especie de escalofrío que se me metía entonces por todo el cuerpo y me dejaba como entumecida. No debería contarte estas cosas, Sagrario, pero contigo es como si me lavara la memoria, no sé, como si necesitase que tú lo supieses para que sea verdad. Ni siquiera le he dicho a tu padre todo lo que pasó aquella noche. Fue peor que si me hubiesen arrastrado desnuda por el muelle, en medio de la porquería, y me hubieran dejado atada a una farola para que todo el mundo se acercara a sobarme y a escupirme.

De modo que mamá Paulina se quedó desnuda y aterrorizada, sin atreverse siquiera a pedirle a Felipe Anafre que apagara aquellos dos quinqués que había en la alcoba y que la acobardaban todavía más. Ya no sentía frío, sino una especie de enfurecida y agotadora vergüenza. Felipe Anafre la observaba con una sonrisa demasiado tácita para dejar de ser preocupante, rascándose con una mano por la entrepierna y sosteniendo con la otra una copa, de la que iba bebiendo a buchitos. Luego volvió a adoptar un aire aparentemente anodino para llevarla cogida de un brazo hasta la cama, mientras le decía algo así como que había llegado la hora de la verdad, o sea, la del asunto de la jodienda, y que a ver cómo se portaba la señorita. Procedió primero a una morosa exploración por partes de todo el cuerpo de mamá Paulina, forzándola incluso a que se abriera de piernas para inspeccionarla mejor hasta donde era posible hacerlo. Una vez finalizado el examen, Felipe Anafre pareció alterar repentinamente la táctica prevista. Apagó entonces uno de los quinqués, el que estaba sobre la mesita de noche, y dio comienzo a una desaforada actividad donde se fueron alternando las más intrincadas variantes amatorias. Mamá Paulina lo aceptó todo en principio con una nauseabunda pasividad, tal vez porque tampoco había tenido nunca ni la más aproximada sospecha de que pudieran practicarse semejantes lujurias, y mucho menos con tan consecutiva voracidad. Asistía como una espectadora despavorida a su propia situación de ultrajada, en tanto que Felipe Anafre intentaba penetrarla por todos los orificios posibles, pretendiendo incluso hacer practicables los que no lo eran, hasta que una mancha de sangre de regulares proporciones y de no muy claro origen, lo instó a decretar la primera tregua de la noche. Se levantó y se dirigió a un cuartito que se abría a un lado de la alcoba y que estaba acondicionado como retrete, adonde entró a gatas, amén de desnudo, con lo que su natural e innoble aspecto parecía haber alcanzado un grado de identificación animal realmente curioso. Mamá Paulina se quedó inmóvil y exhausta, sin ver más que una fulguración lastimosa por dentro de los ojos, todo el cuerpo untado de secreciones malolientes a fango y a leche agria, los muslos pegajosos de sangre. Se limpió como una ciega con la sábana, echándosela luego encima y encogiéndose en una protectora postura fetal que ya no iba a protegerla de nada. Le escocían los pezones y le ardía la vagina como si se la acabaran de cauterizar. No pensaba más que en esa angustiosa humillación que parecía reducirla a un desamparo irreparable.

—Ni siquiera tú, Sagrario, que eres igual que yo en muchas cosas, vas a comprenderlo. Me pregunto todavía que cómo pude quedarme allí sin ponerme a dar gritos, que por qué no me defendí a arañazos y mordiscos de aquel puerco miserable. Y la contestación es que no lo sé. A veces pienso que si me rendí fue porque no podía más o porque en medio de todo aquel escarnio algo había sucedido que me hacía más sucia o más depravada. ¿Cómo te lo diría, Sagrario? Un regodeo bochornoso metido como una cuña en la desesperación. No, qué va, tampoco era eso. Era que de pronto me fue creciendo un deseo de sobrevivir que no me explico. A lo mejor es que se me ha olvidado lo que pasó, o es que lo he soñado, pero cómo se me va a olvidar, eso te persigue como un perro rabioso. Lo que ocurre es que de repente se saca una fortaleza de no se sabe dónde y ya no hay quien te la pueda quitar de encima. Mírame a mí, aquí estoy. Porque luego vino lo peor, si es que podía haber algo peor.

En todo caso, y hasta ya entrada la tarde del día siguiente, no propuso Felipe Anafre abandonar la alcoba, siquiera fuese transitoriamente, con el fin de que mamá Paulina pudiera echarle un ojo a las muchas excelencias y amplitudes de *Pandehigo.* Ella le rogó que por favor la dejara dormir un poco, que no podía ni tenerse en pie, y él aceptó a regañadientes, diciendo que bueno, que un rato, que iba a bajar a tomarse una copa con la gente pero que en seguida estaba allí otra vez. Cuando mamá Paulina se vio sola, le pareció que se había liberado de un cepo. Y se fue deslizando sin darse cuenta por un sopor malsano, equidistante entre la pesadilla y la alucinación, como si le hubiera subido vertiginosamente la fiebre y no supiera de cierto si estaba o no soñando. Empezaba a entrever un ave carroñera sobrevolando la habitación, una playa vacía y la espuma de un oleaje hediondo acercándose a unos pies que no eran los suyos. Notó como si alguien la zarandeara, una incierta sacudida del cuerpo debida quizás a su propio temblor espasmódico, ese aliento sucio donde se mezclaban el mosto y la menta. Apenas pudo reconocer una figura en mangas de camisa, un rostro macilento y abotagado que la miraba de cerca y le decía palabras ininteligibles. Se revolvió hacia el otro lado y Felipe Anafre le quitó la sábana de encima para comprobar tal vez si seguía desnuda, cosa que efectivamente era cierta. Mamá Paulina se cubrió con la inútil cobija de las manos mientras Felipe Anafre tiraba la sábana contra la pared y encendía un reverbero de llama alta que engulló las primeras sombras de la noche. Lo vio después dirigirse hacia la puerta y abrirla diciendo: pues aquí tenéis a la palomita, se mira pero no se toca, ¿estamos?, ya tiene su plomo dentro. Mamá Paulina alcanzó a distinguir lo que creyó una muchedumbre y no pasaba de tres o cuatro braceros asomados a la alcoba.

Pensó de pronto que ni siquiera resultaba extraño que la viesen allí desnuda y pringosa, tapándose ahora como podía con la almohada, no ya por pudor o por un automatismo defensivo, sino por un iracundo y enfermizo deseo de impedir que aquellos asquerosos mirones pudieran solazarse con su hermoso cuerpo de ámbar. Dos de los campesinos se aventuraron unos pasos dentro de la habitación y se quedaron estacionados al pie de la cama, los ojos anhelantes y vidriosos. Y Felipe Anafre habló de esta manera: como todas, compañeros, aquí donde la veis, una señorita en una cama es como cualquiera, ahora que ésta es sólo para mí, mucho ojo, me la he ganado a pulso. Y sacudió obscenamente un brazo antes de empujar a los espectadores fuera de la alcoba, saliendo él detrás sin cuidarse de cerrar la puerta. Mamá Paulina escuchaba las voces opacas, lacerantes, alejándose por el corredor, resonando en el hueco de la escalera, apagándose poco a poco en alguna distante zona de la casa: el perverso itinerario de no sabía qué reservas de odio acumuladas por aquel malparido para hacerla blanco de todas las vejaciones. Cuando ya nada se oía, mamá Paulina supo en una repentina iluminación que tenía que escaparse de allí como fuera. No lo pensó dos veces, se dejó arrastrar por ese inaplazable empellón del instinto. Saltó de la cama y, después de lavarse atropelladamente en un aguamanil que por allí había, se vistió con lo primero que encontró, salió al pasillo y fue aventurándose de puntillas hacia el piso de abajo. Ya había caído la noche y se oía hablar a gritos en algún lugar cercano a la escalera. Mamá Paulina titubeó un momento pero no tardó en encontrar la salida y asomarse al patio, deslizándose luego sigilosamente por el tapial ahora ensombrecido. Ladró un perro junto a la vivienda del capataz, un eco taciturno repetido hasta lo inverosímil por la majestuosa cavidad del campo.

—No tenía ni pizca de miedo, puedes creerme. Al revés. Habían estado a punto de encerrarme en una mazmorra para siempre y al fin había logrado escapar, eso era lo único que tenía metido en la cabeza. No sé si me equivoco, a lo mejor sí. Una sensación que no te puedo explicar ahora porque ya no tiene explicación, algo así como una mezcla de ansiedad y rabia, una angustia y una alegría zumbándome por dentro del vientre como un trompo. ¿Tú te das cuenta, Sagrario, te lo puedes imaginar? Porque yo ya sabía de sobra que aquella fuga era una liberación pero también una venganza, la que más daño podía hacerle a ese hijo de mala madre.

Así que cuando bajó la vereda y salió al camino, lo primero que tuvo que hacer mamá Paulina fue procurar orientarse. Sentía sus pulsos como si estuvieran retumbando entre las manchas planas de los olivos, un jadeo agobiante que ocupaba todo el imprevisible espacio de la huida. Se quedó indecisa, más turbada acaso por su propia indecisión, hasta que creyó recordar que habían torcido a la izquierda para subir al caserío. Conque siguió en sentido contrario, corriendo desesperadamente y conteniéndose a ratos para tomar aliento. No había luna pero debía estar a punto de salir, porque ya amagaba por detrás de los cerros un resplandor precario que aliviaba en parte el vacío circular de las sombras, esa lóbrega cerrazón de la noche a la que parece que han taponado todas las salidas. Pensaba en el no previsto lugar donde iría a pedir refugio, que en ningún caso podía estar en la ciudad ni mucho menos tratarse de la casa paterna. Notó entonces como si esa nueva inquietud acentuara el venenoso agotamiento que la había maniatado durante tantas irreales horas. Pero tampoco se amilanó más que un momento, el mismo que tardó en volver a sentirse, mientras corría, la más ufana merecedora de una libertad que iba ganando ella sola a medida que se alejaba de la pesadilla del cortijo. Y así llegó a un cruce donde reconoció sin lugar a dudas unas casas que aparecían un poco más abajo, justo en el arranque angular de la desviación. Eran unos amplios muros sin puertas, con unos balcones diminutos abiertos en la parte alta, apenas unas hendeduras negras rompiendo la blancura rugosa de la pared. Torció en aquella dirección y, un poco más largo, mientras cruzaba por delante de unos quejigos, vio a sus espaldas, todavía lejos, lo que parecía ser el fulgor de los faros de un auto. Mamá Paulina se salió entonces a toda prisa del camino y se ocultó al abrigo de unos matorrales. Y allí se estuvo sin mover ni los párpados, aplastándose los pechos doloridos con las manos como para calmar el ahogo, hasta que el haz luminoso barrió el campo por delante de ella y pasó de largo, paralizando otra vez las sombras en una sucesión de bultos informes. Esperó todavía a que el ruido del motor se fuera consumiendo en la distancia, un alivio todopoderoso que la impelía al letargo y de cuyo efecto nunca supo cuánto tiempo tardó en recuperarse. Olía a aprisco y a cántara mojada y al vaho nocturno de la broza. Se levantó despacio y oyó entre las ramas de unos chopos vecinos como una espesa algarabía de pájaros despiertos a deshora, esa impresión de revivir la lejana noche en que se encontró con los ojos impávidos del mochuelo mirándola retadoramente desde un bancal, el verderón debatiéndose bajo su garra con un aleteo que parecía resonar por todo el campo como por una jaula inmensa. Y ya salía otra vez al camino, no corriendo ahora, sino a un mediano paso contenido juntamente por la fatiga y la prudencia.

—¿Tú has corrido alguna vez de noche sola por el campo, sintiendo como si llevaras detrás una jauría, sin saber realmente ni por dónde vas ni en qué sitio del mundo te van a echar una miserable mano? Pues con todo y con eso, aquello era lo más parecido que había a la felicidad. Ahora es cuando me doy cuenta del todo. Un preso se fuga y por más libre que se sienta y por más que logre hallar un escondite, siempre lleva una trampa pegada a los pies. Pero no le importa. Pues lo mismo iba yo, Sagrario, y tampoco me importaba. ¿O será que lo he soñado?

En cualquier caso, mamá Paulina se encontró de improviso, cuando ya apenas si podía sostenerse, frente a las primeras casas de la ciudad. No entró por allí, sin embargo, sino que dio un rodeo para seguir hasta el puerto por la trocha de Cerromillán. Sólo entonces acertó a escoger el sitio donde podía acudir con cierta seguridad de ser bien recibida. Y recorrió aquel último tramo de su fuga sin saber exactamente cómo, tal vez durmiendo mientras andaba o arrastrándose a campo traviesa por los pastizales de *Los Gallardetes* o empujada por esa última entereza física que precede al desfallecimiento. Lo cierto es que ya amanecía cuando avistó el muelle desde la parte alta de Cerromillán, un borrón de esmalte salpicado de intermitentes brillos lechosos. Corrió otra vez por una calle abajo, dándose cuenta en ese preciso momento que había llegado a la vez al término de su huida y de una resistencia que sólo la desesperación había hecho posible. Adivinó más que reconoció un aldabón en forma de garra como si fuera la última imagen que iba a ver en su vida. Cuando llamó por dos veces a la puerta de Jenaro Lacavallería y éste abrió al fin, no le preguntó por Nieves, su mujer, sino que se derrumbó sin decir nada sobre las tibias baldosas de la casapuerta.

V

MIENTRAS VIVIERON EN AQUELLA PRIMERA CASA del muelle, el grabado no había estado en ningún otro sitio más que en el despacho del viejo Leiston, justo encima del sofá. Pero ahora lo tenía David en su gabinete y cada vez que Estefanía entraba allí y lo veía colgado entre las dos desportilladas bitácoras, recordaba sin saber exactamente por qué a su padre en un avanzado estado de desequilibrio, las venitas de las mejillas más cárdenas que de ordinario, intentando a duras penas enganchar el marco de palo de rosa a las escarpias que él mismo había previamente clavado. Aunque la referencia parecía de lo más banal, no lo era en absoluto, sobre todo porque también le servía invariablemente para ir soldando en la memoria otras muchas sensaciones, no importaba que turbias o diáfanas, en torno a aquella etapa inicial en el puerto.

El grabado representaba la travesía de la fragata *Berenguela* por el canal de Suez, posiblemente el mismo año de su inauguración. En una de las esquinas podía leerse todavía el borroso nombre del autor —algo así como Luna o Lima— y una fecha —1870— y, en la otra, a la derecha, una mancha de humedad deslucía en parte la jarcia de dos embarcaciones que navegaban a popa de la *Berenguela,* como dándole escolta. Por la margen de estribor del canal, un grupo de egipcios observaba con manifiesto asombro el paso de la fragata entre los secarrales, de espaldas a unos camellos arrodillados en primer término. Otro grupo de espectadores en traje europeo permanecía junto a una vistosa carpa, mientras un aguador árabe caminaba por la orilla, el cántaro colgado de los hombros, y un niño vestido de marinerito parecía correr hacia él con un cuenco en la mano. Eso era todo, una escena de memorial náutico nada expresiva quizá para muchos, pero a cuyo complejo estímulo aún se reactivaba en Estefanía la evocación de aquellas iniciales y confusas experiencias en el puerto y, más que nada, de las vicisitudes de su propia incapacidad de adaptación.

Se supone que el último trabajo manual del viejo Leiston consistió, efectivamente, en colgar aquel grabado —recién adquirido en un baratillo de la ciudad— encima del sofá de vaqueta que se había hecho traer especialmente de Portsmouth, junto a otros muebles de noble empaque victoriano y con muy concretas recomendaciones sobre su embalaje y estiba. Por lo visto, aquel sofá debía poseer algún confortable secreto que sólo su ferviente usuario conocía, pues nunca ninguna visita lo había visto sentado en otro sitio o en distinta postura: ligeramente reclinado sobre la parte del espaldar más despellejada por el roce, la pipa apagada en la boca, alisándose con una negligente caricia del dedo medio las hebras pajizas del bigote y esperando con visible impaciencia la nunca extemporánea oportunidad de ofrecer al visitante, o beber él solo en todo caso, una copa de oloroso.

Ni Estefanía ni por supuesto David habían olvidado lo mucho que significó para el padre aquel viejo y no demasiado meritorio grabado. Por alguna razón seguramente gratuita, y una vez colocado en la pared del despacho, el dibujo de la *Berenguela* pasó a constituir una especie de emblema comercial e incluso sentimental de la «Leiston y Cía. Consignaciones, Barqueajes, Tránsitos y Fletamentos» dándose el caso que la fragata no sólo apareció impresa desde entonces, a escala reducida, en membretes de cartas y rótulos publicitarios, sino que también hizo las veces de recuerdo talismánico de aquella ardua y próspera etapa de aclimatación en el puerto. Y si no fue usada también al cabo de los años como blasón adicional de la familia —según propusiera David acaso para soliviantar a su hermana— fue porque ésta tomó al pie de la letra la ocurrencia y se opuso furiosamente a tamaño despropósito. Incluso rozó el síncope defendiendo que nadie se atrevería nunca, mientras ella viviera, a profanar con sucios bodrios mercantiles, amén de foráneos, unas armas que habían permanecido en estado incorrupto desde la guerra entre los York y los Lancaster.

De modo que el grabado de la *Berenguela* también le recordaba ahora a Estefanía, por más de un motivo, su condición de mantenedora de un decoro familiar que ella veía amenazado por momentos, cuando aún no conocía ni quería conocer a nadie de por allí y cuando nada de lo que ocurría a su alrededor le resultaba mínimamente soportable. Sólo la compañía de David y una creciente necesidad de disputarle a miss Bárbara la tutela del hermano, la hacían olvidar en parte su ingrato y voluntario aislamiento. Apenas si se decidió a acompañar alguna vez a David en sus paseos por el muelle o la playa de Cerromillán. Una condescendencia que parecía más bien destinada a hacer pública ostentación de altivez, cuidándose siempre hasta el ridículo de que ni el hermano ni las miss si iba con ellos, incurrieran en ninguna clase de atrevimientos comunicativos o deficiencias en la compostura. Lo más frecuente, sin embargo, era que Estefanía prefiriese quedarse en casa, justo en una salita del piso alto cuya decoración reproducía con bastante exactitud la de su gabinete de Portsmouth. Allí solía ocuparse indistintamente en solitarios pasatiempos de imaginería galesa y en mitológicas labores de crochet, mientras su tan querido hermano no cesaba de curiosear por las oficinas del piso bajo o subía a la azotea a mirar con el catalejo o salía a escondidas en misiones de reconocimiento por aquellos contornos. Tal vez la única y siempre relativa distracción venía a producirse cuando ella y David acompañaban al viejo Leiston a la ciudad o cuando era don Fermín Benijalea quien aparecía por el puerto con Lorenzo y Natalia, y organizaban alguna excursión marítima hasta los bajíos de Argónida o algún improvisado almuerzo en *Los Gallardetes.* Pero aun así, el sordo paso de las horas no suponía para Estefanía sino el aburrimiento más empedernido y la deprimente certidumbre de que jamás podría habituarse a aquella vida. Ni siquiera quiso aceptar entonces las calurosas ofertas de Natalia para que fuera con ella a algunas casas de la zona de Cerromillán, por más que le asegurase que se trataba de familias emparentadas con la suya y pertenecientes a la más primorosa aristocracia comarcana. Pero Estefanía quizá no dejó de pensar nunca, ni entonces ni ahora, que cualquier personaje tenido por noble en aquel puerto era lo más parecido que había a un estibador inglés.

En una de las muy escasas asambleas caseras convocadas por el viejo Leiston, planteó éste que, una vez transcurrido un tiempo de adaptación más que discreto, no resultaba precisamente inoportuno que sus hijos completaran de inmediato su irregular enseñanza en algún centro docente de la localidad. A David no se le ocurrió hacer ninguna objeción. Pero Estefanía se negó rotundamente, después de dudar de la presunta conveniencia de tales estudios, a realizarlos en ningún cuchitril del puerto, no descartando en todo caso la posibilidad de cualquier otra decorosa solución lejos de allí. Al viejo Leiston ya no le debieron quedar dudas de que su primogénita era el vivo retrato de su difunta mujer, no tanto por los remilgos como por los humos, aunque tampoco quiso oponerse a semejante decisión. Aceptó de entrada las complicaciones que ello llevaba consigo y contrató incluso en su día a un chófer especialmente dedicado a los desplazamientos de la jovencita entre el puerto y el más pulcro colegio monjil de la ciudad.

Lo único que realmente estuvo a punto de motivar que Estefanía se arrepintiese de su elección, fue el hecho de tener que pasarse el día lejos de su hermano, esa implacable desazón que la hacía desear impenitentemente el reencuentro con David como si llevase separada de él un tiempo ya imposible de soportar. Se imaginaba al hermano deambulando por el muelle sin vigilancia ninguna, aprendiendo toda clase de procacidades en medio de aquella caterva portuaria. Una sospecha tanto más alarmante si se tenía en cuenta que el control de la miss resultaba cada vez menos juicioso y que la desatención del padre se había convertido ya en un hábito incorregible. Así que Estefanía empezó a sentirse en un permanente estado de ansiedad, no referido a ningún concreto escrúpulo educativo sino más bien a una vaga exacerbación afectiva, a una especie de desdichado retraimiento maternal del que ni las diarias solicitaciones del colegio conseguían sustraerla. Eludía tercamente cualquier propuesta de paseo por temor a retrasarse demasiado y sólo una tarde aceptó merendar en casa de la que parecía ser la muy predilecta amiga de Natalia.

Y fue precisamente aquella única vez en que volvió tarde al puerto, después de una velada donde intervino pasivamente en ciertos inusitados juegos matrimoniales, cuando Estefanía se encontró con que el hermano no estaba en su habitación. Prefirió no preguntar por él a la furtiva miss Bárbara, sino que lo buscó primero desatinadamente por todas partes, desde la azotea a las oficinas, hasta que supo al fin que se había ido a *Los Gallardetes* con Lorenzo Benijalea. El viejo Leiston había dado su aprobación, ofreciéndose incluso a recoger él mismo a David en el *Austin*, aunque sin precisar la hora. Estefanía no dijo nada cuando se enteró, pero se fue a la salita con la turbadora convicción de que aquella ausencia suponía de algún modo un imperdonable agravio. Intentó ocuparse en algo sin conseguir más que quedarse alebrada en el diván, adulta de pronto y asustada de saberlo, la vista perdida en un nudo móvil de la madera del zócalo, esperando con creciente zozobra que llegara el padre con el auto o que alguien trajera a David en la tartana. Pero no ocurría ni una cosa ni la otra y ya era casi la medianoche. A Estefanía no se le iba a borrar ya de la memoria aquella primera deserción de David, previendo desde entonces que una interminable serie de desvíos irían poco a poco apartando al hermano de su amorosa y obcecada protección. Tal vez comprendiese ella en el fondo que nada había ocurrido todavía que le permitiera alentar una sospecha tan descorazonadora, pero ni aún así logró sobreponerse a esa martirizante sensación de abandono.

Lorenzo se había presentado efectivamente a media tarde para recoger a David y, como quiera que éste no había llegado todavía, pidió permiso al viejo Leiston para ir a buscarlo a la salida del colegio. Sólo quería dar una vuelta con él por la cuadra y mostrarle un potro nuevo al que estaban empezando a acostumbrar a la silla. Un episodio perdido en la más cotidiana normalidad, aunque tal vez no lo habría estado tanto si Estefanía hubiese sabido desde un principio que Lorenzo no fue él solo a recoger a David, sino acompañado de Ambrosio, el picador, y de su hermana Sagrario, lo cual ya hacía prever las más groseras contaminaciones. Pero Estefanía, afortunadamente, no lo supo hasta que el mismo David se lo contó a su regreso, ya de madrugada, poco antes de que llegase el padre, que ni se había acordado de ir por el hijo, ni tampoco parecía estar en condiciones de ir a ninguna parte de habérselo planteado.

Eximido entonces de toda vigilancia fraterna, aquella visita a *Los Gallardetes* representó para David su más halagadora incursión en el privativo ámbito de experiencias de Lorenzo. No bien subió a la tartana, empezó a sentirse como más libre y habilitado que nunca, sabiéndose capaz de compartir las muchas aventuras, todas incitantes y varoniles, de aquel muchacho mayor que él que no dejaba de otorgarle las más generosas pruebas de estimación. La tartana trepaba por las cuestas de Cerromillán, entre los campos de cañaveras y hortalizas que se desplomaban hasta la playa. David se había acomodado frente a Sagrario en uno de los asientos laterales, bajo el toldillo que el viento hacía flamear como una vela, mientras Ambrosio y Lorenzo ocupaban el pescante. Intimidado a medias por su todavía defectuoso español y por una especie de incomodidad sensitiva acrecentada por los ruidosos balanceos del carruaje, David se esforzaba en vano por romper un silencio que también lo apocaba de otra forma. No era aquélla la primera vez que iba a pasar la tarde a *Los Gallardetes,* pero todo parecía supeditado entonces a la emoción de un estreno imprevisto. Sentía a veces el roce brusco e inevitable de las rodillas de Sagrario contra las suyas, un sobresalto que parecía hacer más agudos los destellos azulencos del pelo de la muchacha.

Una vez salvado el puente del canalillo, los mulos enfilaron con nuevos ímpetus la pendiente, estimulados quizá por la querencia del establo. Apenas oía David algunas palabras dispersas, la vista vagando por aquellas laderas verdiamarillas, con poca sombra para tanta luz, el muelle de los Sirios más visible en parte a medida que lo dejaban atrás. Y a poco ya torcían por la vereda de albero que llegaba hasta la hacienda y por donde parecía insinuarse algún general ingrediente del olor de los caballos. Lorenzo condujo la tartana hasta los porches y frenó no sin esfuerzos junto a unos macetones de petunias blancas. Se bajaron todos de un brinco y Ambrosio se dispuso a desenganchar el tiro mientras David y Sagrario se iban detrás de Lorenzo hacia la caballeriza. Cuando ya entraban, salió un hombre con zahones que saludó estirándose levemente de la visera de la gorra. La cuadra estaba recién regada y subía del terrizo un efluvio agreste y genital. Lorenzo los guió hasta un acostadero del fondo, donde había un potro echado en las pajas, y se volvió hacia David.

—Ahí lo tienes tan campante —dijo a media voz, dirigiéndose luego al potro—. Éste es David, un paisano de tu tatarabuela.

David inició un tímido gesto de no haber entendido pero se acercó al potro, evitando la proximidad de la grupa y agachándose a un paso de él, como si tratara de descubrirle por alguna parte las marcas de la rebeldía. Notaba a Sagrario detrás suyo, acuclillada también y rozándole la espalda con las menudas puntas de los pechos. Y él se irguió entonces morosamente en tanto que *Zarandillo* estiraba el cuello en dirección a Lorenzo, amusgando las orejas, el blanco de los ojos enrojecido y dilatado por la alarma.

—No te acerques mucho —dijo Lorenzo—. Está cada día más raro y además no te conoce.

—Precioso —acertó a decir David con un irreprochable seseo.

—Un demonio —murmuró Sagrario—. El demonio más guapo que he visto.

Y miró a David como si lo tocara, una sonrisa enjuta destiñendo el color de su boca.

—¿Verdad? —dijo Lorenzo mientras rascaba suavemente la testera del potro, metiéndole luego la mano entre las crines rizadas—. Pues no hay forma de sacarlo adelante. Cada vez que van a colocarle el cabezal, lo mismo, se pone hecho una furia. Un caso perdido.

El potro se levantó de pronto y trastabilló estirando del ramal, la cabeza forzada en una actitud de violencia imposible. Pero no tardó en aquietarse, rebufando con el hocico metido entre el pajuz del pesebre.

—Quieto —susurró Lorenzo echándose a un lado—. Soy yo, *Zarandillo*, qué te pasa.

Sagrario y David se habían apartado hacia el paredón lateral de la cuadra, por donde había colgados unos arreos y jamugas, la mano temerosa de ella en el inseguro brazo de él.

—Dicen que se dio un golpe en la nuca a poco de nacer —aclaró Sagrario—. Lo pateó la madre sin darse cuenta, por eso está así.

Se acercó Lorenzo, ahuecando una petaca de cuero carmelita de la que sacó un cigarro ya liado.

—Entiendo —dijo David no muy seguro.

—Vamos a ver el tordo —dijo Lorenzo al tiempo que encendía el cigarro con un reluciente mechero de gasolina—. Lo está preparando Ambrosio.

Salieron del establo y afuera había una claridad como de azotea entoldada, con el sol velado por unos flecos de nubes que corrían hacia el mar y que hacían más apacible y lacónico el avance de la tarde. Pero ya volvió a recrudecerse la luz mientras atravesaban el rellano en dirección a la blanca cerca de madera que cerraba el potrero. Lorenzo se volvió entonces a Sagrario y le dijo:

—Mi hermana quería verte, ahora me acuerdo.

—¿A mí? —preguntó Sagrario con un tono demasiado grave.

—Que podías irte con Ambrosio cuando vaya el sábado a casa —arrancó una ramita de un arbusto medio seco—, eso me dijo.

Ella no contestó. Se recogía un mechón de pelo que le colgaba sobre la cara, como queriendo disimular así la extrañeza que le producía aquella inesperada convocatoria. Tenía la repentina impresión de volver de un lugar solitario y dirigirse a otro lugar igualmente solitario, ese árido trayecto que sólo mamá Paulina iba a ayudarla de algún modo a cruzar. Desde aquel verano en que murió su madre y se fue a pasar una temporada a *Los Gallardetes*, apenas si había hablado con Natalia en alguna aislada ocasión. Un recuerdo que la remitía a aquellas inciertas horas en que su padre, embarcado entonces como segundo en un maderero, no tuvo necesidad de valerse de su lejano parentesco con el padre de Natalia para que éste se ofreciera a ayudarlo, al menos hasta que él regresara al puerto y pudiese encontrar alguna estable solución para el cuidado de los hijos. De modo que Sagrario se fue a pasar unos meses a la hacienda, cuando ya Ambrosio había preferido adelantar su inscripción en la remonta. Vivió ella entonces el más ávido y sinóptico tramo de su infancia, repartido entre la consternación de una oscura falta de asideros y los aprendizajes prematuros. Natalia debía tener la misma edad que ella o poco más y estaba dotada de unos resortes sensibles de lo más tornadizos e inquietantes. Más bella acaso por su equívoca condición de efebo, pasaba sin aviso ninguno de unos anticipados modales de mujer a las mañas de un muchacho campesino. Lo mismo montaba a pelo un mulo o cargaba con las serijas del pienso, que se convertía en la más mimosa cuidadora de Sagrario, a quien acicalaba y probaba sus propios vestidos y con quien corría de la mano hacia los secretos escondites del canal o jugaban a dormir en los almiares abrazadas como novios, prometiéndose con una mutua emoción que siempre estarían juntas y que ni siquiera Benito, el hijo del yegüero, podría separarlas. Y así hasta que acabó aquel verano y el padre de Sagrario logró solventar en parte su desajuste familiar, con lo que también quedó invalidado de hecho aquel interino y vehemente pacto entre las dos niñas. Sólo alguna rara vez se habían vuelto a encontrar en la hacienda o en el puerto, sin querer o poder apenas hablarse, pero mirándose con una efusiva y ambigua complicidad que también tenía algo de conmovedora. Acaso por eso sintió entonces Sagrario, mientras iba deslizando una mano por las tablas de la cerca, que aquel anómalo —y luego usual— llamamiento de Natalia la retrotraía a la más turbadora y desvalida encrucijada que precedió a su pubertad. Y en eso oyó a Lorenzo diciendo:

—Ahí está, ese tordo que se hace el distraído.

Se detuvieron a un lado de la tranquera, por donde pastaba un potro algo apartado de dos yeguas de vientre con las crías pegadas a sus flancos. Más allá corría una jaca con tan libre morbidez que daba la impresión de ir desnuda. Sagrario se empinó en un listón de la valla, doblando el cuerpo hacia adelante, la falda por encima de las corvas.

—¿Qué te parece? —preguntó Lorenzo sin dejar de mirar al potro—. Un cartujano puro, se le nota por ese saliente del frontal.

—Magnífico —dijo David.

—Magnífico —repitió Sagrario con un incauto acento imitativo.

—Todavía le queda mucho que aprender —dijo Lorenzo—, pero va a acabar con todos, ya verás.

—¿Le gustan los madroños? —dijo casi imperceptiblemente Sagrario.

—Ahora lo tienen con las falsas riendas —prosiguió Lorenzo—, responde de lo más bien.

Se agachó a recoger un puñado de forraje verde que había en un esportón y abrió la tranquera lo justo para que pasara el cuerpo. El potro levantó su hermosa cabeza de Veronesse y, después de algún titubeo, se fue para Lorenzo con un recelo majestuoso. Lo miró un punto antes de decidirse a comer de su mano.

—Qué pelo más fino —dijo Sagrario y parecía que su voz se había oído mucho más lejos de donde estaba.

—Tordo —puntualizó Lorenzo acercándose—, tordo azulado. Pero dentro de poco tiene ya toda la capa blanca.

—Mejor —dijo Sagrario.

Lorenzo volvió a deslizarse por la tranquera y ya se fueron los tres de vuelta al casal. Parecía que la tarde se había ido apagando antes de tiempo y una bruma añil empezaba a reptar por los pastizales y a enroscarse en los abrevaderos. La brisa traía un fresco y sutil olor a resaca.

—¿Por qué no te quedas aquí esta noche? —le preguntó Lorenzo a David pasándole un brazo por los hombros.

David tardó en contestar, buscando tal vez laboriosamente las palabras más adecuadas y eligiendo las más expeditas. Dijo sin levantar los ojos del suelo:

—Me gustaría mucho —hizo una pausa—. Pero es imposible.

—¿No te deja tu padre? —dijo Sagrario—. Cuando venga por ti se lo decimos, a ver si te deja.

Llegaban entonces al final de la cerca y les salió al encuentro Ambrosio, apareciendo de improviso junto a una linde de moreras y uniéndose a ellos mientras atravesaban el rellano.

—¿Dónde os metéis? —preguntó.

—Yo también me quedo aquí esta noche —dijo Lorenzo—. Y Sagrario —la miraba—. Nos levantamos tempranito y nos vamos a caballo hasta Punta Bolina.

—Por ahí —dijo Sagrario, no se sabía si dirigiéndose a su hermano o a los otros.

—Me gustaría mucho —repitió David con un rebrote del apocamiento que había conseguido ir dominando hasta entonces—. Tengo que volver a casa, me está esperando Estefanía.

No bien entraron en el casal, y cuando ya se disponía Ambrosio a encender una lámpara de carburo, salió de alguna tupida interioridad del vestíbulo una figura difícilmente identificable, un bulto amorfo que parecía querer desplazarse hacia la salida a toda prisa.

—¿Qué estás haciendo aquí? —preguntó Ambrosio acercando la lámpara, sin denotar ninguna sorpresa y en un somero tono de reproche.

El bulto se hurtó al resplandor y fue un amasijo más deforme bajo la lívida e indirecta llamita del acetileno, el gas zumbando por la boquilla como por un soplete. David sólo vio una silueta apenas real bajo una andrajosa manta estribera, el habitual sitio de la cabeza cubierto por una especie de capucha. Y algo más pavoroso que no olvidaría en mucho tiempo: un ojo inmóvil, una córnea sin párpados incrustada en un tejido tumefacto, el brillo fugaz de la lámpara reflejado en lo hondo de una escama de vidrio. Sagrario se acercó entonces al bulto y parecía como si pretendiera defenderlo de algo.

—Es que no haces caso —murmuró incluso con delicadeza—. ¿No te han dicho que no vengas por aquí?

Y lo acompañó hasta la puerta. El encapuchado se volvió un momento, o eso era lo que se suponía que había intentado hacer, pero no tardó en salir corriendo con trazas de animal en busca de su guarida. Quieto y anonadado, David creyó haber sentido en sus piernas el roce de aquella especie de endriago, un estremecimiento referido también al purulento destello del ojo. Sacudió la cabeza como rechazando ese pusilánime y tal vez indebido estupor.

—Es Marquitos —oyó que le decía Sagrario mientras iban sentándose en unos taburetes que imitaban unas sillas de galápago.

—Vive desde hace tiempo en un cuarto del almacén —aclaró Lorenzo—. No tiene cara, tiene una cosa que no se sabe lo que es, se la quemó con cal viva.

David no pudo añadir nada. Veía a Ambrosio colocando sobre una mesita algo de comer, quizás unos platos de queso y de lomo, quizá también un frutero con higos brevales, damascos y ciruelas. Y allí se estuvieron hablando a ratos y a ratos callados, hasta que en algún recóndito sitio de la casa sonó la medianoche, unas campanadas teatrales y taciturnas, como extraviadas por los conductos de un tiempo vacío.

—Se ha hecho tarde —dijo Ambrosio pellizcándose el labio inferior.

—Mi padre ya no viene —musitó David—. No a esta hora.

—A esta hora se encuentran con Jaquemate los que salen a la mar —dijo Sagrario.

—¿Quieres irte? —preguntó Lorenzo.

—Otro día me quedo —dijo David con una desusada seguridad—. Hoy no.

Hubo un reflexivo silencio por el que parecía volver a flotar el eco mortecino y casi bucólico del carillón.

—¿No esperas a tu padre? —dijo Ambrosio señalando un impreciso lugar de la noche—. Se habrá atrasado.

—Ya no viene —insistió David—, no habrá podido. Es muy tarde.

—Da igual —dijo Lorenzo—. Yo te acerco.

—Hay mucha comadreja suelta por ahí —dijo Ambrosio sin ningún aparente atisbo de burla—. Quédate, hombre.

—Lo siento —dijo David.

—¿Por qué no hacemos una cosa? —intervino Sagrario levantándose de un airoso brinco—. Lo llevamos todos en la tartana, un paseo.

Nadie sugirió ninguna otra posibilidad, de modo que Ambrosio apuró un resto de vino muy pálido que quedaba en su copa y se fue seguido de Sagrario a enganchar a los mulos. David se puso mientras tanto a curiosear las insignias y genealogías hípicas que casi cubrían toda una pared del salón. Se volvió luego hacia Lorenzo, que estaba encendiendo otro cigarro con madura aplicación, y se sentó junto a él en el sofá de cuero ahuesado. Empezaron a hablar en inglés de un próximo encuentro sin trabas familiares y a poco ya se oía a la tartana acercándose por la parte de los porches. David fue el primero que se levantó y salió al rellano. Tenía la mirada deslucida por una mezcla de sueño y aprensión. Lorenzo se fue desganadamente detrás suyo, notando sin saber por qué el aliento retrospectivo de la noche en que sorprendió a su padre en aquel mismo sofá, jadeando encima de una mujer a la que no logró verle la cara.

No había luna, pero se distinguía fácilmente el camino

de Cerromillán bajo la reverberación de un diáfano cielo de cobalto. David miraba al fondo ilimitado de la noche con un punzante desasosiego, las sombras acribilladas de luciérnagas, una franja estrellada ciñendo el solemne letargo de la redonda. No le parecía posible que fuera él quien iba en aquella tartana y a hora tan intempestiva, estancado en un silencio que aún hacía más inverosímiles todas las resonancias nocturnas: los crujientes vaivenes del carruaje, el agua batiendo en el encajonado del canal, la empecinada salmodia de los grillos. Cuando ya titilaban las mustias luces del muelle por detrás de unas lomas, David sintió en sus pulsos la zozobra de los pulsos de su hermana. Una tenaz y endémica imagen de los ojos de ella mirándolo entrar en el gabinete, el cuerpo ligeramente reclinado en el diván, exigiéndole sin pedírselo que no la dejase nunca sola y que comprendiera su desesperación. Oía hablar a Lorenzo y a Ambrosio, unas voces percutiendo en la majestad del campo con algo de impías, y juntó las manos sobre los muslos mientras le iba creciendo una infundada sensación de culpabilidad. Creyó advertir de pronto un bullicio entre los matorrales que orillaban el carril, como la briega de algún pájaro en el momento de ser atrapado por la liga o el depredador. Y fue entonces cuando notó el roce, un contacto frío y solapado, la leve apretura de unos dedos contra los suyos. Intuyó que no se trataba de una consecuencia fortuita del bamboleo del coche y miró a Sagrario disimuladamente, pero ella tenía la cabeza vuelta hacia el camino y ya no eran los dedos sino una mano la que se apoyó en la de él, acariciándola con una lenta suavidad. David apretó aquella mano y así se estuvieron sin mirarse hasta que un resplandor brusco y un más amortiguado deslizamiento de las ruedas, los avisó que ya entraban en el asentado piso del muelle.

Antes incluso de que la tartana se detuviese del todo, se apresuró David a bajarse, manifestando con rapidez antibritánica su gratitud y corriendo hacia la puerta entornada de la casa. No había luz en el patio y subió la escalera medio a tientas, con un timorato sigilo de reo. Se quedó un momento esperando que se calmase su ahogo antes de entrar en el gabinete de Estefanía. Cuando lo hizo, la vio sentada en el diván exactamente como se la había imaginado, pero mirando un libro que él sabía que no estaba leyendo, sin aparentar ningún especial interés ante la ya prevista llegada de David. Un silencio espeso, como de limo goteando, resbaló por la habitación antes de que Estefanía levantara al fin la vista.

—*Well, I'll never* —dijo con una voz casi inaudible—. *You knew quite well I'd be worried waiting for you.*

—*Hasn't Daddy come?* —musitó David—. *He was supposed to pick me up.*

Estefanía sólo le respondió con un gesto fatigado. Se levantó y se acercó a él como si lo estuviese reconociendo. Después le puso un momento la mano en la mejilla y lo hizo sentarse junto a ella en el diván, acariciándole el pelo ensortijado con un repentino ademán de indulgencia, esa manera que tenía de patentizarle lo mucho que necesitaba aún ser protegido por ella.

—*You are still a child* —dijo entrecortadamente—. *You need me.*

Y lo atrajo hasta que la cabeza de él se apoyó en el palpitante seno de ella. No se oía nada, sólo una leve fricción de telas y la distante y metódica embestida de la marea quebrantándose en el malecón. Estefanía apretó la cara del hermano contra su pecho y él sentía la acompasada blandura de la carne, el conturbado anhelo de la respiración transmitiéndole una inquietud a la vez gustosa y punitiva. Se desabrochó ella entonces la blusa con la formularia languidez de la madre que se dispone a amamantar a su hijo, quizá para que supiera David que lo único que no podía darle era su propia leche. Y él la miraba sin comprender, acordándose probablemente de la piel fría de Sagrario, hasta que empezó a contarle todo lo que le había pasado y las irremediables razones de su demora, la mano de ella resbalando por dentro de la camisa de él. Y así seguían cuando se oyó la puerta del patio y unos pasos que querían ser cautelosos aproximándose por la parte de la escalera. Estefanía besó entonces a David como si no pudiese volver a hacerlo en mucho tiempo, la cara de él entre sus húmedas manos, y se levantó justo cuando abrían la puerta. El viejo Leiston dejó pasar primero a un hombretón despeluzado y cetrino con toda la facha de un personaje de Stevenson. El hombretón se palpaba indecisamente por encima de la ropa, como comprobando que las distintas partes de su cuerpo seguían estando en su sitio habitual.

—¿Todavía despiertos? —dijo el viejo Leiston con una temblorosa gangosidad.

—*I've been waiting for you at Los Gallardetes* —susurró David.

—No entiendo —dijo el viejo Leiston—. Háblame en español, hijo, ya sabes que me agrada mucho que lo hagas —se rascó una ceja con el pulgar—. Estoy decidido a no comprender ningún otro idioma fuera de las horas de oficina.

—Te estuve esperando en *Los Gallardetes* —repitió David.

—A eso vine —dijo el viejo Leiston golpeando su pipa vacía contra la palma de la mano—. Éste es mi amigo el patrón del *Leonardo* —lo señaló—. Hemos estado viendo cómo se porta ese cascarón. No está mal, tiene su encanto, pero se resiste a navegar contra el viento.

—Según —dijo el patrón del *Leonardo* acomodándose los pantalones en la cintura sin sacar las manos de los bolsillos—. Ese cascarón ciñe de lo más bien con el viento abierto a cinco o seis cuartas. Amorra un poco, no digo que no, pero se espabila en seguida.

—Me permito dudarlo —dijo el viejo Leiston, dirigiéndose luego a sus hijos—. Lo estoy convenciendo para que me venda ese condenado falucho. Está tan viejo como yo, pero es de buena clase. Es un señor barco viejo.

Se oyó entonces el frágil gemido de una puerta y como un arrastre de pies descalzos, atribuible sin duda a alguna vigilante incursión de la supuestamente dormida miss Bárbara.

—*I'm going to sleep* —dijo Estefanía con un apremio rencoroso—. *Good night.*

—Supongo que es algo que ya tenías que haber hecho

—dijo el viejo Leiston—. Y este grumete vagabundo, igual —le puso una mano en el hombro a David.

—Habrá que irse —previó el patrón del *Leonardo*—, temprano no es.

Pero los que ya salían de la habitación, despidiéndose evasivamente, eran Estefanía y David. El patrón del *Leonardo* se disponía a hacer lo mismo cuando lo detuvo el viejo Leiston con un sumario movimiento del bastón.

—¿Trato hecho? —preguntó acercándose demasiado.

El patrón del *Leonardo* tragó saliva y dijo:

—Usted sabe que yo vivo de ese falucho y de la gabarra —se metió los dedos por una pelambre verdicana con aspecto de sargazo—. Ya hablaremos con más calma.

—Hemos hablado mucho —dijo el viejo Leiston—. Una puñetera conversación de cuatro horas —entornó los ojos como si recordara algo—. Venga conmigo un momento, hágame el favor.

Y lo condujo al piso bajo, adelantándose no sin premuras para mostrarle el camino. Una vez en el patio, el viejo Leiston sacó una cadenita de la que colgaban varias llaves y fue probándolas con escasa paciencia hasta dar con la que parecía corresponder a una puerta de la oficina. Cuando consiguió abrir después de reiterados empujones, hizo pasar a su dubitativo acompañante y luego entró él tanteando en lo oscuro en busca de la llave de la luz. Debió perder de pronto el sentido de la orientación, ese centelleo abismal de la tiniebla provocado por la sobrecarga alcohólica, pues anduvo chocando con muebles y paredes durante un tiempo que debió parecerle de lo más alarmante al patrón del *Leonardo*. Al fin consiguió encender y se dirigieron al despacho, atravesando una amplia habitación con unas mesas caprichosamente distribuidas: una en el centro, tres a un lado y otra en una esquina.

—Me acaban de traer un magnífico oloroso —dijo el viejo Leiston—. ¿Le apetece una copa?

—La última —dijo el patrón del *Leonardo* desabrochándose una especie de sahariana que llevaba encima de la camiseta—. Ya cubrí el cupo.

—¿Quién puede saber eso? —dijo el viejo Leiston mientras sacaba una jarra de cristal tallado y dos copas de una taquilla empotrada en la pared—. No hay que ser tan apresurado.

Ocupó luego su invariable sitio en el sofá y señaló con el bastón al otro lado del asiento, como instando al patrón del *Leonardo* a que se acomodara exactamente allí, cosa a la que éste accedió con mediana rapidez. El viejo Leiston llenó las copas, entregó una al cada vez más aturdido visitante y levantó la otra diciendo:

—Por nuestro acuerdo.

—Vamos a ver —dijo el patrón del *Leonardo*—, vamos a ver. Todavía tenemos que hablar, compréndalo.

—No tiene explicación —dijo el viejo Leiston—. O sea, que puede explicarse, pero mal.

—¿Dígame? —dijo el patrón del *Leonardo* bebiendo entre titubeos un buchito de su copa.

—¿Usted ve ese grabado? —preguntó el viejo Leiston señalando con el pulgar por encima de su cabeza—. ¿Lo ve bien?

El patrón del *Leonardo* torció el cuello en una forzada postura y asintió con un gesto que tenía mucho de provisional.

—Es la fragata *Berenguela* —prosiguió el viejo Leiston—, el primer barco español que cruzó el canal de Suez, eso creo. La divisa de este negocio, lo que se llama mi ombligo de Venus —adoptó un aire en cierta manera confidencial—. Pues bien, si usted me dijera que quería comprarlo, yo le diría inmediatamente que no. ¿Se da cuenta?

—Claro —dijo el patrón del *Leonardo* viéndolo todo oscuro.

El viejo Leiston vació su copa de un trago y chascó la lengua con reiterada delectación.

—Muy limpio de boca —dijo—. ¿Le gusta?

—Mucho —repuso el patrón del *Leonardo* mirando alternativamente al grabado y al vino.

Se oía la sutil quejumbre del viento entrando por alguna rendija de la ventana, como si fuera el llanto de un niño o el maullido de un gato o el jadeo lascivo de una mujer. El viejo Leiston eligió la segunda de esas tres posibilidades mientras volvía a llenar las copas. Apoyó luego un brazo en el ajado espaldar del sofá, el ceño fruncido. Dijo apaciblemente:

—Me refería a que usted puede tener sus razones para no decidirse a venderme el *Leonardo.* Me las explica y yo se las discuto, eso es todo.

—Si estuviese en venta, se sabría —dijo el patrón del *Leonardo* sin ánimo de demostrar nada.

—O usted me convence o lo hago yo —insistió el viejo Leiston.

—Se trata de mi trabajo —dijo el patrón del *Leonardo*—, ya se lo expliqué. Con la gabarra sola me defiendo mal, o sea, que no me defiendo —se sorbió discretamente el moquillo—. Lo que a mí me gustaría tener es un barco presentable para hacer el servicio de la otra banda.

—Exactamente —dijo el viejo Leiston—. Usted me da su falucho y yo le compro otro nuevo. ¿Algo que objetar?

El patrón del *Leonardo* no pudo eludir una expresión entre sorprendida y recelosa.

—No comprendo —dijo—, me he perdido.

—De la misma eslora y recién botado —aclaró el viejo Leiston—. Le firmo un compromiso y le doy a cuenta lo que pidan en la grada.

—Por mí —empezó a decir como a la defensiva el patrón del *Leonardo*—. Pero usted ¿qué gana con eso?

—Su falucho —dijo el viejo Leiston—. Detesto esos barcos nuevos, quiero tener un barco de aquí con su puerca madera y su vela asmática. Una manía, usted no se preocupe.

El viejo Leiston se fue incorporando un poco a medida que hablaba, como para observar mejor el efecto de sus puntualizaciones en la actitud del patrón del *Leonardo.*

—Depende —dijo éste—. Es que da la impresión de que me estoy aprovechando de usted, una cosa que no me hace maldita la gracia.

—Nada de gracias —arguyó equivocadamente el viejo Leiston—. La idea ha sido mía y punto. Usted me da ese demonio de barco que me gusta a cambio de otro que le va a gustar más que el que tiene, ¿o no es así? Cada cual saca su ventaja.

—¿Usted la saca? —dijo el patrón del *Leonardo* palmeándose en las rodillas con estentórea tenacidad—. Pues si la saca, eso está hecho.

—*God save thee, ancient Mariner!* —recitó de memoria el viejo Leiston.

Y se levantó solemnemente, esperando que el patrón del *Leonardo* hiciera lo mismo, cosa que consiguió al fin no sin esfuerzos, las manos hundidas en la flaccidez del sofá. Se abrazaron o el viejo Leiston abrazó al vacilante vendedor y volvieron a beber otra copa en silencio. Sonó dos veces una sirena por lo hondo de la dársena, ese llamamiento nocturno con algo de póstumo horadando un imaginario cerco de nieblas y de ánimas. El viejo Leiston acompañó después al patrón del *Leonardo* hasta la casapuerta y se despidieron con la efusiva constancia de encontrarse al día siguiente en la tienda de Jenaro Lacavallería. Soplaba un vientecillo racheado que ungía la piel de un cálido y untuoso relente. El viejo Leiston echó el cerrojo de la puerta de la calle, una excesiva barra de hierro grasiento que encajaba mal y con medievales chirridos en las armellas, y se volvió otra vez para el despacho. Llenó su copa y se arrellanó en el sofá, el bastón oscilante entre las piernas, la mirada perdida por las junturas cerosas del entarimado. Bajaba del techo, exactamente de la habitación de Estefanía, un rumor de muelles y pisadas, como un reclamo de la conciencia ya inane por lo repetido que el viejo Leiston prefirió desoír una vez más mientras bebía despaciosamente. Se fue quedando poco a poco adormilado, entreviendo con una subalterna imprecisión que tenía que subir a acostarse y que no disponía en absoluto de ánimo suficiente para hacerlo. Recordó de pronto algún poco claro asunto de fletes que debía resolver de inmediato o nunca, pero al final prevaleció en su duermevela el gratuito gozo de la segura posesión del falucho *Leonardo*. Sentía una gran paz, sólo amenazada irreflexivamente por ese último rescoldo de desencanto que le producía siempre el hecho de conseguir lo que deseaba.

VI

TODO LO QUE OCURRIÓ AQUELLA NOCHE, a partir del momento en que apareció ahorcada la muchacha, tuvo ya como la consistencia de un recuerdo antes de dejar de ser un episodio inmediato adosado a otros igualmente inmediatos. Eso fue al menos lo que intuyó el capitán Valerio Gazul, cuyo barco había atracado aquella vez al muelle de los Sirios antes de lo previsto. No quiso dormir a bordo y esperar a que aparecieran por allí a recogerlo, ya de mañana, mamá Paulina y Sagrario. Así que debían ser como las seis cuando atravesó la desierta explanada y los tinglados de poniente y subió por una calle perpendicular a la zona de atraque. Antes de torcer a la derecha, se detuvo un momento observando la parte del rompeolas, ya visible desde allí y donde había algo anómalo que no acertó a descifrar en un principio, aunque tampoco tardó en hacerlo. Y era que no distinguía la voluble oscilación de las linternas de los mariscadores, una ausencia tanto más notoria si se pensaba que era aquélla la hora más favorable de la bajamar. Nunca, a no ser en noches tempestuosas, había dejado de ver el tenue parpadeo de los faroles de quienes mariscaban entre las piedras de la escollera o recogían los palangres en los bajíos aledaños. Y en eso oyó como un espeso rumor de voces y carreras por una calle lateral, un bullicio alarmante que se catapultaba contra los opacos hondones del muelle. Dudó un momento pero se acercó con medianas premuras y distinguió a un grupo de personas estacionadas ante el hueco sin puertas de un almacén abandonado. Dio un rodeo en busca de una visual propicia y creyó descubrir, colgando espectralmente de la granulada penumbra, la pendular silueta de un cuerpo. Miró a su alrededor y no vio sino gentes de perfil, macilentas y estáticas, los ojos ensombrecidos por una mezcla de estupor y de sueño. El morbo de la muerte los había paralizado junto a la ruinosa entrada del almacén, las capachos y faroles entre las piernas como siniestros utensilios funerarios.

—¿Qué ha pasado? —preguntó Valerio Gazul a un hombre al que había visto alguna vez en funciones de marisquero ambulante.

—Pues ya ve usted —dijo el hombre con la placentera impudicia del mensajero de la tragedia—, ahí la tiene —se pasó el revés de la mano por la nariz—. No hace ni una hora que la encontraron colgada.

Llegaba de la más sombría interioridad del almacén como una vociferante lamentación de plañideras.

—¿La conoce? —volvió a preguntar Valerio Gazul, quitándose la gorra y apretándola bajo el brazo—. ¿Sabe quién es?

—Agustina —respondió el hombre—, una de las coquineras.

—La que andaba con don Felipe Anafre —añadió un muchacho de cara gris que sostenía una bicicleta desportillada—. Qué mierda.

Valerio Gazul se abrió paso como pudo y penetró en el almacén sin desear hacerlo, un frío de herrumbres, una humedad hostil y cavernaria azotándole el rostro. Dos carabineros montaban guardia a unos pasos de la ahorcada y saludaron de lejos al capitán, quien se aproximó de cara a la lámpara de petróleo que habían colocado encima de unos tablones. Quizá sólo quería verle la cara a la muerta, comprobar que era efectivamente aquella muchacha dotada de una violenta hermosura de animalillo, a quien había visto más de una vez merodeando por el varadero o los malecones. Sabía que Felipe Anafre la había retirado por junto de sus ajetreos de coquinera y de buscona para dedicarla a su exclusivo servicio. Y allí estaba ahora colgada de una vigueta, con una driza mordiéndole el cuello, el vestido de percalina mojado por la entrepierna y goteando a espantosos intervalos sobre el terrizo. La muchacha tenía la cabeza ligeramente tronchada contra el hombro, el pelo negro y craso enredado en la cuerda, la boca y los ojos entreabiertos. Estaba descalza y le asomaba entre los dedos de un pie como una brizna de yerba. Un resplandor trémulo distendía su cara en una irreparable mueca de asco. Los carabineros se afanaban para que no se acercasen demasiado tres mujeres y dos hombres que parecían exigir la inmediata apropiación del cadáver, las mujeres poseídas de una clamorosa furia y los hombres abrumados y hoscos, las manos en los bolsillos de los pantalones arremangados hasta las rodillas. A uno de ellos, al más joven, le brillaba en los ojos la ira como el destello de un cuchillo. Y ya se disponía Valerio Gazul a sustraerse de aquel maligno reclamo, cuando descubrió algo insólito o por lo menos fuera de lugar. La ahorcada tenía los bajos del vestido ensartados entre las piernas por medio de unos imperdibles cuidadosamente distribuidos. Valerio Gazul se sentía incapaz de imaginarse a la muchacha atando la soga a la viga y abrochándose el vuelo del vestido antes de colgarse, como para impedir, en una vengativa ofuscación de maltratada, la tortuosa eventualidad de que alguien pudiese verle los muslos desde abajo, cosa que tampoco hubiese sido posible ya que sus pies pendían a menos de medio metro del suelo.

Valerio Gazul llegó enfermo a su casa, un barrunto de fiebre secándole el paladar. Procuró no hacer ruido mientras se deslizaba hacia la habitación de Sagrario, asomándose ritualmente a verla y siguiendo luego hasta la otra alcoba. Sintió en la cara el aire que había permanecido allí estancado toda la noche. Se acercó a la cama donde dormía mamá Paulina, a quien llamó en un susurro poniéndole una benigna mano en la cabeza. Mamá Paulina dio media vuelta sin desembarazarse todavía del sueño, pero se levantó repentinamente de un brinco, abrazándose a Valerio Gazul como si estuviese a punto de despeñarse. Se quedaron luego sentados en la cama y él le fue explicando los motivos de su prematura arribada al puerto y los pormenores del terrible episodio que acababa de presenciar. Cuando supo mamá Paulina quién era la víctima, no dijo nada sino que se levantó con todo el cuerpo como entumecido y se acercó al palanganero, humedeciendo una toalla y pasándosela por la cara suavemente.

Y él la miraba con un recíproco silencio, relacionándola de algún modo con la muchacha muerta, acaso porque era aquel mismo individuo del que escapara mamá Paulina quien podía haber provocado también, a saber cómo, la irreversible fuga de la suicida.

—Ese hijo de mala madre —dijo ella intuyendo que él pensaba lo mismo—. Seguro que habrá tenido la culpa de todo.

—Estuve preguntando —dijo él—, pero nadie sabía de cierto lo que había ocurrido.

—Seguro —repitió mamá Paulina mientras se trenzaba nerviosamente el copioso pelo rubio y olía en el recuerdo el vaho a vino agrio y a menta que salía de la boca de Felipe Anafre—. Quién sabe lo que le habrá hecho a esa pobre muchacha.

—Se llamaba Agustina —dijo él levantándose y cogiéndole una mano.

—Maldita sea —dijo ella y soltó la mano poco a poco—. No hagas ruido.

Valerio Gazul se quitó la pelliza en tanto que mamá Paulina salía de la alcoba. Se tendió luego en la cama y oía un neutro rumor de grifos y de goznes y enseguida el isócrono vaivén del soplillo avivando el fuego. Tenía incrustada en lo más deplorable de la memoria la tétrica imagen de la muchacha proyectada contra la penumbrosa escombrera del almacén, su vestido chorreante y sujeto entre las piernas, el sobrecogedor gesto de repugnancia que contraía su boca. Sintió un escalofrío de sueño, una punzante fatiga por dentro de los ojos, el vislumbre de una amarra del barco encapillada en la bita, el sucio cabo trincado al cuello de la muchacha. Se deslizó por las sábanas hacia el hueco todavía caliente que había dejado el cuerpo de mamá Paulina. Una fragancia a colonia de espliego y a humo de cisco lo remitía a aquella otra casita de detrás del Promontorio donde había vivido ella, el rasante fulgor del faro de la boca del río encendiendo la carne de ámbar de quien ya empezaba a convalecer de las traumáticas contradicciones de su boda. Llegaba entonces de la azotea lo que parecía ser una algarabía de pájaros y se imaginó de pronto que estaban volando por encima de la cama, posándose en los barrotes de la cabecera. Ladró luego lastimeramente un perro y más luego otro, venteando quizá la muerte que ya habría bajado con las primeras luces hasta la explanada del muelle. Y entonces comenzó a brotar de un lejano fondo marítimo el germen de todas las pesadillas de Valerio Gazul desde que, gracias al viejo Leiston, lograra navegar de capitán en un carguero de cabotaje. La recurrente sensación de una presencia amenazadora, un peligro incierto solapado por la niebla. Y él contemplándose a sí mismo despavorido en el puente, sabiéndose incapaz de eludir el alevoso encontronazo y ordenando al fin que viraran a estribor a toda máquina. Pero ya se oía el estruendo chirriante del casco al chocar contra los bajíos de Argónida, el agua inyectada a raudales por el agujero abierto en la sentina. Y luego el gorgoteo horrible, la sorda evacuación de los humores de la ahorcada salpicando el ensangrentado rostro de Felipe Anafre. Hasta que columbró un haz de diminutas partículas luminosas y el tornasolado reflejo del sol en el techo, unas sombras deformes deslizándose entre las falsas vigas. Se incorporó entonces de un salto, dispersando el polvillo de la franja de luz, y se quedó acuclillado en la cama, los ojos tapados con los nudillos. Aún tardó un momento en levantarse y buscar en vano a mamá Paulina y Sagrario por la casa.

Cuando Valerio Gazul llegó a la tienda de Jenaro Lacavallería ya eran más de las once. Alguien lo saludó desde el mostrador pero él no pareció advertirlo, parpadeando con esa esquiva tendencia al lagrimeo de los que no han visto más que mar durante muchos días. Atravesó el despacho de vinos en dirección al almacén de efectos navales y siguió por un oscuro pasadizo lateral, encajonado entre dos hileras de estanterías. Se detuvo frente a una puerta de chapa pringosa, golpeándola ligeramente con el puño antes de abrirla. Jenaro Lacavallería estaba sentado en una especie de sillón abacial, justo en mitad de la habitación y a la misma distancia de dos mesas cubiertas de cartapacios y botellas, un pañuelo en una mano y un catavinos en la otra, el aire del paciente que acaba de ser examinado y aguarda un diagnóstico intranquilizador. Cuando vio entrar a Valerio Gazul pareció salir impensadamente de alguna tenaz modorra y se apresuró a levantarse y a saludarlo con una estimable reserva de efusión.

—El judío errante —dijo sin ninguna aparente lógica.

—Llegué con el alba —dijo Valerio Gazul—. ¿Qué hay de nuevo?

Jenaro Lacavallería dejó el catavinos sobre una polvorienta repisa, se pasó el pañuelo por el cuello y dijo:

—¿Te has enterado ya?

—Esta mañana —repuso Valerio Gazul—, al tiempo de desembarcar —miró adustamente a un sitio vacío—. ¿Estuvo Paulina por aquí?

—Se veía venir —dijo Jenaro Lacavallería—. Más tarde o más temprano, se veía venir.

—¿El qué? —preguntó Valerio Gazul sin ganas de saberlo—. ¿Has visto a Paulina?

—Creo que se fue para casa con Nieves —dijo Jenaro Lacavallería.

Entró en ese momento el muchacho que despachaba el vino, un recipiente de trasegar las criaderas al hombro.

—Buenas —dijo mientras dejaba el cacharro en un rincón y recogía un cestillo con corchos de botas.

—¿Ya está eso? —le preguntó Jenaro Lacavallería sin mirarlo.

El muchacho no contestó de momento. Empujaba morosamente con la alpargata unas cubetas de cinc, provocando un estrépito que resultaba en cualquier caso prescindible. Se dio unos golpecitos en la frente con dos dedos, como indicando que disponía de suficientes entendederas o que se acordaba de algo. Dijo:

—Unas con otras han cabido como seis jarras —amagó con el filo de la mano un ademán de degüello—. Ya han cogido al hermano de esa niña, había sido él.

Y cerró a medias la puerta con ayuda del pie. Valerio Gazul había andado con la vista perdida entre los heterogéneos utensilios que se apiñaban en la repisa y apenas si había prestado atención a lo que decía el muchacho.

—Se la estaba buscando —dijo Jenaro Lacavallería con la voz algo macerada por el alcohol—, tú lo sabes mejor que nadie. Pero mira lo que han tardado en coger al que le ajustó las cuentas.

—¿A quién? —dijo Valerio Gazul, procurando hilvanar lo que quedaba menos incoherente de la conversación.

—¿Quieres una copa? —ofreció Jenaro Lacavallería antes de contestar directamente—. A ése, al que apuñaló a Felipe Anafre.

Valerio Gazul pensó que era realmente en aquel preciso momento cuando se despertaba o cuando descubría a aquella muchacha colgada de una viga del almacén, entreviendo por alguna somera bifurcación de la memoria que ya había presagiado o soñado algo parecido a lo que tan arduamente acababa de concretar Jenaro Lacavallería. Pero no fue entonces, sino poco después, ya en el despacho de vinos y más tarde en los mentideros del muelle, cuando pudo ir ensartando algunos de los cabos sueltos de aquel enmarañado asunto, una desprevenida sensación de complicidad burbujeando por su conciencia.

Se enteró así —o dio por buena la versión— de que un hermano de la suicida Agustina, debido quizás a alguna furtiva confidencia o a un instintivo acicate de la venganza, se había ido a la ciudad a poco de amanecer con ánimo de esperar a Felipe Anafre a la salida de su casa. Ya debía saber que éste solía trasladarse cada mañana en auto, comúnmente solo y no más tarde de las nueve, a alguna de las cortijadas de su propiedad. El muchacho se apostó en una esquina, la gorrilla echada sobre los ojos delatores y una navaja recalentándose dentro de la mano en un bolsillo del pantalón. El portal de la casa se abría al fondo de una calleja sin salida, con unas ventanas condenadas a un lado y la tapia de un jardín al otro. Más o menos a mitad de camino entre el portal y la esquina, aparecía estacionado el auto de Felipe Anafre. El muchacho debió planear con brusca premeditación la estrategia más efectiva, calculando incluso que ya se habría enterado Felipe Anafre de todo lo ocurrido y a lo mejor alteraba sus hábitos aquel día. Pero pronto iba a comprobarlo: o no sabía nada o actuó como si no lo supiera, pues salió decididamente de su casa a la hora prevista, sin denotar otra preocupación que la de mirar al cielo para comprobar el tiempo que hacía, que era de lo más satisfactorio. Ni la extenuante embestida del corazón debió impedirle al muchacho obrar con una instantánea astucia: midió las distancias para llegar al auto en el mismo momento en que Felipe Anafre se dispusiera a abrirlo. Y así sucedió al parecer. El muchacho dio un rodeo para situarse detrás de la víctima, tocándole un hombro con la mano izquierda mientras sacaba con la derecha la navaja. Felipe Anafre se volvió sin aparentar sorpresa alguna. Vio el relumbre veloz de la hoja y oyó el enjuto chasquido del resorte y sólo modificó levemente el rictus de la boca y la rigidez del cuerpo cuando sintió la quemadura por el vientre arriba, una culebrina de plomo derretido desgarrándole las venas, estorbándole la respiración. El muchacho sacó la navaja de la palpitante viscosidad en que sólo a medias la había metido y volvió a embutirla con un golpe seco, desplazándola de mala manera a un lado en tanto que atraía hacia él a la víctima. La víctima escupió un caramelo envuelto en moco y parecía querer gritar, pero acabó por doblarse sobre el agresor con la vista nublada y una lastimosa cara de anémico. Debió recapacitar entonces sucintamente en lo que estaba pasando, pues hizo un quiebro para zafarse de la navaja y se abrió los pantalones, entre cuyos pliegues asomó un verdoso pingajo de intestino. Miró al fin al muchacho con un gesto entre provocador e inquisitivo, como dándole a entender que a qué venía semejante maldad, hasta que empezó a incurrir en unos notorios síntomas de desmayo. El muchacho lo sujetó entonces como pudo y lo arrastró impensadamente hasta dejarlo tumbado sobre un asiento del auto, nunca se supo si con el propósito de ocultar a la víctima o en una inconsciente maniobra dictada por la ofuscación. Felipe Anafre no llegó a desvanecerse, tenía los ojos como llenos de legañas, un puño metido por el vientre, la boca abierta en un intento de engullir todo el aire que pudiera o de pedir socorro. Y el muchacho seguía allí sin moverse, la goteante navaja todavía en la mano. Parecía como si pensara en qué era lo que tenía que hacer, suponiendo que tuviese que hacer algo más, o como si estuviera convenciéndose de que había sido él realmente el autor de las puñaladas. De modo que miró a uno y otro lado y no vería sino el vago escorzo de unos hombres estacionados en la salida del callejón, no tanto en disposiciones de impedirle que escapara, sino como testigos estupefactos de los hechos. Quizá comprendiera él de repente que estaba metido en una ratonera, ya que la única forma de evitar enfrentarse con aquellos hombres lo llevaba fatalmente al fondo de la calleja y, por tanto, a la segura trampa de la casa de Felipe Anafre. Hizo entonces lo más incongruente o lo más razonable, según, porque tiró la navaja de improviso por debajo del auto y se apartó un poco hasta apoyarse en el hueco cegado de una ventana, los brazos en cruz siguiendo la línea de un resalte del muro. Dos de los hombres dieron unos pasos precavidos dentro del callejón, pero no para acercarse al ya más que obnubilado agresor sino para prestar ayuda al agredido, el cual había logrado ponerse en pie, sujetándose los pantalones con una mano mientras con la otra procedía a reincorporar a su natural ubicación la porción de tripa que le colgaba del vientre, un ademán parecido —diría alguien luego— al de introducirse el pene dentro de la bragueta. Y así se dirigió tambaleándose hacia la puerta de su casa, medio arrastrado por quienes se habían atrevido a intervenir y que no dejaban de espiar con desconcertado recelo al muchacho. Pero éste no parecía darse mayor cuenta de nada, o bien parecía haber perdido la inmediata memoria de lo que había hecho. Se acomodó entonces en el asiento del auto, del que empezó a fluir una especie de chorrito de orina teñida de sangre, las piernas por fuera y los brazos cruzados sobre los muslos. Y así se estuvo con la vista clavada en el suelo, probablemente sin oír siquiera unos gritos que circulaban entre la salida del callejón y la casa de Felipe Anafre. Cuando finalmente llegaron por él, se entregó sin intentar ninguna resistencia.

Hasta ahí lo que alcanzó a saber o a reconstruir por su cuenta Valerio Gazul, quien anduvo deambulando por el muelle de los Sirios en busca de posibles novedades e imposibles sosiegos. No tardó demasiado, sin embargo, en subir a bordo, donde debía recoger algún aviso de fletes del viejo Leiston y donde se encontró con Sagrario esperándolo. Debido tal vez a una tácita cautela sentimental, ninguno de los dos se refirió más que de pasada a todo lo que había ocurrido y circulaba por los cuatro rumbos del puerto. Anduvieron inventándose ocupaciones pueriles por el puente y la cámara, como si aguardaran el momento propicio para olvidarse de algo. Y ya eran cerca de las dos cuando saltaron a tierra y se despidieron al filo de los tinglados aledaños, ella en dirección a un conventillo donde aprendía eventualmente labores y él camino de la casa.

El día era de una atomizada transparencia, sin vientos ni nubes ni apenas ruidos, sólo ornamentado por una luz aglutinante que lo difuminaba todo y hacía cabrillear la mar como si estuviese untada de azogue. Valerio Gazul tuvo de pronto la sensación de haber intervenido de alguna arbitraria manera en la alevosa derrota de un enemigo. Distinguió más allá del rompeolas la inmóvil silueta del *Aben-al-Yudami*, un viejo mercante libio que debía estar esperando al práctico o turno para atracar y en el que él había navegado como piloto al poco tiempo de morir su mujer. Le vino entonces a la memoria, en una simultánea asociación retrospectiva, aquel penoso tramo de su vida doméstica, cuando la vieja Dolorcita se quedaba al cuidado de la casa. Sabía que Ambrosio y Sagrario iban supliendo la orfandad con un dilapidado consumo de libertades, mientras él se pasaba largas temporadas por las rutas madereras del Báltico sin aparecer por el puerto: una especie de comezón afectiva nunca mitigada del todo y aun acrecentada desde el momento en que la imperiosa vocación marinera había ido perdiendo su inicial remanente de aventura. Y así hasta que mamá Paulina y él decidieron tentar la suerte de vivir juntos en la casa, sin importarles en absoluto el casi unánime cerco de maledicencias portuarias y sin que supusiera ningún impedimento el hecho de que Ambrosio manifestase su disconformidad instalándose en *Los Gallardetes*. Y de improviso, sin que nada lo hiciera presumible toda aquella acumulación de trabas caseras podían quedar al fin y al cabo abolidas en el supuesto de que Felipe Anafre estuviera herido de muerte. Ni siquiera había conseguido nunca Valerio Gazul, por más que indirectamente se lo propusiera, alterar en ningún sentido las tozudas determinaciones de Felipe Anafre, no ya respecto a la más leve sugerencia de anulación legal del matrimonio, sino por lo que se refería a cualquier privado pacto de neutralidad entre los cónyuges. Así que Valerio Gazul no sabía entonces muy bien si era ese abrupto y general recuerdo o la ya no tan remota posibilidad de liberación de la propia mamá Paulina, lo que empezaba a activarle el agazapado deseo de que Felipe Anafre no saliera de aquélla con vida.

Cuando entró en su casa, lo primero que vio fue a mamá Paulina acurrucada en un escalón del pasillo, justo frente al zaguán, con una quietud que ya parecía antigua. Tenía el gesto de quien ha conservado adherido a la realidad el rastro ilusorio de un sueño. Pero se levantó de un salto y volvió a abrazarse a él, yéndose así los dos, inestablemente juntos, hasta la mesa ya servida.

—¿Has sabido algo más? —tardó en preguntar ella como si no quisiera exponerse a modificar lo que pensaba.

—Te anduve buscando —dijo Valerio Gazul—. ¿Hay algo más?

—No va a morirse —dijo ella con una ficticia destemplaza—. No va a tener esa deferencia.

—Sí —dijo él—. Estuve a bordo con Sagrario —se apretó con los dedos las sienes palpitantes—. ¿Por qué no cierras un poco, quieres?

Mamá Paulina se levantó y desenrolló muy despacio la persiana de tablillas verdes, aminorando gradualmente el resplandor, una penumbra inocua que hizo más transitable el curso del silencio.

—El otro día me fui con ella a *Los Gallardetes* —dijo mientras se subía las mangas de la blusa y acomodaba sus ojos claros a la poca luz—. Solamente pude hablar un momento con Ambrosio, tenía que hacer no sé qué cosa. O se lo inventó.

—Siempre hay un caballo que no coge el sueño —dijo él con una dudosa aproximación al tema.

—¿Siempre? —preguntó mamá Paulina.

—Debería acercarme a verlo —dijo él—. No sabe que he venido.

—¿Hasta cuándo te quedas? —volvió a preguntar menos precavidamente mamá Paulina.

—Mañana por la noche zarpamos con la marea —repuso él—, qué remedio. Pero luego voy a quedarme más de dos semanas, el tiempo del viaje a Bizerta —levantó el brazo como si necesitara calcular una enojosa distancia—. Me lo voy a saltar.

—No sé si creérmelo —dijo ella.

Y se quedaron callados otro momento, la audible respiración de mamá Paulina intercalándose entre el tintineo de los platos y el zumbido de una mosca.

—A lo mejor tampoco te hubiese gustado casarte ahora insinuó él de repente sin levantar la vista, y añadió al punto—: No he dicho nada.

Mamá Paulina no respondió enseguida, esperando tal vez que él la mirara para tratar de ser justa.

—Una suposición muy oportuna —murmuró más indulgente que dolida, llenando luego las copas de un vino del color de su piel—. Toma, capitán.

Venía de la parte del muelle el eco lánguido de un pregón callejero, una ristra de modulaciones ininteligibles que parecían dotar a la tarde de su más recóndita y difícil placidez.

—No es eso —dijo él bebiendo de un solo trago—. Yo no soy de los que moja el rebenque para que duela más.

—Los dos estamos alterados —dijo ella, y se desperezó suavemente, tensando la blusa sobre los pechos henchidos—. ¿O será que hay un mal viento soplando por ahí afuera?

Valerio Gazul hizo con la mano un gesto conciliador, como si recogiera los menudos rencores que podían haber quedado sueltos, mientras que mamá Paulina se levantaba indolentemente y se dirigía a la alcoba sin decir nada, el vibrante diseño del cuerpo haciéndose más notorio al compás de los pasos. Pero él se quedó todavía unos minutos con los codos sobre la mesa, la mirada fija en los rayados destellos de la persiana, bebiendo a pausados sorbos otra copa. El vino resultaba un poco raspante al principio, pero dejaba luego en el paladar un grato regusto almendrado. Empezó a sentir como el lúbrico crecimiento de un acicate amoroso, el mismo que lo atenazaba ocasionalmente a bordo cuando perdían de vista la costa, aunque retenido ahora en parte por esa ambigua impresión de culpa que lo había ido desazonando desde que descubrió a la muchacha ahorcada. Era como una argucia deudora con la que pretendiera él saldar las carencias del arrimo ilegítimo con la liberación conyugal de mamá Paulina. Oía sin saber que lo oía el chirrido de las ruedas de un carro, los gimientes muelles de la cama arañando el tabique, el arrastre de la silla sobre las baldosas al tiempo que se levantaba. Se asomó un momento al cierro y lo aturdió otra vez aquella luminaria que parecía engullir los desperdicios de la realidad. Cuando entró al fin en el dormitorio, distinguió la carne de ámbar de mamá Paulina prevaleciendo en el claroscuro. Estaba encogida y vuelta hacia un lado, la cara hundida en la almohada y la trenza medio deshecha, amparando con un brazo el cuerpo desnudo. Valerio Gazul se desnudó también con un ritual apremio y se tendió al lado de ella. Y ella se incorporó un poco como si saliera de una enfermedad, buscándole ávidamente la boca y anudando sus piernas con las de él.

Ninguno de los dos llegó a saber entonces, al menos durante aquella breve escala de Valerio Gazul en el puerto, lo que mamá Paulina llamaría una insidia secundaria dentro de la general evocación de insidias que supuso para ellos la salud de Felipe Anafre. Al parecer, no sólo estaba éste fuera de peligro sino en condiciones de probar que no había perdido en absoluto sus arrestos viriles, protagonizando a tal fin —casi al mismo tiempo que su aborrecida mujer fornicaba con otro— una descabellada función amatoria. Según cálculos no del todo incorregibles, a Felipe Anafre se le despertaron las ganas de mujer cuando apenas llevaba dos días hospitalizado. Le mandó aviso entonces a su más reciente ayudante —una especie de joven gorila al que acabarían llamando Basilisco— para que se presentara aquella misma tarde en compañía de una escardadora ya previamente apartada y desvirgada por el amo. Y el ayudante así lo hizo, aun sin sospechar ni por asomo —cosa que no solía ocurrirle ni en casos de extremada evidencia— la finalidad de aquella tan anómala e intempestiva convocatoria. No bien entraron en la habitación, Felipe Anafre encargó a su joven gorila que se saliera al pasillo para vigilar que no entrara nadie de ninguna manera, ni monjas ni peluqueros, eso dijo, y que lo dejara solo con la muchacha, que tenía que despachar con ella unas diligencias. La escardadora era una adolescente huraña y negrucia, de carnes opulentas y precoces desalientos. Tenía en las sienes esa diminuta sombra que dejan las miserias antiguas. Parecía no darse por enterada de su misión, las manos cogidas por delante de la bata demasiado anchicorta, una mirada inane de sierva acostumbrada a la obediencia ruin y a los mezquinos apaños. Felipe Anafre la llamó con una mueca obscena y la hizo recostarse en la cama, dijo que sólo por sentirla allí junto, un alivio para sus muchas dolencias y solterías. La escardadora se dejaba hacer con gesto de muda, la vista estacionada en los níqueles de los muebles y el oscilante visillo de organdí, sin prestar ninguna concreta atención a los manejos del amo, el cual le había abierto la bata y sacado los pechos, lamiéndole los pezones y hurgándole en el sexo por debajo de la enagua. Olía a vellocino y a mazorca por un lado y, por otro, a formol y a menta. La muchacha se entretenía anudándose entre los dedos los flecos de la colcha cuando Felipe Anafre le cogió aquella mano desentendida y la urgió a participar en la ceremonia con algún tocamiento preparatorio, echándose a un lado las sábanas. Y ella obedeció igualmente, incluso poniendo en el encargo una movilidad manual de lo más entusiasta. Pero el amo no tardó en considerar insuficiente o poco remunerativa semejante operación, pues la obligó a tenderse en la cama mientras él conseguía a duras penas y babeando de dolor, que no de gusto, encaramarse encima de ella e irla despojando de todo lo que le impedía penetrarla. La muchacha lo ayudó en parte y en parte se quedó como privada al descubrir el vientre del amo forrado de vendajes, dudando entonces seriamente de la oportunidad de aquel incómodo y desaforado acoplamiento. Y ya iba ella aceptar lo inevitable cuando empezó a sentirse mojada y a oír como un excesivo y pegajoso chapoteo entre las piernas. Felipe Anafre proseguía moviéndose, si bien cada vez más desmadejadamente y como atragantándose entre la incoherencia verbal de su lujuria. Se tanteó ella entonces los muslos y se miró la mano manchada de una sangre que en ningún caso debía ser suya. De modo que apartó sin brusquedad pero también sin vacilación al ya exangüe amo, hasta dejarlo tumbado boca arriba en la cama. Pudo ver así las sábanas y los vendajes teñidos de una sanguaza marrón y se levantó de un brinco más perpleja que asustada. Felipe Anafre tenía la cara lívida y los ojos estrábicos. Le asomaba entre las piernas abiertas el sexo fláccido, o algo que podía parecerlo, y resollaba como si realmente acabara de salir de un compensatorio orgasmo. La muchacha se limpió muy por encima con las sábanas y se arregló como pudo las ropas mojadas y el pelo grasiento. Tuvo entonces la primera reacción no abúlica desde que apareciera por el hospital: salió despavorida en busca del ayudante, quien entró con las urgencias que sólo usaba cuando paría una vaca o reclamaban su potencia de mulo, y se quedó examinando alternativamente al amo y a la escardadora. Y como no sacase nada en claro de aquel necio escrutinio, se agachó a mirar por debajo de la cama, no se sabía si con ánimo de descubrir a gente criminal o impulsado por algún selvático atavismo. Pero lo cierto fue que anduvo husmeando sin ningún congruente objetivo en aquella postura, arrastrándose incluso con gran dificultad por el angosto espacio que separaba la cama del suelo. Felipe Anafre entrevió la cabeza del gorila asomando por debajo de la suya y levantó inválidamente la mano que tenía apretada contra el vientre. Anduvo tanteando como un ciego en el vacío antes de conseguir atrapar por los pelos aquella cabeza y musitar entre ahogos que necesitaba ayuda de inmediato, que qué coño estaba haciendo allí como una cochina sabandija. Alarmado quizá por la crispación de la cara que tenía tan junta, debió intuir el gorila que la única evidencia rastreable era que el amo se desangraba, por lo que se irguió con presteza y salió corriendo a pedir auxilio de la única manera que sabía pedirlo, o sea, emitiendo unos sonidos guturales con más de berridos que de palabras. La muchacha se fue en seguida detrás de él, acentuando su sigilo de huraña mientras atravesaba la puerta. Ni ella entonces ni nadie de fuera del hospital se debió enterar hasta algunos días después del fidedigno desenlace de los hechos, o de su versión menos reticente. En cualquier caso, a Felipe Anafre lo volvieron a coser sin mayores complicaciones, cerrando nuevamente unas heridas que quizás habían sido abiertas por otro indirecto modo de venganza.

VII

TAL VEZ LA ÚLTIMA o la más imborrable memoria que conservó el viejo Leiston de toda aquella etapa en la casa del muelle, se refería al desconcertante hundimiento del falucho y a su presunta relación con otros episodios más o menos simultáneos. Todo empezó una noche en que el viejo Leiston recibió la visita del antiguo dueño del *Leonardo,* quien se presentó en compañía de un joven sobrino con trazas de superviviente de algún naufragio acaecido poco antes y uno de cuyos ojos permanecía absolutamente quieto en una cara demasiado móvil. Estuvieron hablando en el despacho un tiempo nada indiscreto hasta que el viejo Leiston salió al patio portando una campanilla, la cual sacudió con estentórea premura. El tintineo trepó por los peldaños y los muros silentes y descompuso la ordenada disposición de las sombras. Al tercer toque, se asomó por la cristalera del piso de arriba una silueta apenas visible, primero una mancha de pelo hirsuto y luego un bulto esmirriado volcándose a medias por el antepecho en busca del autor de la llamada. El viejo Leiston golpeó levemente con la contera del bastón en una columna.

—Antonia —dijo con una paciencia intachable.

—Dígame —dijo Antonia.

—¿Quiere avisar a miss Bárbara? —indicó el viejo Leiston—. Que baje, por favor.

La criada se retiró a las interioridades de la galería sin decir nada mientras el viejo Leiston volvía al despacho. El que fuera patrón del *Leonardo I* —y ya del *Leonardo II*— permanecía en posición de reposo continuo junto al joven náufrago, los ojos rodeados de un cerco del color de la arena mojada. El joven náufrago exploraba ávidamente los alrededores desde el borde de una silla isabelina. No parecía encontrarse a gusto bajo techo.

—Va a soplar poniente —dijo el viejo Leiston acomodándose en su consabido sitio del sofá.

—Ya está soplando —dijo el patrón del *Leonardo II*—, pero no se nota todavía. Cuando amanezca.

—La luna viene amarilla —añadió con sentenciosa parquedad el joven náufrago.

—Ponemos rumbo a Punta Bolina y enfilamos luego hacia el nordeste —dijo el viejo Leiston—. Corríjame si me equivoco. ¿O nos alargamos mejor hacia el caladero de Argónida?

—Eso tendrá que ser antes de las cinco —dijo el joven náufrago rascándose desmesuradamente por la entrepierna—. A más tardar.

—A las cinco —convino el viejo Leiston—. El capitán Gazul no va a poder venir, lástima. Tuvo una avería en el émbolo.

—Huele el pescado a ochenta millas —dijo el joven náufrago.

—Un motor es la peste bubónica —dictaminó el patrón del *Leonardo II* con la desdeñosa seguridad del que nunca ha navegado en un vapor.

Sonaron unos golpecitos casi inaudibles en la puerta abierta y a continuación entró miss Bárbara, las manos cogidas por detrás, rígidos los hombros, como si deseara prestar una mayor posibilidad de realce a las disparejas puntas de sus senos. Se detuvo a un lado del sofá con un frío gesto perfeccionado por la rutina.

—¿Estaba usted ocupada? —preguntó el viejo Leiston.

—Estaba con Estefanía —dijo miss Bárbara como si diera un parte de difícil credibilidad—, ayudándola a rizar los pétalos de las dalias.

El viejo Leiston la miró adecuadamente pero la veía turbia a través del azul empañado de sus ojos. Llenó luego las copas del patrón del *Leonardo II* y de su sobrino y ya iba a servirse él cuando apuntó con la botella a miss Bárbara, un modo que tenía de atenuar sus perseverancias de bebedor.

—Pruebe este oloroso —dijo—, todavía queda. Me lo va a agradecer.

—Muchas gracias —replicó miss Bárbara antes de tiempo—. Ya he cenado.

—Una aclaración de lo más extravagante —dijo el viejo Leiston—. Éste es el único vino del mundo que no entiende de reloj —se pasó por la nariz el tapón de la botella—. Hágame caso y acérquese una copa. Me incomoda beber en presencia de alguien que no bebe, lo sabe muy bien.

El joven náufrago dejó escapar una risita equivocada de lugar y rematada por una tos. Se quedó luego observando a miss Bárbara, quien se acercó a la alacena a recoger una copa y la situó delante del viejo Leiston, sin apoyarla en la mesa. Llegaba de la calle un rumor de voces contenidas y pasos apresurados.

—¿Quiere que me siente, señor? —preguntó miss Bárbara con cierta reticencia mientras el viejo Leiston le servía el vino.

—Naturalmente que quiero —dijo éste—, pero no lo haga si le resulta aburrido. Sólo quería ofrecerle una copa y rogarle que me despierte a las cuatro. No me fío de Antonia.

—Preferiría llamarlo más tarde —dijo miss Bárbara sin levantar la vista del aromático topacio del vino—. Le conviene dormir, permítame que se lo recuerde.

—Por mí, lo dejamos para otro día —dijo el patrón del *Leonardo II*—. La pesca no se va a acabar.

—Ni el viento —añadió el joven náufrago.

El viejo Leiston se inclinó un poco hacia el patrón del

Leonardo II, el puño del bastón bajo la barbilla. Dijo pensativamente:

—En todas las historias que conozco de barcos sin tripulación, siempre hay un personaje que habla como usted. ¿Se acuerda de Simón el Trinitario?

—¿El del pósito? —preguntó el patrón del *Leonardo II* con manifiesta desatención.

—El Trinitario —repitió el viejo Leiston—. Anduvo inventándose excusas durante más de un mes. Que convenía esperar a que subiera el barómetro o que no le funcionaba bien la caña, lo que fuese —se atusó el bigote humedecido de vino—. Mañana nos hacemos a la mar, y mañana, que pasado. Una cochina manera de ocultar que se había quedado sin tripulación.

—Lo mismo habría dicho Jaquemate —aseguró el joven náufrago—. O sea, antes de que se ahogara.

El patrón del *Leonardo II* bebía con una lentitud consecuente y emancipada, fingiendo con los ojos que seguía puntualmente la conversación. Parecía como si estuviese devolviendo los buchitos a la copa para tragarlos de nuevo. Pero no provenía de él sino de miss Bárbara el trasiego gutural que se oía, esa especie de incompetente gorgoteo que emiten los que beben poco y mal aunque con ansia.

—¿Y éste qué hace? —preguntó distraídamente el viejo Leiston, dirigiéndose al patrón del *Leonardo II* y señalando al sobrino.

—¿Éste? —dijo el patrón—. Menos estarse quieto, lo que sea. Cuando no se dedica a bucear todo el santo día, me echa una mano.

—Estoy haciendo el mapa —dijo el joven náufrago ya con más aspecto de sobrino—. El del fondo de toda esta parte de la mar —movió las manos juntas con el gesto del que se zambulle—. Me conozco lo que hay por ahí abajo mejor que lo que hay encima.

—¿Desea algo más? —interrumpió miss Bárbara colocando delicadamente la copa sobre la mesita.

—Me lo pregunta como si no tuviera que desearlo —repuso el viejo Leiston—. Dígale a Estefanía que no haga flores de lata tan a deshora.

—Son más de las diez y media —dijo el patrón del *Leonardo II* después de hipar por dos veces—. Si vamos a madrugar, ya deberíamos estar de recogida.

Miss Bárbara observó con una morosa destemplanza al joven náufrago. Y ya se disponía a irse cuando el viejo Leiston la señaló con la pipa vacía.

—No se olvide, por favor —dijo—. A las cuatro.

Miss Bárbara asintió con un gesto insípido y salió sin despedirse, moviendo las escurridas caderas con la ufanía de haber aprendido a hacerlo hacía poco. Se oía al silencio acechando en algún sitio para caer sobre la habitación.

—¿Ya estrenó las velas? —inquirió como adivinándolo el patrón del *Leonardo II*.

—A eso iba —dijo el viejo Leiston—. Estuve dudando entre el vitre y la lona, pero me decidí por la lona. Más pesada pero más fuerte.

—Le doy la razón —dijo el patrón del *Leonardo II*.

—Ese condenado falucho pesa demasiado —dijo el viejo Leiston—. A lo mejor no aguantaba el vitre, me convenció Lacavallería.

—Una buena relinga —dijo el joven náufrago incluso con fogosidad—. Con un buen cabo de relinga cualquier trapo aguanta lo que le echen. Me comprometo a demostrarlo.

—¿De dónde sacas esa estupidez? —dictaminó el patrón del *Leonardo II*.

El viejo Leiston se levantó con mediana torpeza pero sin titubeos. Dijo a manera de despedida:

—A las cinco en el muelle, un poco antes quizá.

—Antes de las cinco estoy allí —dijo el patrón del *Leonardo II*, levantándose también y dándole con el codo al sobrino, quien se demoraba escurriendo su copa—. Y este buzo, a las cuatro.

El viejo Leiston los despidió a la puerta del despacho y se quedó un momento indeciso, mirando correlativamente a la botella vacía y al bulto de la noche estacionado afuera de las contraventanas. Se acordó sin ningún motivo no de los pertrechos que había mandado embarcar en el falucho, ni de la escuálida desnudez de miss Bárbara, ni del acierto al elegir las velas de lona tupida, sino de una muchacha a la que había visto una sola vez hacía ya tiempo, una adolescente de majestuosa y cochambrosa hermosura, el blanco de los ojos brillando en la penumbra del espigón con una fosforescencia nacarada. Ella venía andando en dirección contraria a la del viejo Leiston, pero se detuvo a unos pasos como esperándolo disimuladamente de cara a la escollera, y él pasó a su lado sin detenerse pero notando el calor que emanaba de aquel cuerpo, la mórbida sensación de una soledad predispuesta, de un requerimiento desvalido y vehemente. Sólo ese dato fugaz, unido después como por un arbitrario designio de su identificación con la vida portuaria, a aquella coquinera que encontraron un día colgada de una viga y de cuya muerte culpó alguien sin razón al que fuera marido de mamá Paulina. Una imagen taciturna y descuartizada, un deprimente retroceso en el vacío que hizo pensar al viejo Leiston que debía beber una copa más de oloroso. Y así lo hizo con una prisa que no era suya, descorchando sin fallo ninguno otra botella, el gesto mortecino y provisional del que se remunera engañosamente de su abolida juventud. Subió luego despacio a su habitación y procuró dormir o no pensar en nada concreto hasta que miss Bárbara lo llamase.

Cuando el viejo Leiston llegó al muelle ya eran más de las cinco. Menudeaban a sus espaldas las rachas refrescantes del poniente y tal vez por eso no oyó las voces que venían del malecón de levante donde estaba amarrado el falucho. Ya más cerca, distinguió a dos carabineros hablando con el patrón del *Leonardo II* y, algo apartado, a un hombre irreconocible que no hablaba con nadie. Fluía de la madrugada una claridad azul y el viejo Leiston se sintió de pronto sacudido por un brusco sobresalto. Miró angustiosamente al sitio donde debía estar atracado el falucho y sólo vio el hueco ocupado por la noche. Pero no tardó en descubrir un oblicuo escorzo de mástil emergiendo de las aguas aceitosas, las dos estachas colgando de los norays, una de ellas con las filásticas partidas a la altura de la gaza. Escuchó sabiendo que no era cierto el bullicio de unas aves sobrevolando la mar y posándose en la inexistente cubierta del falucho. El viejo Leiston notó entonces como el amago de una amenaza oculta, la residual cobardía de una tragedia imposible, y se apresuró desmadejadamente hacia el grupo que ya salía a su encuentro.

—La negra —dijo uno de los carabineros saludando con respetuosa incertidumbre—. Nos avisaron hace un rato.

—¿Qué puñeta ha ocurrido? —tartamudeó el viejo Leiston.

—Ahora me iba a ir a su casa —dijo el patrón del *Leonardo II*, los ojos brillantes y compungidos—. Ya ve usted con lo que me encontré al llegar, figúrese la impresión. Todavía no me lo acabo de creer, carajo, o sea, que no me lo creo.

El viejo Leiston se asomó a la cortina del muelle como si se asomara a la sima de un sueño caótico. Las aguas cabrilleaban levemente en torno al cuello del palo mayor, dotándolo de una movilidad lívida bajo la luz de una farola asediada de insectos. La pequeña mesana no se veía, sólo ese vestigio, ese extremo de mástil a flor de agua con algo de señalización fúnebre. El viejo Leiston pensó que era precisamente entonces cuando se hundía el falucho con él a bordo, o quizá no pensó en eso hasta horas después. Sentía el vértigo del alcohol sin digerir, la succión del fango en que estaría hincada la quilla.

—El barco era viejo, maldita sea —dijo el patrón del *Leonardo II*—. Amorraba un poco, de acuerdo, pero podía pelear con el mejor —se apretó la frente con una mano, como reteniendo los brotes de la congoja—. A mí nadie me va a convencer que se ha ido a pique así por las buenas, él solito. Me apuesto lo que haga falta.

—Pues eso tendrá usted que declararlo en su momento —dijo uno de los carabineros.

—Ya ha ido mi sobrino —dijo el patrón del *Leonardo II*—. Parece que vio algo raro cuando llegó.

—¿Cuándo llegó? —preguntó el carabinero.

Oscilaban más allá de la boca del río las luces chispeantes, huidizas de una pareja de bous que salía con retraso al arrastre.

—Mojarrita, mi sobrino —dijo con una apremiante ronquera el patrón del *Leonardo II*—. Se vino antes que yo, a eso de las cuatro, a aclarar la vela y a colocar unos palletes. Fue el que dio aviso.

—Íbamos a salir de pesca —musitó el viejo Leiston—. No comprendo absolutamente nada.

—Por aquí hay como veintidós pies de calado, no llega —dijo el otro carabinero sin consultar ningún portulano—. En bajamar viva equinoccial, se entiende.

—Me cago en San Telmo —dijo el patrón del *Leonardo II* dirigiéndose al hombre que hacía de testigo mudo—. Ni Jaquemate sabe lo que ha pasado. ¿No es para cagarse en San Telmo?

El hombre permanecía inmóvil en una zona medio a oscuras y parecía respirar como si estuviera ahogándose. Asintió con un pertinaz movimiento de cabeza a medida que lo engullía la sombra.

—La grúa lo sacará por la mañana —dijo el carabinero después de escudriñar recelosamente el sitio donde ya no estaba el hombre—. Vamos a ver lo que ha ocurrido.

El otro carabinero esbozó un parco gesto de pesadumbre y dijo:

—Lo siento mucho, créame.

El falucho fue sacado efectivamente a flote aquella misma mañana, con la algo más que natural afluencia de espectadores. Tenía agujereado el casco y una cuaderna desclavada a golpes, de modo que debió hundirse en menos tiempo del que tardaron en forzarlo. Fue el propio patrón del *Leonardo II*, asistido por su sobrino, quien se encargó de comprobar qué clase de villanía habían cometido con el que fuera su barco y de ir luego a confirmarle sus sospechas al viejo Leiston, toda vez que nadie puso en duda que el falucho había sido intencionadamente echado a pique.

El viejo Leiston tuvo entonces por primera vez la convicción de haberse instalado en un mundo hostil y hermético, donde no sería nunca aceptado del todo a pesar de sus metódicas y a veces afortunadas tentativas para conseguirlo. Era como si descubriera de súbito que se había equivocado irremediablemente en la confiada elección de una residencia inhóspita. Y se sintió indefenso y desprevenido frente a lo que parecía ser una gratuita barbarie o, al menos, la ejecución de una venganza de no sabía qué alevosos adversarios. Pensaría con toda probabilidad entonces en lo que ya había ido desvaneciéndose o empolvándose en algún secundario recodo de su memoria: la casa familiar de Portsmouth, un reencuentro lacerante con otra ecuánime ordenación del tiempo. Él recién curado de una lesión pulmonar y su delicada mujer impregnando la convivencia de un regusto a porcelanas frágiles y pieles perfumadas, los queridos y pomposos muebles cuarteados por la humedad, las habitaciones arropadas en un silencio hereditariamente pactado, aquella vidriera del desván enmarcando las techumbres cenicientas y el prado teñido de la más pulcra gama de los verdes. Algo así como la suma de avisos sensoriales de una vejez anticipada que canceló, acaso ya para siempre, el contagioso vitalismo de quien volvió a sentirse, irrenunciable y obstinadamente, inglés.

Confundido y sin pista alguna sobre cualquier presunta actividad enemiga, el viejo Leiston prefirió, antes que proceder a ninguna denuncia formal o a asesorarse con el cónsul británico, poner en conocimiento del prepotente don Fermín Benijalea aquella inexplicable prueba de animadversión, eligiendo así sin saberlo la peor y más depresiva forma de confundirse definitivamente. De manera que, después de rogarle a miss Bárbara que no soliviantase demasiado con conclusiones terroríficas a Estefanía y David, se fue al día siguiente a la ciudad en el ya renqueante *Austin*, suponiendo que podría encontrar fácilmente a don Fermín a media mañana, como así ocurrió.

Hicieron pasar al viejo Leiston a la sala noble del piso bajo y no tuvo que esperar mucho para que apareciera el dueño de la casa, ya en aparentes disposiciones de salir a la calle y sin fumar ningún puro. El viejo Leiston apeló a sus estrechas relaciones amistosas y comerciales con don Fermín para exponerle sin ambages la situación. Don Fermín lo escuchó con insegura condescendencia, el tamborileo de los dedos en el brazo de la butaca marcando la prisa que no tenía. Se levantó luego y miró a su alrededor, como valiéndose de aquella opulencia doméstica para recordarle al visitante los muchos privilegios conquistados. Dijo con un tono policíaco y una falsa gravedad:

—¿Usted ha cumplido la edad reglamentaria?

—¿La edad qué? —preguntó el viejo Leiston pensando en que no había bebido nada antes de salir del puerto.

—Verá —trató de resumir don Fermín Benijalea—. Yo creo que tal vez no sea oportuno andar averiguando ahora ese tipo de cosas. Usted ya no es ningún jovencito.

—No digo lo contrario —repuso incautamente el viejo Leiston—. Pero ¿qué demonios tiene que ver mi edad con el hecho de permitir que me atropellen? Ese maldito falucho no era ninguna joya, lo sé, pero era mío. Han atentado contra mi propiedad —se enderezó un poco para facilitar la inspiración—. Ni sé por qué razón lo han hecho ni me explico quién ha podido ser el autor de esa salvajada.

Don Fermín Benijalea volvió a sentarse otra vez, cuidando de centrar sobre las rodillas la impecable raya del pantalón de franela.

—No tengo mucho tiempo —dijo sabiendo que disponía de todo el tiempo del mundo—. Lo de menos es lo que hayan podido hacerle a ese barco. Me refería sobre todo a sus actividades comerciales. Un inglés, un extranjero, por muy respetable consignatario que sea, empieza a no ser bien visto por aquí —se acarició el lóbulo de una oreja—. En ciertos ambientes, desde luego. ¿Se hace cargo?

—No —dijo el viejo Leiston más desconcertado de lo que hubiese creído—. Usted ha sido prácticamente mi socio, desde antes incluso de que me instalara en el puerto. Sabe muy bien en qué asuntos he intervenido.

—¿Le apetece una copa o es pronto? —ofreció don Fermín.

—Y la seriedad con que he llevado el negocio —prosiguió el viejo Leiston rechazando mentalmente la oferta—. Que yo sepa, nunca hemos tenido ningún tropiezo. Los beneficios han sido tan satisfactorios para usted como para mí.

Alguien abrió una puerta, no la del patio sino la que comunicaba con otro salón, pero la volvió a cerrar con suma cautela.

—Ésa es otra cuestión, eran otros tiempos —dijo indecisamente don Fermín mientras comprobaba que no había entrado nadie—. Nuestra amistad ha continuado intacta, pero nuestras relaciones comerciales han sufrido un parón. Usted se habrá dado cuenta.

—Exactamente —convino el viejo Leiston con un ademán destemplado—. Nunca me permití preguntarle por qué había resuelto lo de esas exportaciones de un modo tan.

—No sé de qué exportaciones me habla —interrumpió don Fermín—. Le ruego que me disculpe, ¿no estará confundiéndose?

El viejo Leiston cambió de postura antes de contestar. Gemía la butaca como una arboladura con el viento de través.

—En efecto —dijo—, estoy confundiéndome. ¿Y usted?

—Recuerde bien lo que hemos hablado, míster Leiston —concluyó don Fermín con una nerviosa palmada en la rodilla—. Voy a decirle a Herminia que baje, no me perdonaría si se entera que ha estado usted aquí y no la he avisado. ¿Me permite un momento?

Don Fermín Benijalea no tocó ningún timbre, sino que salió con su habitual apremio de la habitación. Olía a lavanda y a polvo de carcoma recién removido. El viejo Leiston se quedó con la vista flotando por encima de la peinada alfombra que cubría buena parte de la sala, el bastón oscilante en su mano entreabierta. Dudó un momento entre esperar o marcharse sin despedirse, pero lo distrajo su propio desconcierto. De ninguna de las maneras podía comprender por qué extraños subterfugios su hospitalario amigo, amén de influyente consocio, aparentaba haber olvidado aquellas transacciones en que intervinieran mancomunadamente a poco de establecerse en el puerto. Sin duda que esos beneficios ya compensaron en su día con creces la eventualidad de todo posterior receso del negocio, permitiéndole incluso al viejo Leiston pensar en la construcción de una nueva casa en el Promontorio, dejando sólo para oficinas la del muelle. Pero la actitud de don Fermín Benijalea a propósito de todos aquellos enrevesados asuntos de fletes —o de tránsitos acogidos a las franquicias portuarias— no era realmente la de alguien que sufre una amnesia repentina, cosa por demás improbable, sino la del que prefiere de pronto no recordar por alguna oscura y enigmática razón. El viejo Leiston no salía ni de su asombro ni de su creciente síndrome de abstinencia. Se imaginó entonces no sin temeridad que el hundimiento del falucho y la falta de memoria de don Fermín Benijalea, guardaban alguna indescriptible relación. Pero todo eso pertenecía ya a otras ingratas fijaciones mentales. Pues hasta mucho después, a partir de ciertas confidentes pistas proporcionadas por Valerio Gazul, no supo el viejo Leiston en qué sistemáticos fraudes fiscales estuvo desprevenidamente involucrado.

Doña Herminia, ese personaje ubicuo, entró en la sala como si ya lo hubiese hecho antes de llegar, seguida de cerca por don Fermín, ella en atribuciones de ama de casa mañanera, impartiendo excusas y dengues, proclamas de xenofilia y recordatorios familiares, y él como más deliberadamente evasivo, el puro todavía sin encender en la mano derecha y el pulgar de la otra enganchado en la sisa del chaleco. El viejo Leiston arguyó finalmente que lo reclamaba el mucho trabajo y fue despedido en la cancela por don Fermín, quien incurrió en unas muestras de afecto tan extremosas que aún resultaron más maliciables. Don Fermín se volvió al salón mientras oía el afónico encendido del *Austin* y se arrellanó en una butaca con el gesto de haber programado una hostilidad inútil. Encendió el veguero y se quedó mirando la evolución del humo azulenco, una nubecilla colgada del aire inmóvil y desplazándose hacia el mármol rosado de la consola, las volutas de la evocación perfilándose a medida que se diluía aquel aromático celaje. Debió pensar entonces con cierta ufanía, aunque quizá también con un vago malestar, que se había excedido en la táctica usada con el viejo Leiston, no ya porque se escudase un día en la buena fe del consignatario para canalizar toda una serie de ilegalidades mercantiles, sino por haber fingido no recordar para nada semejantes manipulaciones —suponiendo que no las hubiese realmente olvidado—, actitud menos astuta sin duda de lo poco que parecía serlo. En cualquier caso, todas aquellas maniobras, ya virtualmente planeadas desde antes de que el viejo Leiston decidiera abandonar Portsmouth, no representaban sino un secundario y nada relevante episodio dentro de los muchos capítulos financieros y dominios empresariales de don Fermín. Una irregularidad más que ya había suscitado algunas esporádicas sospechas pero que nadie quiso o pudo nunca hacer salir del escueto círculo de los rumores privados.

Descendiente de inmigrantes levantinos llegados a la ciudad hacía cosa de un siglo, el abuelo de don Fermín ya logró en su día, a fuerza de acumular ahorros y suprimir escrúpulos, una cierta preponderancia económica en asuntos agrarios de subarriendos y aparcerías. Mas quien incrementó esos primeros caudales hasta cotas por lo menos inmoderadas, fue el padre del entonces último Benijalea, el cual liquidó los para él poco halagüeños negocios familiares y apostó fuerte y con éxito mayúsculo en las industrias del vino y la ganadería. Incluso parecía ser cierto que ni él mismo hubiese podido calcular el exacto monto de su fortuna cuando le llegó la repentina hora de morirse en cama ajena. Pero el que sí se apresuró a averiguarlo fue su único hijo, quien se encontró convertido de la noche a la mañana en heredero universal de un ubérrimo patrimonio de viñas y dehesas, yeguadas y bodegas. Así que cuando don Fermín Benijalea acabó de comprender hasta qué osado límite llegaban sus muchos poderíos materiales, pensó correlativamente que el preciso complemento de tamaña prepotencia era el de un matrimonio capaz de depararle no una sustanciosa dote, sino una directa posibilidad de lustre genealógico. Debió rememorar a la sazón las viejas historias del abuelo a propósito de ciertos entronques familiares con moriscos errabundos y gente perdularia, lo cual se contradecía incómodamente con sus pretensiones de señorío y exigía a toda costa una efectiva limpieza de sangre. Y en eso se anduvo ocupando don Fermín incluso con diligencia en tanto que corría el luto. De modo que después de otear el terreno y seleccionar candidatas, terminó eligiendo a la devota y ubicua Herminia María Moratoria, último vástago de una antigua familia local de escasos posibles pero de abundantes extravagancias y blasones. El matrimonio se celebró con prontitud y pompa más bien indiscretas y fue feliz como un pecado por omisión. De él nacieron —según debe saberse— tres hijos: Lorenzo, que no necesitó vender su primogenitura por ningún plato de lentejas; Natalia, cuya flagrante belleza de andrógina llegó casi a sobrevivirla, y la tardía Fermina o Fita, que vino al mundo con los dedos de la mano derecha palmeados y acabó profesando, aunque no perpetuamente, de monja clarisa.

Como el testarudo síntoma que avisa de la posible llegada de una enfermedad no peligrosa pero en todo caso preocupante, así iba reconociendo don Fermín Benijalea las señas sumarias y mutiladas de un no tan distante pasado abastecido de privilegios irreductibles y desmedidas impunidades. Y allí aparecía ahora, al fondo de la tenue neblina del tabaco, la imagen del viejo Leiston, opaca y nítida a la vez, una respuesta grosera a una pregunta afable, la sensación de haber engañado —si es que manifiestamente lo había hecho— a quien muy bien podía haber sido sustituido por cualquier otro dócil experto en consignaciones. Y allí mismo surgía súbitamente también, como enroscándose en la siniestra humareda que evacuaban los chozos de los colonos, la ominosa representación de la única derrota sufrida por don Fermín en sus profusas campañas como hacendado: aquel mendaz decreto de ocupación de cerca de mil doscientas hectáreas de tierra fértil dedicadas a coto, una turba de campesinos harapientos repartiéndose la propiedad parcelada y convirtiendo en maizales y cebadales lo que fuera campo de ocios ecuestres y privativa reserva de conejos y tórtolas. Pero todo eso pertenecía ya a otros inseguros recuerdos o a otras lontananzas del pasado. Incluso es probable que perteneciera a un tramo de aquella historia colectiva inevitablemente deformada por los contradictorios sumideros de la memoria.

SEGUNDA PARTE

Desde luego, las [illegible] mar. A [illegible] cabo [illegible] el vasallo y [illegible] época del [illegible] y [illegible], de [illegible] de los Sitios y de [illegible] época imperceptiblemente [illegible] de Cerdaña [illegible] sobre un promontorio [illegible] al [illegible] de [illegible] en ese comienzo [illegible] el [illegible] alrededor de [illegible] para [illegible] constancia de [illegible] con el del [illegible] apenas dejaba [illegible] entre [illegible] plataformas y [illegible] sus [illegible], [illegible] de [illegible], terrazas [illegible] comunidad excesivamente estrecha [illegible] que más bien para [illegible] que tampoco necesitaba [illegible] desde [illegible] regionales [illegible] menos es que [illegible] en pensar [illegible] desde el momento en que se [illegible] aquella mansión expresamente [illegible] y mandada edificar por el viejo Leiston, en contradicción [illegible] vez [illegible] algún primer proyecto de traza menos [illegible] paliativos [illegible]. Bastión [illegible] [illegible] desarrollando [illegible] [illegible] [illegible] [illegible] aquel [illegible] sobre la suave depresión del [illegible] hasta la [illegible] de [illegible]

I

DESDE TODOS LOS BALCONES se podía ver el mar. A un lado, quedaban el varadero y la boca del río y, al otro, los tinglados del muelle de los Sirios y de la zona franca, interceptando en parte la tenue curvatura de la playa de Cerromillán. Erigida sobre un promontorio basáltico al borde mismo de la ensenada, la casa incurría en ese pomposo gusto neogótico que tal vez sirviera a alguno de sus moradores para dejar ostensible constancia de un linaje que en nada podía coincidir con el del común de las familias comarcanas. El edificio apenas dejaba asomar entre los falsos plátanos y los tilos sus balaustres y cornisas de piedra, labrados con una solemnidad excesivamente estricta y un anacronismo tan victoriano que más bien parecían concebidos para acentuar un rango que tampoco necesitaba de alardes miméticos o contagios arquitectónicos regionales. Eso era al menos lo que dio en pensar Estefanía desde el momento en que se trasladaron a aquella mansión expresamente ideada y mandada edificar por el viejo Leiston, en contradicción tal vez con algún primer proyecto de traza menos foránea vetado sin paliativos por la primogénita. Bastión o castillo roquero en torno al cual se fuera desarrollando una población de vasallos, la que acabaría llamándose —en fonética local— *Casa del Listón,* tenía evidentemente más de atalaya fronteriza que de término natural de aquel armónico caserío, apiñado en cúbicas manchas de cal y almagre sobre la suave depresión del terreno y extendido hasta la pineda de Cerromillán, ese otro limítrofe enclave del puerto ocupado por las nobles casonas neoclásicas de los dueños y regidores de toda aquella jurisdicción.

Las verdes simetrías del jardín se amoldaban al declive componiendo el primer plano de una abigarrada acuarela de tema marinero, algo borrosa ahora bajo la reverberación de una luz demasiado intensa que desdibuja el fondo de los malecones, por donde podía columbrarse a veces no sólo el desvaído y habitual movimiento portuario, sino el anómalo trasiego de mercantes de belicosas banderas y tropas de paso. Pero a ningún habitante de la casa, a no ser con somera negligencia, se le hubiese entonces ocurrido observar nada desde aquellos balcones nunca abiertos. Y mucho menos si se trataba de averiguar lo que acontecía o podía acontecer por la a medias visible explanada del muelle o por los barracones del varadero, esa subrepticia acechanza que aún había vuelto más altanera a Estefanía y acabado de postrar al viejo Leiston en un depresivo estado de abulia.

Vagaba ella por las galerías entoldadas de susurros, por las salas pulcras y como ineptas, midiendo los espacios vacíos donde guarecía su propia tortura fraternal, estirando sobre los bordes de los muebles las fundas de crudillo que obstinadamente los preservarían de estragos imposibles, encajando las fallebas de las contraventanas que ocultaban los cristales cruzados de tiras de papel. Un mundo en desuso, una memoria polvorienta, abolida en el mismo momento de rescatar esos residuos sensoriales hasta entonces vividos. Y el padre como otro recuerdo arrumbado en la antesala de su alcoba, aferrándose a la renuncia de todo lo que había compartido y construido en aquel rincón del mundo tan de veras predilecto. A partir sobre todo del día en que llegaran en hordas a saquear la casa del muelle por el mero e inapelable motivo de que el caballeroso consignatario era inglés de nación, apenas si se había movido de una poltrona situada junto a un ventanal entornado. Como si desde su metódico alcoholismo se vengara de tan inicuo trato, sustituyó el vino oloroso por la ginebra con albahaca y se negó empecinadamente a salir de la casona o a cruzar palabra con indígenas.

Recluido así en aquella silente habitación, parecía esperar la llegada del visitante asesino sin dejar de beber y sin quitar los ojos de una mar que él veía cada vez más opaca y amenazadora. Dudoso al principio —aunque menos que Estefanía— entre regresar a Portsmouth o pasar a tierras coloniales siquiera fuese de un modo interino, optó finalmente por acabar de envejecer en su letárgica clausura, sabiendo que quizá fuera esa la solución menos razonable pero también la más expedita y decorosa. Y allí permanecieron los Leiston, o por lo menos el padre y la hija, atenazados a una pasiva forma de intolerancia y de altivez, quiméricamente asistidos por una servidumbre reducida entonces a dos muchachas y a la vieja Antonia —a más de un hijo o marido de ésta no apto para la milicia y que se decía jardinero—, sin querer enterarse de nada de lo que andaba solventándose con tan cruenta furia más allá de aquellas arrogantes fronteras domésticas.

David fue el único, sin embargo, que asumió una actitud de superflua o ecléctica expectativa frente a la situación, no renunciando a sus ya arriesgadas frecuencias de paseante ni a sus solapados encuentros con Sagrario y mamá Paulina. Aún después de cerrada —no se sabía si transitoria o definitivamente— la «Leiston y Cía.», David siguió aventurándose a aparecer por el muelle y en ningún momento quiso modificar sus hábitos y gustos comunicativos más usuales. Ni siquiera la joven Estefanía, aceleradamente transferida a una dama pálida y adusta, de impensadas ubres y reacciones que iban de la distante frialdad a la almibarada congoja, logró en modo alguno hacer cambiar de idea a su amantísimo hermano, por más que se lo rogara con enjutas lágrimas y confesiones de incurables martirios. David siempre encontró excusas de intereses caseros o conveniencias tácticas para menudear sus visitas al puerto y alargarse incluso hasta la ciudad. Se fue enterando así de tan desorbitados horrores que si no compartió con el padre y la hermana la posibilidad de volver a Portsmouth, fue porque tampoco le pareció ni medianamente aceptable separarse entonces de Sagrario, esa furtiva atracción apenas amagada tiempo atrás y puesta al fin de manifiesto a través de una especie de clandestino pacto amoroso. De manera que prefirió elegir la azarosa permanencia en el puerto, sabiéndose acaso indirectamente protegido por Jenaro Lacavallería, jerarca intermedio, y sobre todo por Lorenzo Benijalea, que alternaba sus estancias en *Los Gallardetes* con misiones por tierras circunvecinas y cuyo padre había sido nombrado jefe de las patrullas de defensa rural.

Una de las noches en que regresó David a su casa antes de lo acostumbrado, supo por una de las sirvientas que el padre deseaba verlo de inmediato en su puesto de vigilante de nada. Así que David subió enseguida a la habitación y vio al padre acérrimamente sentado de perfil en su irremediable poltrona, el bastón abandonado entre las piernas, una quietud enfermiza y conmovedora confiriéndole un lacónico aspecto de figura de interior impresionista.

—Si piensas que me satisface que andes mezclado con esa chusma, te equivocas —dijo el viejo Leiston no más oyó entrar a su hijo, sin volverse a comprobar que era él.

—Soy yo —dijo David acercándose, una mano cerrada con la insegura remisión del que acaba de acariciar a una mujer—. ¿Querías verme?

El viejo Leiston se incorporó sin ninguna prisa y entreabrió un poco más la contraventana con ayuda del bastón.

—Es muy tarde —dijo como si quisiera enmendar un error—. Me gustaría saber qué es lo que andas haciendo por ahí, a santo de qué te expones sin necesidad.

—Procuro que sepan que no tenemos nada que temer —dijo David en tanto que arrimaba una silla al lado del padre y se sentaba filialmente—. Eso es todo lo que hago, ¿te parece mal?

—Quizá sea hasta meritorio —repuso el viejo Leiston—, pero estoy bastante preocupado. Y tu hermana, más. Confío en que no lo consideres ninguna exageración.

—Alguien tiene que cuidar de que esta casa siga funcionando —dijo David sin el menor asomo de reproche—. Eso, también.

El viejo Leiston miró hacia donde no se veía la demarcación oscura, el resonante hueco de la mar. Parecía esforzarse por sobreponer su frágil voz al estruendo imaginario de un oleaje.

—Tarde o temprano, yo también tendré que darme una vuelta por ese cochino muelle —dijo—. Supongo que deberé hacerlo algún día, aunque luego me traigan aquí ahogado, quién sabe. ¿Vas mucho por el muelle?

—Depende —dijo David con indebida cautela—. Voy bastante, sí.

—No puedo ocultarte mi satisfacción, hijo —agregó el viejo Leiston—. Ir a un muelle, a cualquiera, es algo que nunca podrá ser considerado como una actividad inútil —ladeó la cabeza hacia un vaso vacío que había sobre una mesita próxima a la poltrona—. Nada más provechoso, aunque desde luego no sea el momento. ¿Cuántos barcos habrá ahora?

—No sé —repuso David—. Había algunos fondeados en el muelle de levante. Once o doce.

—Pocos no son —dijo el viejo Leiston—. ¿Te fijaste de qué banderas?

David miró primero al padre y luego al vaso vacío. Dijo con una anodina severidad:

—Huele a belladona. Ya sabes que no te conviene excederte, sólo por las mañanas.

—¿No te fijaste? —insistió el viejo Leiston—. ¿Quieres decir que, si te preguntaran, no sabrías qué contestar?

—Italianos y españoles —concretó distraídamente David—. Creo que también había uno libio. Y ese destróyer alemán.

—¿Libio, dices? —dijo el viejo Leiston—. Que yo recuerde, sólo fondeó por aquí un barco libio cuando nos ocupamos de su flete. Traía de segundo a Valerio Gazul o a alguien que se parecía a él, la misma forma de resistirse a claudicar.

Saltó una esquirla de silencio de uno de los ventanales, arañando la madera y cayendo en mitad de la habitación.

—Era un dos palos muy llamativo —prosiguió el viejo Leiston—. Subí a bordo a media tarde, la mejor hora para apreciar el estado de conservación de la carga.

—Voy a ir a ver a Estefanía —dijo David—. No debe saber que he llegado.

—Lo sabe de sobra, hijo —musitó el viejo Leiston—. El capitán era un hombre todavía joven, creo que de Bengasi. Tenía esos ojos blancuzcos del que ha mirado mucho la desembocadura de los ríos.

—¿Cómo puedes acordarte de todo eso? —preguntó David.

—No estoy muy seguro de acordarme —dijo el viejo Leiston mientras llenaba con meticulosa dejadez la pipa—. A lo mejor no me acuerdo de nada y me estoy confundiendo. Pero tengo la sospecha de que ya no puedo permitirme el lujo de olvidar ciertas cosas. Las menos importantes, claro.

Se oyó ulular a la lechuza, ese pájaro disfrazado de lechuza, justo por cima de aquel doméstico distrito de la noche. David sintió como si los iris amarillos de la rapaz se clavaran en los suyos, el sobresalto de las alas aventándole la nuca.

—Mamá Paulina está deseando venir a verte —aventuró con una propicia ronquera—. Y Nieves y Jenaro Lacavallería. ¿Quieres que les diga que te agradaría mucho recibirlos?

—No tienes por qué mentir —repuso el viejo Leiston—. Me siento totalmente incapacitado para hablar con ningún personaje de estos alrededores. Más adelante quizá —se echó en el vaso unas hojitas de albahaca y un buen chorro de ginebra, removiéndolo ligeramente con el índice—. Vendrán a decirme que me olvide de lo del despacho, que lo sienten mucho, que en qué pueden ayudarme. Igual que don Fermín Benijalea cuando esos malditos moros me quisieron hundir el falucho.

—¿Quién? —interrumpió David.

—Me asquea toda esa basura —dijo casi sin rencor el viejo Leiston—. ¿De qué estábamos hablando? Ah, una preciosa goleta la *Aben al-Mujabi*, o algo así. El capitán llevaba en la cámara un auténtico museo en materia de lapidarios, de eso sí estoy seguro. Piedras bellísimas, talladas y en bruto, procedentes según me aclaró de unas excavaciones en el oasis de Cufra.

—¿Por qué no te decides entonces y vienes un día conmigo a la tienda de Lacavallería? —reiteró inútilmente David—. Creo que eso es lo mejor que podías hacer.

—No sé de qué tienda me hablas —dijo el viejo Leiston y bebió un sorbo del vaso, el aroma de la albahaca destituyendo al de la belladona—. Y aunque lo supiera, tampoco iba a ir ahora a ninguna parte.

—Piénsalo —dijo David—, hazme ese favor.

—Seguro —dijo parpadeando el viejo Leiston—. Por ahí debo tener el berilo que se empeñó en regalarme el capitán, me pareció correcto aceptarlo. Tenía la forma de un pezón en estado lúbrico —hizo una pausa para buscar algo entre los escombros de la memoria—. Lo único lamentable de aquel barco es que era mixto de vapor. Olía mal, olía directamente a vapor, un fallo vergonzoso, lo que el patrón Leonardo Fabeiro llamaba la peste teutónica. No comprendo a quién se le pudo ocurrir maltratar de ese modo a una goleta tan.

El viejo Leiston interrumpió el confundible curso de sus evocaciones cuando alguien abrió la puerta.

—¿Quería usted algo? —se oyó decir a miss Bárbara desde el umbral—. Iba a salir un rato.

—Nada —contestó el viejo Leiston acentuando su inmovilidad—. Puede irse.

Miss Bárbara volvió a cerrar la puerta no suavemente y David aprovechó la penosa interrupción para levantarse y despedirse del padre, un silencio arduo y melancólico restableciéndose en las paredes cubiertas de grabados y emblemas náuticos, en los lomos de los libros de historias y artes de navegación, en las vitrinas atiborradas de maquetas de barcos, de viejas brújulas y sextantes tomados de cardenillo.

—Lo pensaré —había dicho sin ganas el viejo Leiston, tratando tal vez de fingir al menos una hipotética docilidad.

Sólo el leve trasiego de la ginebra acompañó a David mientras salía al corredor y atravesaba con culpable sigilo frente al gabinete de Estefanía, esa proximidad turbadora de la hermana persistiendo en su no siempre enteriza voluntad de apaciguarla sin hacerle daño. Allí estaría ella ahora como tantas otras noches, infligiéndose a sí misma una despiadada y quizá gustosa tortura, macerando su endémica ansiedad con unas maniáticas labores de pasamanería y flores de latón, espiando las idas y venidas del hermano con todo el cuerpo entumecido de deseo y de miedo. Llegaba entonces desde abajo el repique insolente de los tacones de miss Bárbara, el ingrato gemido de la puerta lateral del jardín. Un encono, un rechazo púdico y al mismo tiempo inocultable, había ido enfrentando cada vez más a David con aquella mujer expulsada no de ningún Ejército de Salvación, sino de la propia casa de huéspedes donde oficiaba por junto de ninfómana y lectora de salmos. Su aparente discreción fue adornándose a ojos vistas de toda una serie de descaradas atribuciones y osadías malsanas. Convertida casi por decisión propia en una especie de inservible ama de llaves, había reiteradamente expuesto el propósito siempre demorado de trasladarse por su cuenta y riesgo a la ciudad. Pero David dudó siempre si iba a hacerlo en disposiciones de ocupar alguna vacante en un prostíbulo o en un taller de confección de prendas de abrigo para combatientes, en cuya compañía andaba de tiempo atrás y con más jactanciosa preferencia si eran extranjeros. Guía verrionda por matorrales y arenales o por improvisados tugurios levantados junto al varadero, miss Bárbara vino a ejercer con pródiga licencia no ya el empleo de animadora de soldadescas de paso, sino de hembra siempre disponible a cambio de alguna gratificación en especias. Ni siquiera tuvo entonces que andar encubriendo una nacionalidad que la hacía sospechosa de desafecta, toda vez que sus muchas aficiones castrenses y fornicarias terminaron por granjearle un suficiente crédito de adicta, amén de una pertinaz fama de cachonda.

Y así hasta que después de haber procurado sin conseguirlo disimular sus evidencias de preñada, sintió miss Bárbara llegar anticipadamente el momento del parto. Aunque ni David ni —en menor grado— Estefanía dejaran de advertir que las magras carnes de la ya tenida por intrusa habían ido abultándose con palmaria tenacidad, nunca pensaron a ciencia cierta que se tratara del natural proceso de hinchazón de un embarazo. Pero toda posible duda quedó solventada la noche en que escuchó David unos quejidos de alarmante intensidad y localización, acudiendo con medrosas premuras a averiguar qué nuevas atrocidades podían estar ocurriendo. Cuando llegó a la puerta de la habitación —o a la infranqueable línea de fuego— de miss Bárbara, los gritos habían pasado a la fase de los sollozos, por lo que consideró oportuno llamar antes de entrar. Mas como no recibiera ninguna contestación, optó por abrir sin mayores recatos y asomarse desprevenidamente a la alcoba. Y allí estaba ella, la experta en comercios con tropas foráneas, la sucia embaucadora del viejo Leiston en días de borrasca alcohólica, desnuda y abierta de piernas sobre la cama maloliente, las sábanas hechas un rebuño bajo la espalda arqueada, el colchón pringoso de humores de incalificable procedencia. A David se le nubló la vista frente a aquella aberrante representación del acto de querer —o no querer— parir sin auxilio de nadie y en medio de una clandestinidad suicida. No pensó en ninguna diligencia concreta, sino que permaneció estupefacto e imposibilitado de apreciar en qué extrañas manipulaciones se afanaba aquella mujer repentinamente deforme e irreconocible. Los pies de la cama quedaban justo frente a la puerta, de modo que los barrotes le ocultaban en parte la cara de miss Bárbara y los menudos pechos ahora más inflados. Pero lo que sí se alcanzaba a ver era la frenética actuación de las manos por fuera o por dentro del sexo, como queriendo reexpedir al útero lo que allí pujaba por abrirse camino. Unas contracciones de más visible violencia activaron la tensión del vientre y el desgarrador volumen de los gritos. Parecía evidente que miss Bárbara, sorprendida acaso por un parto prematuro a más de indeseado, pretendía evitar el alumbramiento del hijo por el incauto sistema de devolverlo a la cavidad en que no del todo se gestara.

Y en eso notó David la sigilosa proximidad de Octavio el jardinero y de Antonia, la vieja criada, mujer o madre de Octavio. Sin que mediara entre ellos ninguna palabra, se acercó Antonia a la parturienta y le colocó sobre la frente un paño empapado en alcohol de romero, o a eso era a lo que olía, y le dio a beber un buche de un frasco de agua de azahar. Miss Bárbara tragó mal que bien el aromático calmante pero lo vomitó en seguida para volver a reanudar los alaridos, no ya tapándose el sexo sino metiéndose el puño por él hasta donde se suponía que no debía ser practicable. Antonia le sujetó entonces las manos con doctoral energía, vertiendo en el forcejeo el contenido del frasco sobre aquel vientre orondo y barnizado de sudor, el ombligo con algo de injerto vegetal. Miss Bárbara pareció quedarse súbitamente privada de sentido, los brazos colgando por fuera del colchón, la cabeza tronchada hacia atrás en una vituperable postura de lujuriosa degollada, con la babeante boca entreabierta y la lengua asomando entre los labios incoloros y sumidos. El aroma terso del azahar desplazó un momento al acre efluvio de las secreciones uterinas, en tanto que Antonia conseguía extraer de los adentros de quien nunca sería madre un bulto amorfo y tumefacto. Anduvo luego efectuando alguna operación que David evitó mirar y se volvió después hacia donde estaba Octavio el jardinero, mostrándole devotamente lo que en ningún caso tenía apariencia de recién nacido.

—Está muerto —dijo con especializada parsimonia—. Iba para niño.

—No se sabe qué es peor —dijo Octavio el jardinero en un primoroso alarde de incertidumbre—. A la que no veo ni medio bien es a la madre.

—¿Por qué no desapareces? —dijo Antonia—. Te portas como si no fueras tú y desapareces, ¿me estás oyendo, tesoro?

—Habrá que llamar a un médico —intervino David acordándose de un hombre que apareció muerto en el muelle, la cara teñida de un verde ferroviario—. Lo voy a llamar.

—Usted no se preocupe —dijo la improvisada partera—. Me dejan sola con la señorita y en media hora ya la tienen levantada. Como me llamo Antonia.

—Más te vale —dijo Octavio el jardinero al tiempo que salía con hosca obediencia.

David se apresuró a hacer lo mismo y Antonia cerró la puerta tras ellos, la mirada impaciente y dispensadora. Se oyó a poco el chirrido de una sábana rasgada o cosa similar y luego un estertor monocorde, un jadeo espasmódico buscando salida a través de alguna especie de mordaza. David bien pudo pensar entonces que le crecía la repulsión como les crece el pelo a los muertos.

—Está en buenas manos —dijo Octavio el jardinero—, se le pasa rápido el susto —señaló a su espalda con un dedo pulgar terroso y acucharado—. Ahí la tiene usted, la que anda encamándose así como así, o está sequerona o la preñan. También son ganas a estas alturas.

David no respondió. Sentía los ojos de la hermana escrutándolo a través de alguna improbable rendija de la noche. Quizá ya hubiese salido ella a su encuentro por cualquier anhelante itinerario, quizá fuese él quien terminaría yendo en su busca sin decidirse a contarle lo que había ocurrido. Aunque tampoco rechazara la posibilidad de hacerlo, una confidencia denodada que ella iba a agradecerle a su manera desde el más insatisfecho, desde el más desdichado y suplicatorio reducto de su corazón.

—Tuvo cuatro hijos ella sola, Antonia —oyó decir a Octavio el jardinero—. Nunca consintió que la ayudase nadie a parir, una costumbre como otra cualquiera. ¿Y sabe usted lo primero que hacía?

David negó fatigosamente con la cabeza, sin pensar siquiera por qué razón no zanjaba aquel lerdo monólogo por el procedimiento de despedirse. Octavio el jardinero lo miraba con la ufanía del que se dispone a remediar una ignorancia.

—Pues lo primero que hacía después de cortarse el ombligo —prosiguió—, era beberse su propia leche. Se la sacaba con un sacaleches y se la bebía. Perdone la pregunta, ¿usted ha probado leche de mujer? Quiero decir, ya de mayor.

David se detuvo con cierta brusquedad y observó a Octavio el jardinero como el orador al sordo. Dijo abreviadamente:

—Si pasa algo, me llama.

Y se dirigió sin más dilaciones hacia el fondo del corredor, entreviendo como algo ajeno y desazonante la sombra de su cuerpo deformada contra el ajedrez de la solería. Dudó un momento antes de torcer para su habitación y, conforme lo dudaba, se asomó a uno de los ventanales que daban al patio porticado, un espacio penumbroso y apacible recorrido por esa desusada sonoridad de las habitaciones a las que han vaciado de muebles, el tenue perfume de la yerbaluisa asperjado en el aire sofocante. Se oía un recóndito aliento de aljibe reavivado por la oscuridad. David no se fue a su alcoba finalmente, sino que se acercó a la de Estefanía para comprobar tal vez si los gritos de miss Bárbara la habían sobresaltado. Antes de llegar, no bien dobló el recodo de la galería, ya la vio esperándolo en la puerta. Tenía un libro aplastado contra la palpitante prominencia del seno y un testarudo ademán de sonámbula despertada al borde de un pozo.

II

SE ASOMÓ AL PATINILLO a ver si llovía y no llovía. Pero un aire opaco y como percudido de ceniza, que ya había conseguido disipar los últimos rastros del verano, ennegrecía aún más la noche y contagiaba todos los ruidos de una especie de esponjosa inminencia de lluvia. Y ya iba mamá Paulina a cerrar la ventana cuando escuchó lo que parecía ser un bullicio de gente congregándose, una alarma de voces y carreras y el inconfundible silbato de Jenaro Lacavallería convocando a sus huestes. Supuso en principio que sería algún habitual desembarco de pertrechos o algún nocturno simulacro defensivo, pero algo había en toda aquella repentina conmoción callejera que no se acomodaba del todo a las otras rutinarias conmociones. Tal vez el silbato era más apremiante, tal vez el chirriar de los clavos de las botas contra los adoquines reproducía la acelerada estridencia de un peligro. En cualquier caso, mamá Paulina permaneció un momento desconcertada, no exactamente cotejando aquel temeroso escarceo general con sus particulares temores sino previendo que acaso debía renunciar entonces a salir. Ya tenía convenidos el lugar y la hora de la transacción —un camafeo de ónice con engarce de oro a cambio de dos sacos de harina y tres garrafas de aceite—, otra de las secretas permutas gestionadas por Nieves Lacavallería con tan arriesgado desinterés. Pero pensó que, antes de aventurarse fuera de la casa, debía al menos intentar averiguar lo que estaba pasando. Así que, como primera medida, se apresuró a subir a la azotea, desde donde podía verse parte del muelle de los Sirios, no tardando en descubrir el seguro motivo de la alarma. Se filtraba la luna entre el veloz desplazamiento de unos nubarrones y medio se alcanzaba a distinguir una sombra, una mancha, la espectral silueta sin señales ni luces de un barco de buen tonelaje que se deslizaba más allá de las defensas del puerto, enfilando al parecer el canal de entrada a la dársena. En el rellano del muelle, en la mojada zona de atraque que desde allí se dominaba, bullía un hormigueante ajetreo de lo que debía ser la entera guarnición portuaria. Retumbaron de pronto dos disparos de máuser, quizás un aviso más que una agresión, tableteando desmesuradamente por los lóbregos confines de la costa, por los sucios boquetes que iba abriendo en la noche la tempestad, hasta que el eco fue poco a poco engullido por la boca de lobo del agua. Pero el barco seguía sin dar ninguna señal ni de adhesión ni de beligerancia. Impertérrito y sombrío, era lo más parecido que había a un bulto inane, a una aparición quimérica abocada a una trampa suicida. Mamá Paulina sintió la fría aguja del miedo entrándole por cada vello de su cuerpo de ámbar, un sobresalto auspiciado por la indefensión, como la espera entre el destello y el estampido del cañonazo. Pero esa vez sólo fue una leve culebrina quien anunció la distante tronada. Mamá Paulina se volvió entonces con un súbito titubeo hacia la escalera y comenzó a bajar cuando ya subían Sagrario y David en demanda de aclaraciones.

—¿Qué ha sido eso? —preguntó Sagrario mientras se cerraba sobre el cuerpo medio desnudo una bata de seda perlina.

—Está entrando un barco —dijo mamá Paulina con un

atisbo de cobardía en la voz—. Va a oscuras, como perdido, no sé.

David permaneció callado mientras subían otra vez a la azotea y se aproximaban al pretil. El barco proseguía acercándose al canal cada vez más temerariamente, con la manifiesta conducta de navegar a la deriva. David calculó entonces que, según el rumbo que llevaba, iba a dejar a estribor las balizas rojas, circunstancia ésta que sólo podía conducirlo a encallar antes o después en los bajíos de Cerromillán. Pensó que lo más seguro era que no hubiese nadie a bordo.

—No debe haber nadie a bordo —dijo—. Va a encallar.

—Será mejor que bajemos —dijo Sagrario cruzando los brazos sobre el pecho, una mano en cada hombro—. No me gusta.

—Si viene sin nadie —dijo mamá Paulina—, es que lo han dejado que venga así. Por algo será.

—También —dijo David.

Y cuando acabó de decirlo se apagaron juntamente todas las luces del caserío y, de inmediato, las de las farolas y balizas. Una sombra húmeda y ululante, apenas horadada por el mudable destello lunar, se abatió sobre el puerto y dilató los ya menos generalizados tumultos castrenses. Mamá Paulina buscó la mano de Sagrario y Sagrario la de David, transmitiéndose mutuamente ese ilusorio amparo frente a lo desconocido que produce a veces la unión de una piel con otra. En la desfondada negrura de la mar se recortaba más irrealmente el barco fantasma, que iba derivando ahora hacia el espigón de poniente. El haz de un reflector vaciló un momento en la tiniebla antes de dar con el inconcebible paradero de aquel buque sin aparente gobierno ni destino. Y a todo esto sonó el cabrestante del destróyer —ese maldito alacrán, como lo llamaba irasciblemente el viejo Leiston—, la cadena del ancla golpeando en el escobén con el universal estruendo de un derrumbe. Enfiló luego la bocana de l dársena, un foco luminoso en la proa cruzándose con el que venía de tierra. Pero el destróyer sólo llegó a tiempo de presenciar más de cerca la paulatina escora del barco y su subsiguiente y nada violenta forma de embarrancar en los bajíos aledaños al dique seco. Y allí quedó —y quedaría durante años— hundido a manera de quebrantaolas, con las bodegas hasta los topes de sacos de arena, parte de la amura y dos plumas de carga emergiendo como la obvia ilustración de una crónica de naufragios.

Eso fue todo lo que pasó, o lo que dedujeron que había pasado, o lo que sólo llegó a pasar borrosamente en la inestable memoria de quienes creyeron ser fieles testigos del episodio. Pero David sí supo algo más en aquel preciso momento, mientras veía zozobrar al barco desde su no privilegiado puesto de observación en la azotea de mamá Paulina. Adivinó por lo pronto qué concretos objetivos se disponía a cumplir aquel anómalo intruso con tal falsas apariencias de errante. Según lo evidenció el reflector, iba cargado o lastrado hasta casi el límite permitido por su más que regular arqueo, cosa sin duda excesiva para un mercante —un carbonero, quizá— supuestamente abandonado por su tripulación, y más en tiempos de requisa o captura de todo tipo de embarcaciones más o menos aprovechables. Tampoco se equivocó David al imaginar que su rumbo tenía que haber sido cuidadosamente ajustado no lejos de allí, aplicándole incluso las oportunas correcciones de derrota y abatimiento en razón de la corriente. Y todo ello con la palmaria finalidad de que embistiera contra alguno de los espigones y encallara justo en la boca del canal, obstaculizando así la entrada y salida de la dársena. Ninguna hipótesis más verosímil o menos creíble, habría dicho contradictoriamente el viejo Leiston mientras removía con el dedo su vaso de ginebra.

—Qué raro —dijo mamá Paulina arrastrando la primera erre por el hueco de la escalera al tiempo que bajaban—. No se ha oído ninguna explosión, era lo lógico.

—Esta vez no —dijo David.

—Ahora recuerdo que tengo miedo —dijo Sagrario, tanteando en lo oscuro con una dulce consternación de niña extraviada—. Todavía lo tengo.

David encendió un fósforo y luego otro para alumbrar a mamá Paulina, quien registraba el cajón de una cómoda en busca de un cabo de vela.

—No se te ocurra abrir la ventana —dijo mamá Paulina como si se dirigiera a alguien que, sin estar allí, pudiese intentar hacerlo.

—Una maniobra muy bien planeada —dictaminó David—. Les falló el cálculo a última hora.

—Tendrás que quedarte —dijo mamá Paulina mientras estiraba del pabilo de la vela y la encendía no sin esfuerzos—. Por lo menos hasta que vuelva la luz.

—Volverá enseguida —dijo David—. No contaron con el estirón de la vaciante, se les fue el rumbo. Eso ha sido todo.

—A ver si me lo explicas —susurró Sagrario con la voz retraída en la penumbra—. No vas a irte ahora, no te voy a dejar.

La lluvia empezó a caer encima de un breve espacio de silencio. Mamá Paulina cruzó procesionalmente la habitación, más demacrada y distante con la oscilación de la luz en la cara sombría. Recogió luego una palmatoria, dejó gotear la cera sobre el soporte y encajó el menguado trozo de vela. Miraba a Sagrario con un parpadeo que parecía destinado a paliar su emoción, cuando dijo:

—Siempre pienso que tu padre se va a presentar así. De pronto, en un barco como ése —se frotó el lagrimal con el dedo meñique—. Disfrazado de fogonero y todo tiznado de hollín, ¿te lo imaginas?

Y las dos se lo imaginaron desde una contigua incredulidad, la ausencia de Valerio Gazul irradiando el mismo tedio, la misma inclemente sensación de impotencia que evacuaba cada rincón de la casa cuando ocurría algo capaz de ratificarles que él no podía entonces volver. Y menos sabiendo que ni su propio hijo se atrevería a hacer nada para ayudarlo. Esa ominosa, depresiva evocación de la carta sigilosamente deslizada una noche por debajo de la puerta, en la que Valerio Gazul explicaba las razones de su forzosa lejanía y anticipaba la seguridad de un triunfante regreso. De un regreso que fue relegándose cada vez más en la desesperanza, sin que se volviese a saber siquiera si él seguía estando vivo.

Fijaba ahora mamá Paulina la vista en el precario resplandor de la vela temblando en las paredes encaladas, haciendo palpitar las lacónicas sombras de los cuerpos y los muebles. Sentada en la misma silla que David, Sagrario parecía esperar nuevamente que alguien llegase de pronto a indagar con malas mañas si había osado el traidor aparecer por allí, por muy padre de Ambrosio que fuese. Y en ésas volvió la luz, un contraste demasiado amarillo restituyendo el volumen de las figuras, despojándolas de esa intimidad susurrante que emana del claroscuro. David se levantó entonces como si hubiese presagiado que la autoridad portuaria no iba a tardar en pedirle, sin posibilidad de ninguna discreta evasiva, su particular asesoramiento en relación con el barco hundido. Y no ya en calidad de corresponsal del *Lloyd's Register* —cargo que probablemente sólo había desempeñado de pasada el viejo Leiston— sino atendiendo también a sus consabidas pericias en materia de siniestros marítimos y como intérprete de algún presunto informe del buzo Mojarrita. En eso era en lo que pensaba, justamente como podía estar haciéndolo el padre desde su huraño refugio, cuando llamaron con expresiva cautela a la puerta. Una inmovilidad súbita, el acto reflejo de la mano buscando un apoyo, la embestida de la sangre en el vientre, ocuparon un instante toda la historia.

—Debe ser el maquilero, seguro —dijo sin ninguna seguridad mamá Paulina—. Me habrá estado esperando, no os mováis.

Y se fue a abrir con el ademán de quien avanza por una cueva, impulsándose a un tiempo las trenzas hacia atrás en una arrogante sacudida de la cabeza, el rango corporal de su juventud aferrado todavía a alguna tensa vibración de la carne. Sagrario se arrebujó mimosamente en el cobijo del pecho de David, una mano en la axila de él. Se oyó primero un gemido inocuo de bisagras y luego una conversación de ritmo sincopado, como mantenida con pañuelos en la boca. Mamá Paulina volvió a aparecer en funciones de tranquilizadora y anduvo rebuscando en un bolso que había sobre la mesa. Levantó después la mano, mostrando un camafeo y sacudiéndole en el aire como una campanilla.

—Lo que yo dije —susurró—. Voy a ir un momento a la tienda a ver a Nieves, no tardo nada.

—¿Te acompaño? —sugirió Sagrario con un tono más bien irresoluto.

—No te lo quería pedir —dijo mamá Paulina—. Lo siento, pero me conviene que vengas, a lo mejor te necesito.

Y miraba a David disculpándose mientras se dirigía otra vez al pasillo. Sagrario entró a toda prisa en su alcoba y apenas tardó un momento en salir envuelta en una gabardina azulada. Se aproximó entonces hasta que su cuerpo se apretó contra el cuerpo de David. Y él veía aún el destello fugaz del oro titilando por aquella habitación reglamentariamente cerrada desde que caía la noche, donde ejercía mamá Paulina de fervorosa mediadora entre quienes ya habían decidido —más por precaución que por ninguna otra causa— refrendar sus relaciones por medio de un casamiento inevitablemente católico.

—Me esperas aquí, ¿quieres? —musitó Sagrario después de pasarse los dedos por la boca mojada—. Enseguida vuelvo.

—No sé —dijo David sin acabar de concretar lo que no sabía.

—Es para lo del suministro —dijo ella—. Enseguida vuelvo, no te vayas.

David tampoco preguntó de qué suministro se trataba ni si era prudente que él permaneciera allí solo esperando. Dejó vagar los ojos por la sobria pulcritud de la sala, los brillantes ladrillos de color aloque, un blanco lienzo de pared entre las dos ventanas, el empaque decrépito de los muebles. Anduvo despacio hasta el corredor y se sentó luego en la silla donde había estado con Sagrario, el prieto calor de su carne asimilado todavía a la madera. La visión del camafeo elegido para cancelar no sabía qué deudas o sobornos, lo remitía a aquel otro medallón escamoteado del joyero de Estefanía y que usara él para financiar cumplidamente su primera empresa erótica.

Recordó de grado y sin posible error el sitio convenido, al otro lado del paso a nivel, por donde se extendía un tupido cerco de carrizos, el aliento del crepúsculo de su inicial vida portuaria retumbándole por dentro de la sangre. Penetró el primero por el pasadizo del cañaveral, cruzó la línea fronteriza y no vio a nadie. Preguntó a los otros dos intrépidos expedicionarios, reclamó la inaplazable veracidad de la cita, exigió el holocausto prometido. Tendrá que venir, seguro que viene, dijo el más niño de los dos. No estoy yo tan seguro, repuso él en un español que empezaba a ser aceptable. Y algo más iba a añadir cuando ya la columbraron por detrás de unas chumberas en compañía de la vieja bruja. Se acercaron como si escapasen de lo que dejaban atrás, pero la vieja bruja los detuvo con un gesto de nativa desconfianza, el negro pañolón colgando del brazo como un ala de murciélago. Quietos, ordenó, que yo vea lo que traéis, y pronto, no se admiten cochambres. Los otros dos mostraron sus tributos, pagaron por adelantado en especias caseras hurtadas con pusilánime alevosía: una polvera de carey, un perfumador de cristal. La vieja bruja examinó las aportaciones con mirada pericial y dijo que sí, que bueno, pero que aquello no valía una mierda. Y él se adelantó entonces esgrimiendo con precavido orgullo el medallón. No se acercó del todo, sino que se quedó algo apartado de los demás, la pálida mano empuñando el aire como para aminorar el temblor. La vieja bruja miraba sin ver, encogiendo sus abultados ojos de camella. Ven, preciosidad, acércate, dijo, que yo no me como a nadie. Se lo voy a dar a ella, dijo él, que venga a cogerlo. Sonó el silbato de un tren por el río arriba, una alarma catapultada entre las barbecheras y los majuelos que en nada podía parecerse todavía a otras angustiosas y posteriores alarmas. La vieja bruja se volvió hacia la niña y la empujó ilesamente en dirección a David en tanto que decía: anda y vete con el rubito, no me seas pazguata. Resbalaba el lubricán por los matorrales lo mismo que una alegoría por un mundo plomizo. La niña dio primero un traspiés, soltó la cañita que estaba mordiendo y se aproximó muy despacio, quedándose después como paralizada por una inercia taciturna, la mirada ungida de una resignación y una desfachatez igualmente deplorables. Y a él lo amilanó un punto aquella vecindad que parecía predecir de algún modo todas las marañas del arrepentimiento y el asco. Toma, logró balbucir, y ya iba ella a coger el medallón cuando la vieja bruja dio unas zancadas y se lo arrebató con superflua furia. Trae aquí, masculló, a ver qué me quiere endilgar este forastero. Se pasó entonces el medallón por delante de un ojo, dándole vueltas una y otra vez y mordiéndolo luego entre dos colmillos verduscos. Coña, exclamó después de efectuada la tasa, esto ya me gusta más, el rubito se ha portado, y sonrió con una baba de pláceme. De modo que una vez conforme, se arrebujó en su manto y se dispuso a hacer de neutral guardiana de los oficiantes, con el botín bien oculto ya en la faltriquera. Así que la niña se sentó a la vera de los carrizos y palmeó la tierra a su lado para que él también se sentara, cosa que efectivamente hizo más apocado que ansioso. Los otros dos aparentaban no mirar, se habían desviado hasta la linde de unas chumberas y parecían echar su anhelante turno a suerte. La niña actuaba con una dócil, impávida, mohína solicitud, con una patética impudicia aprendida de memoria, como también habría seguramente aprendido de memoria aquel único antídoto posible contra no sabía qué trampas de la indigencia. Se había arremangado hasta el cuello el astroso vestido, al aire los entecos muslos, el pubis de rala negrura, el leve abultamiento de los senos. Y él tanteó por aquel cuerpo todavía sin hacer y ya habilitado para las más rutinarias ofertas eróticas. Mas advirtiendo ella quizá las torpes y remisas manipulaciones del neófito, optó por agacharse al tiempo que le desabrochaba el pantalón. Le sacó luego el sexo y se lo empezó a chupar en una postura de lo más forzada, la cabeza expeliendo un triste olor a naranja agria y oscilando con una ritual y perseverante dedicación. Pensó David entonces que eso sería todo, un hormigueo placentero reptando por el vientre, un espasmo o un acicate algodonoso en las ingles, la misma excitación que sentía a veces cuando Estefanía se recostaba a su lado y le iba rozando el cuello con los labios entreabiertos. Algo parecido al ardor palpitante del pecho de la hermana adosado al suyo, la húmeda mano de ella recorriéndole la espalda igual que si se tratase de un dulce trámite fraternal. Pero la cóncava, la caliente y tersa succión de la boca de la niña lo condujo de improviso a un éxtasis ignorado, lo condujo al borde de una vertiginosa ebullición interna y enseguida a su primer virtual y anonadante orgasmo. La niña se levantó sin más, escupió el semen con un impertérrito hábito de escupidora de semen, se pasó el revés de la mano por la boca y se dirigió mansamente hacia donde estaban los otros dos avezados aspirantes. David se quedó donde estaba, inmóvil y aturdido, como más aniñado frente a una especie de entumecimiento delictivo de la razón. Con la cara pegada a la broza, olía su abigarrada suciedad, notaba aún el calambre gustoso desparramado por la médula, veía como en un espejo delicuescente la exaltada imagen de su propia virilidad sacudida por un placer viscoso y sin nombre. Consiguió al fin levantarse y se dirigió hacia el paso a nivel sin mirar atrás y sin atender a ningún llamamiento. No había luz en la caseta del guarda, sólo la tenue candela de un cigarro parecía flotar junto a la puerta, el brillo culpable del medallón meciéndose bajo la mancha morada del emparrado. Cruzó el carril del Promontorio por donde aún no había pensado el padre construir ninguna pomposa réplica de casa victoriana y, cuando llegó al muelle, ya había acabado de caer la noche. Como el que viene de muy lejos y ha caminado sin descanso, enfermo y harapiento, sólo para ver de cerca y por primera vez el mar, así se acercó David al malecón y bajó los verdinosos peldaños de una de las escalinatas medio cubiertas por la marea. Cuidando de no resbalar, procedió a lavarse atropelladamente la cara y las manos, como si intentara reemplazar el contagio persecutorio de la carne por aquel amago purificador del agua portuaria. Y allí se estuvo, turbado y genuflexo, los ojos de la hermana bullendo entre la espuma, hasta que.

David creyó vislumbrar otra vez el fulgor del medallón reflejado en los cristales de una vitrina, y se irguió de un salto, suponiendo asociativamente que ya volvían mamá Paulina y Sagrario de su enigmática expedición. Pero no eran de ellas los rumores y las pisadas que ocupaban los huecos de la noche. Eran de alguien que acaso subía del muelle, el arrastre de las botas despertando a los pájaros que anidaban en los jabalcones de la azotea, una susurrante conversación incrustada en el sigilo tenso de la calle. Le vino de nuevo a la memoria, igual que una amenaza exclusivamente personal, la tenebrosa silueta del barco deslizándose hacia la bocana del puerto. Pero debió ser una visión subalterna, porque se acercó al aparador con aire desentendido y abrió una de las puertas labradas de la parte baja con ánimo de encontrar algo de beber. Se imaginó sin ningún motivo que lo que andaba buscando era una imposible pista documental sobre el matrimonio de mamá Paulina, repudiada quizá por Felipe Anafre al comprobar éste que la novia ya había sido holgadamente desvirgada. Anduvo David curioseando entre las baldas hasta que extrajo no la prueba nupcial de ninguna presunta supercherría, sino una botella de vidrio negro, la cual destapó y olió morosamente. Sentía circular por la memoria un regusto a roble y a nuez que lo transfería a un tiempo de equívocas correspondencias con el presente. Una testaruda imagen del viejo Leiston bebiendo en aquella misma habitación, acompañado tal vez de Valerio Gazul o sólo con mamá Paulina cuando el piloto andaba navegando. Recogió un vasito de filo dorado y lo llenó mientras evocaba toda esa maltrecha armonía sentimental que él se disponía a ir restaurando de algún impulsivo modo. Miraba abstraídamente el verde lustroso de los helechos y aspidistras, de las hortensias y azaleas que mamá Paulina cuidaba con mimo irregular y repartía por el suelo y encima de las mesas, cómodas, entredoses y maceteros de toda la casa. Dudó un momento si debía irse, pero pensó que no sería correcto hacerlo antes de que volviera Sagrario, ni que tampoco iba a resultar prudente aventurarse aquella noche por los vigilados caminos del Promontorio. Así que decidió hacer lo que con toda probabilidad habría hecho el padre en su caso, esto es, acomodarse en una mecedora, confundir los acicates del recuerdo y beber incondicionalmente unas copas de oloroso. La historia no se repite, se obceca, le comentaría al día siguiente el viejo Leiston, aportando una mirada inocua y judicial para decirlo.

III

El olor a alhucema le recordaba siempre los días de invierno en la casona de Cerromillán, cuando la madre los llevaba a Lorenzo y a ella —y andando el tiempo a Fita— a pasar allí los domingos. Era como un paladeo, una fragancia a delantales almidonados y a calentadores de cobre ocultos entre las sábanas y a habitación con el aire retenido dentro desde la llegada del frío. Ese efluvio sensorial que iba a producirle imborrablemente a Natalia la impresión de un secreto hermoso y sofocante sólo por ella compartido. Cada tarde recorría la casa una criada con un saquito en la mano, esparciendo sobre el cisco o los troncos de todos los braseros, pebeteros y chimeneas un puñado de aquel espliego que traían del campo con la leña. Y el aroma transcendía hasta el desván donde Natalia se encargaba de dirigir, en razón de sus nunca discutidas prerrogativas de efebo, las ambiguas ceremonias de los disfraces y las bodas clandestinas y las operaciones quirúrgicas. Sólo alguna rara vez acompañada de Sagrario o Lorenzo, solía reunirse con amigas de la ciudad a quienes ella invitaba o con quienes coincidía en el puerto durante esas estancias dominicales.

Pero aquella vez la casa materna de Cerromillán no exhalaba más que un acre tufo a betún de correajes y a telas empapadas de sudor de caballos. Una mezcla de olores cuya procedencia tal vez hubiese podido asociarse a *Los Gallardetes,* a no ser porque sólo tenía ya una directa y martirizante relación con las hacía poco iniciadas descubiertas del padre por aquellos contornos. Elevado éste al rango cívico de jefe de patrullas de vigilancia rural, había en efecto alentado y posibilitado la creación de una tropa de caballistas cuya primordial misión consistía en rastrear la comarca en busca de gente enemiga, ya estuviese oculta o alzada en armas. La patrulla, compuesta en un principio de ocho miembros, acabó desdoblándose en dos escuadras de hasta siete jinetes cada una. Si bien don Fermín Benijalea ostentaba el mando supremo, solía operar en el grupo al que pertenecían también su hijo Lorenzo y Ambrosio Gazul, a más de otros cuatro aguerridos voluntarios oriundos mayormente del puerto. La jefatura de la otra escuadra había sido encomendada a Felipe Anafre, atendiendo acaso a su óptima calidad de experto en geografías vecinales, aunque ya había sido amonestado por permitir el uso de términos cinegéticos poco escrupulosos para referirse a unas operaciones cuya patriótica trascendencia las hacía acreedoras de más honrosos bautismos. Bien pertrechados y enfervorizados, caballeros en potros de noble sangre de la cuadra de don Fermín, ya habían conseguido muy sonados laureles, dando muerte sobre el terreno a un total de veintiún insurrectos, hazañas éstas que le valieron al preboste otros tantos encendidos y oficiales encomios. Reunidos a diario en la casa solariega de doña Herminia María Moratoria —acumulada ya al patrimonio urbano de don Fermín—, allí solían estudiar los planes y tácticas más aconsejables y allí se concentraban para dar comienzo o rendir cuenta de las expediciones, decididas siempre a partir de rastros sospechosos o confidencias de garantizado crédito.

Subía ahora Natalia por la escalera sin alfombrar, el frío del jaspe de las barandas uniéndose al otro frío aliento de la casa deshabitada. Le dio la mano a la muchacha vestida de enfermera que iba a su lado y la condujo a la habitación donde pasara sus últimos y lunáticos días la abuela Isidora, quien se murió pidiendo a gritos que sólo se quedara velando aquella porquería de cuerpo, y no más de una hora, su predilecta Natalia, el único miembro tratable de la familia. Inválida desde años atrás y en permanente estado de enfurecimiento contra todo habitante varón de la casa, la abuela Isidora era una genuina aristócrata que se jactaba de tener gustos plebeyos y pensamientos malsanos y que poseía ciertamente una cultura libresca proclive a toda clase de heterodoxias. Sin que de hecho se lo propusiera, no había ahorrado ningún desvarío educativo para sugerirle a la bella y andrógina Natalia que el amor entre mujeres era el único exento de la inmundicia primordial de la fornicación, con lo que también había generosamente colaborado a despertar el latente lesbianismo de la nieta. Doña Herminia, esa dama ubicua ocupada en obras pías, labores de bordados, meriendas propiciatorias y mortificaciones de distinto mérito, jamás llegó a sospechar siquiera la posibilidad de tan aberrantes enseñanzas. Pues de haberlas medio entrevisto, tal vez habría abandonado este valle de lágrimas antes incluso de que lo hiciera su extravagante madre, la cual se reservó siempre un último comedimiento para no exasperar del todo a quien ya parecía estarlo desde que naciera sin ser deseada. Natalia no olvidó nunca y aun mitificó la figura de esa adorable y fragilísima anciana. Cada vez más diminuta dentro de unos insólitos pantalones de cresatén negro que sólo se ponía para molestar, nunca dejó de ser confidente de criadas e hijas de criadas aturdidas por las primeras menstruaciones y alentadora de las más provocativas muestras de aversión por las buenas costumbres. Aún la veía Natalia impulsando temblorosamente la silla de ruedas para enseñarle el secreto álbum donde había catalogado con metódico esmero una abundante iconografía —desde la estatuaria hindú a la precolombina y desde las pinturas chinas a las pompeyanas— capaz de aportar pruebas de histórica clarividencia en torno a sus particulares teorías amatorias. Era un álbum de más que mediano porte y tapas forradas de seda violeta, el mismo que extraía ahora Natalia de un majestuoso armario cuya llave había previamente buscado en el cajoncito de un bargueño. Se sentó después con la muchacha vestida de enfermera en un canapé de polvorienta tapicería y allí se estuvieron hojeando el álbum, acaso compartiendo una excitación muda o comentando sólo lo menos escenificable, hasta que Natalia consultó la hora en un pequeño reloj de tapa que llevaba pendiente del pecho.

—Nos vamos a tener que ir —dijo con la voz de quien habla desde un escondite—. Lo siento, cariño.

—También yo —repuso la muchacha vestida de enfermera, que tenía un cuerpo incluso demasiado flexible y un neto lunar en el entrecejo—. ¿Te vas a quedar aquí esta noche?

—En *Los Gallardetes* —dijo Natalia levantándose y haciendo una pensativa pausa—. Es que dentro de poco van a venir, prefiero no encontrarme con ellos.

—Lo sé —admitió sin ganas la muchacha vestida de enfermera.

—Me imagino dónde van y me pongo enferma —dijo Natalia—. No he vuelto a coger un caballo.

—Qué tendrá que ver —dijo la muchacha vestida de enfermera—. Y no digas esas cosas, figúrate si se entera tu padre.

—Los van a reventar, a esos potros —dijo Natalia apretando el álbum contra su vientre—. Parece que la gozan.

—Ten cuidado —insistió la muchacha vestida de enfermera con ficticia melosidad—, no seas así.

Natalia cerró otra vez el armario y dejó la llave en el bargueño. Se volvió con un estricto gesto de cándida y dijo:

—¿Tú qué pensarías en mi lugar?

—¿Yo? —replicó la muchacha vestida de enfermera—. Yo no pensaría nada. Hacen lo que tienen que hacer y se acabó. A ti ni te va ni te viene, mira que la idea —se echó un poco hacia atrás, inflando los pechos cónicos—. ¿Ya no me quieres?

—Toda mi familia cazando alimañas —dijo Natalia, el cautivo olor de la naftalina acentuando su depresión—. Una cochina cacería de alimañas.

—Te vas al hospital y luego me lo cuentas —dijo la muchacha vestida de enfermera mientras se ponía en pie con una elasticidad aproximadamente gatuna—. Yo no sé qué te pasa. Si sigues así, prefiero no verte, la verdad.

Se oía como el arrastre de unos fardos por un piso de cemento. La muchacha vestida de enfermera se subió sin naturalidad ninguna la plisada falda gris y se anduvo ajustando las bragas en la cintura. Natalia la miró con una convicta inexpresidad, desechando por enfadosa la previa delicia de aquella carne pulida que nunca había dejado de tener algo de mercenaria. No hablaron mientras salían de la habitación y atravesaban la galería hacia la escalera. Otra vez el frío del mármol veteado de los balaustres, los peldaños desnudos bajando a un remoto, a un inhóspito mundo de guarnicionerías y rutilantes fundas de pistola, el puñal damasquinado exhibido como una alhaja talismánica en salones y comedores convertidos en cuartos de banderas. Natalia se detuvo en el rellano y miró hacia arriba.

—Me voy a quedar —dijo—. Tengo que recoger unas cosas, se me había olvidado.

—¿Ahora? —se extrañó la muchacha vestida de enfermera, una simplificada pretensión de arisca en los ojos.

—Ahora —repuso Natalia—. Se lo dices al portero, ¿quieres?

—La espía tiene que recoger un mensaje —dijo la muchacha vestida de enfermera y se encogió de hombros—. Cada vez te entiendo menos, bonita.

—A lo mejor vengo el sábado —dijo Natalia—, yo te llamo.

Y subió de nuevo con apremiante desenvoltura, como si tuviese necesariamente que llegar a la galería antes que la muchacha vestida de enfermera al vestíbulo, y así fue. Se detuvo un momento, la respiración descompasada bajo la blusa, y se acercó después muy despacio a una puerta de labrados cuarterones, una de cuyas hojas permanecía entornada. La empujó esperando oír el chirrido giratorio de las herrumbres, pero no sonó más que un roce en el entarimado, como una actividad de carcoma en lo más recóndito de la madera. A la izquierda del salón, según se entraba, aparecían las tres consolas gemelas de isabelinas obesidades, incesantemente situadas allí —una contra la pared y las otras dos escoltándola a ambos lados en forma de trapecio isósceles— desde el primer recuerdo que Natalia conservaba de la casa. Allí mismo descubrió ella en una no tan lejana ocasión la sangre de la mano del obispo goteando sobre el mármol de una de las consolas laterales. Blandamente posada entre un candelabro y el estuche filipino, la mano se hinchó o quizá sólo se ahuecó, como para tapar aquel charquito que en modo alguno parecía verosímil atribuir a ninguna herida. El obispo —si es que efectivamente lo era, a pesar de que decía llamarse Kilmuir— se inclinó con reverencial disimulo hacia la consola y observó aquella mancha cuya tonalidad más bien bermeja contrastaba con la blancura funeraria del mármol. Natalia avisó en ese momento a Sagrario con los ojos y se situaron de tácito acuerdo junto a aquella puerta desde la que podían espiar sin mayores descaros al obispo, el cual se disponía entonces a extraer de entre los pliegues del manteo un pañuelo con festón de encaje pajizo. Ninguna de las dos consideró plausible comentar aquel anómalo percance, sobre todo después de haber comprobado que el obispo mantenía su pañuelo a la altura del pectoral, contemplándolo incluso con obstinación antes de proceder a mojarlo no sin disimulo en la boca. Se frotó luego la mano en cuyo cuenco parecía depositarse la sangre y volvió femeninamente la cabeza hacia donde ellas estaban, a saber si buscando algún imprudente testigo o reclamando la presencia de un cómplice. Natalia no pudo desviar los ojos a tiempo y sintió la agridulce mirada del obispo embutida dentro de la suya con una profana intensidad. Ninguno de los restantes contertulios debió de percatarse de lo que podía estar ocurriendo, mayormente ocupados en comentar el librito de aforismos bélico-morales del que era autor —o difusor— Su Ilustrísima. Tampoco les pasó por la cabeza a Natalia y Sagrario alertar a nadie, si es que había motivo para ello. Las dos permanecían junto a la puerta mientras el obispo iba acercándose con paso litúrgico. Llevaba la mano sangrante oculta debajo de la capa, justo a la altura de una enjoyada insignia militar. Tenía todo el aire de querer abordar a las curiosas, probablemente con la intención de explicarles qué daño fortuito o sobrenatural estigma padecía, o simplemente para preguntar por la dueña de la casa, que se había ausentado sin duda del salón a pesar de su eminente calidad de ubicua. Pero no hizo ni lo uno ni lo otro, sino que pidió permiso para pasar, usando una mueca más de monja que de prelado y saliendo finalmente a la galería. Natalia cogió entonces de la cintura a Sagrario, quien se apretó contra ella con una mórbida y espontánea dejadez, esa fricción somera de los muslos proporcionándoles una especie de mutua ratificación de la ternura. Veían alejarse al obispo o lo que fuese en dirección a la escalera, una figura como disfrazada o equivocada de sitio, el manteo flotando con una oblicua solemnidad, los botines de charol reflejados palaciegamente en la solería. ¿Qué había pasado luego?

Las pisadas de Natalia hacían crujir otra vez el entarimado o volvían quizás a confundirse con los chasquidos de la madera apolillada. Se le cruzó en la memoria la visión de la muchacha vestida de enfermera, sus contoneos de meritoria subiéndose el vestido y estirándose de las bragas celestes. Un vislumbre inconexo de la carne cobriza, de la boca demasiado grande con su transferible regusto a plátano y a glicerina, del lunar del entrecejo con algo de pupila impúdica, aquella vaga atracción inicial diluida inesperadamente en una subsidiaria forma de deseo. Llegaba ahora hasta allí un ruido como de alfombras sacudidas, el compacto e isócrono golpear de una vara contra una espesura polvorienta. El ruido actuaba en la imaginación de Natalia igual que un ingrato llamamiento al que no podía sustraerse. Pensó no sin inquietud en su decisión de quedarse en la casa, sólo con el enfermizo propósito de comprobar lo que tan de antemano sabía: la llegada de la gente de a caballo capitaneada por su padre y la presunta salida con rumbo a algún ya acotado distrito de aquellas jurisdicciones. A lo mejor no tenían prevista esa vez ninguna batida concreta, pero allí estarían todos a la hora señalada, nunca después de las cuatro, las monturas dispuestas en el patio trasero por si hacía falta ensillar a los potros.

Natalia salió de nuevo a la galería, donde el resol iba haciéndose más crudo o menos tolerable a medida que ella avanzaba. Parpadeó como queriendo retener unos datos extraviados que también la desazonaban pero cuyo sentido no podía localizar entonces en el recuerdo. Contaba los pasos, parecía equivocarse, hacía como si quisiera retroceder. Torció luego por un corredor angosto y subió la escalera que conducía al desván, oliendo conforme lo hacía una inexistente fragancia a alhucema. Se asomó a un ventanuco que daba al traspatio y vio a alguien todavía irreconocible desplazándose por detrás de unos secos macizos de evónimos. Acomodó Natalia los ojos a la violencia de la luz y distinguió a Ambrosio en el momento de abrir la puerta de la cochera y meter el calesín con el que habría llegado de *Los Gallardetes*. Había dos caballos atados a una de las pilastras de la techumbre lateral y otro ya ensillado bebiendo en una cubeta. Natalia reconoció al tordo que ella solía montar aquel último verano y se volvió con una mezcla de rencor y de fatiga hacia el centro del desván. Cada bártulo estacionado en el desuso le mostraba el trayecto de un pasado que ella quería a toda costa defender, como para remunerarse de una inmediata e indigna realidad. Oyó entonces los pasos titubeantes en la galería, el chirrido de un picaporte, la voz paternal llamándola. Natalia se apresuró hacia la escalera, procurando bajar sin ser oída, un abúlico sentimiento de intrusa encogiéndole el ánimo.

—Te estaba buscando —dijo el padre cuando ella apareció de pronto por un recodo de la galería—. ¿Qué haces aquí?

—Quería ver unos marcos —dijo ella escudándose en un sosiego postizo—. Nada.

Don Fermín la examinó un momento con una insulsa atención, dejando resbalar por la nariz purpúrea las gafas de cristales ahumados. Preguntó sin aspereza:

—¿No tenías que quedarte en *Los Gallardetes*?

—Me vine hace un rato en el camión del forraje —dijo ella—, un paseo.

—Un paseo —repitió don Fermín en tanto que movía dubitativamente la cabeza—. Sabes de sobra que no debes andar por ahí.

—No pasa nada —dijo ella—, descuida.

Sonó una bocina de timbre vociferante y a continuación un portazo.

—Siempre tienes que hacer lo contrario de lo normal —dijo don Fermín—. Ya he renunciado a entenderte, me rindo.

—¿Vais a salir al campo? —inquirió Natalia entre dientes.

—No sé qué te ocurre —dijo el padre, y la miró con una opaca fijeza—. Sí, a la Mirandilla, ¿por qué?

Natalia se pasó las tersas manos por las mejillas, tapándose quizás un rubor que parecía delatarla como culpable de algo que no había cometido. Dijo sin ninguna veracidad:

—He visto unos marcos estofados que pueden servir en

Los Gallardetes —se la oía respirar por en medio de las palabras—. Voy a decir que los manden.

—Muy oportuna tu idea —dijo don Fermín—, no se te ha podido ocurrir en mejor momento.

Natalia se quedó más retraída mientras el padre dejaba caer el puro apenas consumido y lo aplastaba contra el suelo, restregándolo una y otra vez con nerviosa insistencia. No levantó la vista para hablar.

—Natalia —dijo.

—Dime —repuso ella con la voz de quien retiene una lágrima.

—Te he explicado muchas veces que no quiero que vengas sola al puerto —la miró ahora de frente y se detuvo como reflexionando—. Tienes que quedarte con tu madre y con Fita. ¿Se puede saber qué es lo que te propones?

—Creo que te llaman —dijo ella señalando al patio con un leve movimiento de cabeza.

—Te he hecho una pregunta.

—Nada —acercó trémulamente la cara a la vidriera—. Dar un paseo de vez en cuando, ¿es mucho pedir?

Don Fermín se asomó también al patio sin excesivo interés, recuperando enseguida su habitual sentido de la prisa perpetua.

—Parece como si quisieras ir pregonando por ahí que no tienes nada que ver conmigo —dijo atropelladamente—. Como si no fueses hija mía, eso.

—No se me había ocurrido —dijo ella.

Se aproximó entonces el padre y le dio un lacónico beso en la frente.

—Por favor —dijo—, hazme caso. No vayamos a tener un disgusto.

Y se apresuró mientras hablaba hacia el fondo de la galería. Natalia no se movió de donde había estado cada vez más sola, el hombro apoyado en una de las cuarteadas columnas, oyendo el lacerante golpear de las botas contra el mamperlán de los escalones. Vio a unos hombres ya con trazas de disponibles para emprender la ruta de la última delación y hurtó el cuerpo a aquella presencia que la hacía sentirse ligada por error a no sabía qué ajenas complicidades. Su hermano Lorenzo debía estar ya con Ambrosio en el traspatio, de donde llegaba como un residual bullicio de cascos y arreos. Natalia se quedó un momento todavía junto a la cristalera, acaso aguardando a que se fueran aquellos hombres para dejar de pensar en sus andanzas o para acabar aletargándose poco a poco en las ambigüedades de su propia conciencia. Notó de pronto, igual que si se tratara de un señuelo oculto en la ilusoria penumbra del desván, la vehemente atracción del recuerdo de Sagrario, ese gozoso refugio de su cuerpo sólo disfrutado en las soledades difíciles y que ella, Natalia, podría encontrar y reconocer a ciegas por lo más oscuro del mundo.

Don Fermín atravesó los porches, que tenían algo de claustro abandonado, y se reunió con los que esperaban. Eran tres y vestían cazadoras de elegante remedo campesino y calzaban botas de media caña, dos de ellos con gorras de visera y el otro con un sombrerito tirolés, la tornasolada pluma asomando por la cinta verdosa. Entraron juntos en una habitación del fondo y don Fermín sacó de una vitrina dos cananas repletas de cartuchos y dos escopetas con las fundas acondicionadas para colgar de la montura. Siguieron luego por un pasillo hasta el traspatio y se unieron a los otros tres patrulleros que allí estaban. Los siete caballos aparecían ya agrupados bajo la techumbre.

—¿A quién coño se le ha ocurrido traer a la *Zulema*? —le preguntó don Fermín a su hijo mientras inspeccionaba los pertrechos.

—Hay una jaca con calentura —se adelantó a aclarar Ambrosio—. Y no me atreví a sacar a los *Fanegos,* se cansan.

—Yo la montaré —dijo don Fermín—. Cámbiame la silla.

Ambrosio se fue a la cochera a paso ligero en tanto que Lorenzo desensillaba a la *Zulema,* una jaca de tres años y de boca dura. Los demás habían ido aprestando sus caballos y aguardaban frente a la puerta del tapial, las riendas en las manos inquietas. Una vez reemplazada la silla vaquera por otra de galápago, don Fermín montó en la *Zulema* y se dirigió al portalón. El resto de la patrulla hizo lo mismo y ya salieron los siete jinetes por su orden a una calleja empedrada y desierta, que remontaron en sentido contrario a la brumosa playa de Cerromillán. Las herraduras resbalaban abruptamente entre los guijarros, dejando en el suelo una instantánea constelación de chispas. Lorenzo avisó al potro con los talones y se emparejó con su padre. Dijo:

—Estaba ahí Natalia, ¿no?

—Ahí estaba —contestó don Fermín sin apenas volver la cabeza—. No sé lo que anda tramando esa niña.

—Ella sabrá —dijo Lorenzo—, déjala.

—Me saca de quicio —añadió el padre, y se pasó la rienda entre los dedos de la mano derecha, la izquierda palmeando en el muslo—. Si lo que pretende es acabar con mi paciencia, va a conseguirlo.

Un hombre los miraba pasar, inmóvil contra la pared, los ojos turbios y acobardados. Se oyó el golpe de una ventana cerrándose.

—¿Vamos a ir por arriba? —preguntó Lorenzo.

—No exactamente —dijo el padre señalando en dos direcciones—. Ambrosio y los Verdura subirán por la hijuela hasta el coto de la Mirandilla. Los demás nos metemos por la laguna.

Lorenzo sacó un pie del estribo y se estiró de la pernera del pantalón. Volvió a preguntar no sin algún titubeo:

—¿Dónde se supone que estarán?

—No hay más que uno —repuso el padre—, eso es lo que parece —acompasó torpemente el cuerpo a la andadura de la jaca—. Pero vale por treinta.

—¿Quién? —inquirió Lorenzo casi sin voz.

—El Cipriani —dijo don Fermín—, ese montuno marismeño. Lo vieron esta mañana rondando por el vallado.

Lorenzo miró al padre pero no dijo nada.

—Si cae —añadió éste—, los otros ya no van a atreverse ni a respirar. Seguro.

Salieron del caserío por el camino que llevaba a *Los Gallardetes*, pero se desviaron a poco trecho por una vereda medio taponada de escaramujos que orillaba el canal. Ambrosio iba delante, frenando con pericia al potro, encabritado tal vez con el barrunto de la culebra oculta en el matorral o atraído por el aroma dulzarrón de los madroños. Unas nubes densas y veloces cubrieron el sol y la tarde se oscureció de repente como si hubieran ido apagando un redondel de fogatas. Los jinetes cabalgaban uno detrás de otro, salvando a campo traviesa el canal por encima de las casi enterradas bovedillas del túnel. Dejaron a sus espaldas los muros ruinosos de lo que debió ser una gañanía y don Fermín mandó parar a la tropa en unos alcores. Se veía desde allí la cinta ocre de una trocha que serpenteaba a duras penas por un terreno baldío y como estragado. La albariza tenía algo de inmensa osamenta calcinada por un sol de furiosa antigüedad. Al fondo ondulaban las viñas sin esquilmo, los barbechos con cenizas del rastrojo quemado hacía dos años. Don Fermín congregó a los jinetes y les habló con las palabras del experto en logística, impasible el ademán.

—Se me van a ir ustedes dos —señalaba a los Verdura— por aquí abajo con Ambrosio. Él ya sabe lo que hay que hacer. Si no ven nada, se meten por el coto de la Mirandilla. Nosotros entraremos por la parte de la laguna y nos reuniremos con los de Felipe Anafre en el pinar.

—Creí que no venían hoy —dijo el menor de los Verdura, un muchacho enjuto y esbelto, de no más de diecisiete años, con rizos en la frente y labios de mujer.

—Convenía que salieran antes que nosotros —aclaró hoscamente don Fermín—, nos llevan dos horas de ventaja. ¿O todavía no te has enterado?

—¿Buscamos a alguien en particular? —preguntó el del sombrero tirolés.

—A un lobo —dijo don Fermín empinándose en los estribos—. Sabemos que anda por allí el Cipriani. Habrá que dar una batida a modo por toda esa parte de la Mirandilla.

—O sea, que va en serio —dijo el mayor de los Verdura.

—De ésta no se escapa —aseguró Ambrosio mientras se agachaba a mirar la canillera del potro—. Lo descubrió el mayoral cogiendo brevas en el vallado.

Una bandada de estorninos cruzó cerca de donde estaban y se abatió de repente, como imantada por un falso reclamo, sobre unas manchas menos plomizas de la rastrojera. Lorenzo veía picotear a los pájaros con una atención entre meditabunda y cansina, aliviándose quizás de otras más perentorias y turbulentas atenciones.

—Andando —dijo don Fermín—. Si se topan con el montuno me lo rodean y me avisan con dos tiros. Y mucho ojo, que muerde. ¿Alguna pregunta?

—Suerte —dijo Ambrosio.

Y se alejó por el cerro abajo seguido de los dos Verdura. Don Fermín esperó a que atravesaran la cárcava y subieran por la trocha, entre viñas invadidas de maleza y calveros pedregosos. Una imagen superpuesta a otra más difusa y lejana, los camiones con el cargamento desembarcado de matute y conducido por los atajos de una noche tórrida, mientras el viejo Leiston seguía bebiendo desprevenidamente en la tienda de Jenaro Lacavallería y él galopaba por aquellas lomas hacia *Los Gallardetes* para encontrarse por primera vez con miss Bárbara. Miró entonces como despertándose a Lorenzo, que se había apeado para apretar el cabezal de su potro y lo acariciaba ahora por el testuz.

—¿Ya estamos con los mimos? —dijo.

Lorenzo volvió a montar sin hacer ningún comentario.

—Si Felipe se alargó hasta los pinos —dijo el hombre del sombrerito tirolés—, ¿por qué tenemos que pasar por la laguna? No le veo la necesidad.

Don Fermín ni siquiera se volvió hacia el que había hablado.

—Las órdenes las doy yo —repuso con un gesto de estatua ecuestre—. Nos vamos a ir hasta la laguna y con eso está dicho todo, arreando.

Lorenzo inició la marcha y a poco ya galopaban juntos por la barbechera. Un vientecillo de poniente, racheado y con regusto a yodo, había barrido las nubes y otra vez aparecía el campo iluminado por un sol llameante. Llegaron así a un altillo desde el que se alcanzaba a distinguir la lámina verdinegra de la laguna, rodeada de un amplio y cuarteado cerco de cieno. Más al fondo, a la izquierda, había un bosquecillo de pinos piñoneros que iba espesándose a medida que ascendía por un declive arenoso. Don Fermín detuvo otra vez a sus huestes pero no dijo nada. Oteó un momento el horizonte y se limpió el sudor del cuello antes de valerse de unos prismáticos para volver a inspeccionar aquellos alrededores. Parecía medir la distancia que los separaba de la laguna o acaso elegía el rodeo más aconsejable para subir hasta el pinar. Tenía la expresión taimada del que padece alguna secreta incontinencia y lucía una más activa pigmentación de azafrán en los pómulos. Hizo finalmente un brusco gesto con la cabeza y siguieron adelante. El inminente peligro del rastreo los mantenía agrupados y alertas, los ojos avizores del batidor. Sólo Lorenzo se apartaba a veces, desviando el potro a uno y otro lado en busca de pistas imaginarias o en virtuosos alardes de caballista. Llegaban a las inmediaciones de la laguna cuando avistaron a la tropilla de Felipe Anafre. Apenas se distinguían las figuras estáticas en la linde de la pineda, una aglomeración de bultos difuminados por la bruma. Se desviaron entonces hacia allí después de algún titubeo. Felipe Anafre no les salió al encuentro, sino que esperó a que se acercaran, cosa que hicieron en una galopada más espectacular que inevitable. Se oía el bufido de los caballos y como un crujir de guarniciones sudadas y polvorientas.

—Ni rastro —dijo Felipe Anafre sin moverse, espatarrado como estaba en la silla, las dos manos en el arzón trasero—. Habrá que entrar por el coto.

—Me huelo que se ha metido en los marjales —dijo don Fermín entre jadeos de estratega—, al otro lado de la Mirandilla.

—Todo es posible, compañero —dijo Felipe Anafre—. ¿Y los demás?

—¿Los demás? —preguntó a su vez don Fermín.

—Tu otra gente —dijo Felipe Anafre, pellizcándose una aleta de la nariz y mirándose luego los dedos.

—Ahora vienen, supongo —dijo don Fermín—. Subieron por la hijuela a ver si husmeaban algo.

—El que nos está husmeando desde que aparecimos por aquí es el Cipriani —dijo uno de los que iba con Felipe Anafre, la escopeta en bandolera, un bigotito canoso hilvanado en un labio de extremada anchura—. Ése no es ningún cachorro, ése es un perro viejo.

—No digo que no —dijo don Fermín—, pero tampoco creo que sepa tanto.

—Sabe latín —dijo Felipe Anafre mientras le quitaba el papel a un caramelo de menta y lo atrapaba luego en el aire con la boca.

Se quedaron callados un momento. Sólo se oía el frenesí de las chicharras o de los rabilargos cantando entre la fronda, una estridencia sin posible localización que parecía acrecentar el sofoco del aire y que le produjo a don Fermín un inesperado escalofrío. Lorenzo permanecía como absorto junto a unos árboles escorados en la dirección del viento dominante, pensando quizá que no iba a poder regresar a tiempo al puerto para encontrarse con Nieves, quien lo estaría esperando aquella noche en el mismo clandestino rincón de la playa. Lo sobresaltó su propia facilidad para abstraerse.

—¿Nos dividimos? —preguntó un hombre de tez olivácea y atuendo de dandi.

—Nada de dividirnos —respondió don Fermín con temblorosa voz de mando—. Bajamos juntos hasta que yo vea lo que se hace.

Y ya se escuchaban los caballos de Ambrosio y los Verdura por la parte del declive. Se fueron entonces a su encuentro, sorteando desordenadamente la irregular espesura de la arboleda. Ambrosio dio el parte todavía a unos pasos del resto de la cuadrilla.

—Nada —dijo—, por ahí abajo no hay más que moscas.

—Lo que yo me temía —dijo don Fermín—. O ha volado, que lo dudo, o se ha metido en el marjal.

—Ése es un escondite —dijo Lorenzo—, pero lo mismo es una trampa.

—Te doy la razón —dijo uno de polainas negras.

Nada más hablaron entonces. A una señal de don Fermín volvieron a cabalgar todos juntos hacia la otra parte de la Mirandilla, por donde se extendía una tierra yerma y pantanosa, salpicada de sapinas y aneas. El mayor de los Verdura se hizo el encontradizo con Felipe Anafre, que se había rezagado un poco y escupía contra el viento, salpicando la silla.

—No sé si va a estar por esas charcas —dijo—, lo dudo.

—Me apuesto lo que sea, compañero —dijo Felipe Anafre—. Seguro que está allí, pero va a dar igual.

—Demasiado fácil —insistió el mayor de los Verdura—. Habrá un montón de huellas, demasiado fácil.

—¿Fácil? —dijo Felipe Anafre—. Espérate y verás. Ese Cipriani es una anguila, está acostumbrado a los esteros —acomodó la posición de los testículos sobre la montura—. Lo conozco.

La tarde se iba poniendo malva por oriente, a la diestra del rumbo que llevaban. Un hombre de mediana edad y con aspecto de montero conducía a la tropa, ya con las armas prevenidas, por en medio de las hoyas y las marañas de plantas barrilleras. Apenas había agua, solamente en alguna depresión del erial aparecía un charco cenagoso. Olía estrictamente a carroña, esa putrefacción originada por todas las materias inmundas de que está hecha la tierra. Los cascos se hundían en la pasta húmeda del carril y había que ir vigilando también la eventualidad de un resbalón. Don Fermín llevaba la nariz tapada con un pañuelo, que sólo apartó un poco para sacar un frasco forrado de cabritilla y beber con dificultosa delectación un buen buche de coñac. Y fue entonces cuando Ambrosio y alguien más vieron al hombre. Estaba agazapado entre unos juncos y escapó a todo correr cuando se supo descubierto, cayéndose y levantándose entre las zanjas y los matorrales. La alarma cundió en la patrulla y cinco jinetes se abalanzaron tras la inesperada presa. Alguien, probablemente uno de los Verdura, le dio el alto al huido, un bulto oscilante y camuflado apenas visible contra el fondo pardo del terreno. Pero el huido no se detuvo ni aun después de que Ambrosio disparara al aire. Un aviso de lo más innecesario, pues el caballista del sombrero tirolés, que había estado apuntando con holgada pericia desde un primer momento, alcanzó al fugitivo de un tiro en la oreja, de modo que éste pudo oír muy bien, un segundo antes de morir, qué horrible clase de moscardón se le había metido por los sesos. Varios escuadristas se adelantaron al galope y rodearon al cuerpo abatido, los cascos pisoteando nerviosamente aquella basura funeral. Luego echaron pie a tierra y voltearon el cadáver, que tenía la cara reventada y cubierta de una especie de fango sanguinolento, un ojo desorbitado y atónito, como preguntando por qué no podía ver ya nunca lo que había ocurrido. Lorenzo y el menor de los Verdura se habían quedado unos pasos atrás, sin bajar de los caballos. Parecía que el atardecer estaba cayendo con una más hedionda celeridad. El hombre de las polainas negras le registraba los bolsillos al muerto y una quietud entre victoriosa y espeluznante se desplomaba sobre el campo. Ambrosio se acercó a Lorenzo y al menor de los Verdura, el potro cogido por la cabezada. Dijo a media voz:

—Es Juanito Lija, uno del puerto.

Los demás ya habían vuelto a montar y Ambrosio también lo hizo. Se reunieron todos nuevamente junto a un talud de piedras limosas. El hombre del sombrero tirolés conservaba aún la escopeta en posición de alarma. Tenía los ojos acuosos y desinteresados de los asesinos y parecía buscar una justificación o una alabanza por su puntería.

—Pues nos hemos equivocado de pájaro —dijo el dandi de la escuadra de Felipe Anafre—. Tampoco.

Don Fermín estaba bebiendo otra vez de su botellita particular y se enderezó sobre los estribos, el ademán hosco y vacilante. La jaca se le había encabritado con el disparo.

—¿Eh? —masculló aproximadamente.

—No es el Cipriani —dijo Ambrosio—, ya me pareció.

—¿Cómo que no es? —exclamó don Fermín con una airada perplejidad—. ¿Y quién coño es entonces?

—Uno que desertó hace tiempo —dijo un hombre con pinta de estibador—, usted no lo conoce.

—Trabajaba en la grada —dijo Ambrosio.

—Conque una pista falsa —dijo don Fermín sacudiendo la gorra contra una rodilla—. Estamos listos.

—Tampoco ha sido un viaje en balde —dijo el del sombrero tirolés—. Total.

Felipe Anafre se había apartado un poco hacia la otra parte del talud y observaba como distraído las huellas de unas pisadas sobre las fangosas quiebras del terreno. Debían ser recientes y unas eran de alpargatas y las otras de botas o zapatos agujereados por las suelas. Felipe Anafre miró primero a los demás antes de meter al caballo una y otra vez por donde las huellas resultaban más visibles, borrándolas al tiempo que simulaba inspeccionar aquellas cercanías. Avanzó al trote por un sendero de barro duro y ya se volvía cuando vio a poco trecho un retal de arpillera flotando en una charca cubierta de ovas. Se quedó un momento indeciso, acortándole bruscamente el freno al potro hasta hacerlo respingar. Lo calmó sin excesiva destreza y se dirigió a paso mediano hacia donde se agrupaba la tropa. Antes de llegar, le salió al encuentro el mayor de los Verdura.

—¿Viste algo? —preguntó.

—Una bicha, compañero —repuso Felipe Anafre mientras detenía al potro y se apeaba con un apático desaliño.

Se acercó entonces a un surco encharcado, las manos en las nalgas posiblemente doloridas, mojando en aquel agua turbia un pañuelo y pasándoselo por los belfos al potro. El potro intentaba chupar mostrando la dentadura, donde lucía una impensable muela de oro. El mayor de los Verdura contemplaba de soslayo a Felipe Anafre, quien volvió a montar sin prisas y se reunió con los otros.

—Hay que avisar para que vengan por el cuerpo —se oyó decir a don Fermín—. ¿Llevaba algo encima?

—Una navaja y unos papeluchos —informó alguien.

—Debía ser de la partida del Cipriani —dijo Lorenzo con tono de lugarteniente—. O andaba buscándolo.

—Por ejemplo —dijo el menor de los Verdura—. Son más de quince.

—Eran —corrigió el que parecía estibador—. Según mis cálculos, no quedan ni ocho.

—Siete, con éste —dijo el de las polainas negras.

Empezaba a desteñirse el cielo por el fondo del marjal y era como si las primeras sombras del crepúsculo se estuvieran evacuando desde dentro de las hoyas resecas.

—El que dio el soplo tuvo que confundirse —dijo Felipe

Anafre sin chupar ningún caramelo—. Vería a ese otro por el vallado y se quiso echar el farol.

—Puede —farfulló el del sombrerito tirolés—. Ya le tocará su turno.

—Asunto concluido —dijo don Fermín con las señas grises del cansancio marcadas debajo de los ojos—. A ver si nos coge la noche antes de llegar al canal.

Los trece jinetes —esta vez faltaba uno— emprendieron el regreso al puerto, no con los regocijos del triunfo pero tampoco con las manos vacías. Iban al trote y el estruendo de los cascos tableteaba por la campiña como por una bóveda. Felipe Anafre no se volvió a mirar el trozo de saco ahuecado entre el musgo, pero sentía como grabada a fuego en la imaginación la figura de Diego Manuel Cipriani metido hasta el cuello en la charca. Aún estaría allí, vigilando a través de la trama de la arpillera con los ojos inyectados en sangre, ahogándose de terror y de asco, masticando aquel cieno pestilente y, por encima de todo, sabiendo como sabría que nadie en este mundo iba a poder cazarlo como a una alimaña.

IV

La mujer empujó la puerta de doble giro y vio a Jenaro Lacavallería subido en una banqueta, dándole cuerda a un reloj de pared. El reloj estaba embutido en un marco de madera policromada, adornado de amplias volutas barrocas y rematado por un unicornio de bronce. Un objeto ciertamente exquisito que no se correspondía para nada con aquella sucia y revuelta habitación acondicionada de hecho para los más heterogéneos usos, incluido quizás el de retrete. Jenaro Lacavallería se volvió a mirar a Nieves y emitió un discreto gruñido a guisa de saludo. Terminó de dar la cuerda y dejó la llave en la parte alta del reloj, entre las pringosas patas del unicornio, cerrando luego cuidadosamente la tapa de cristal. El descenso de la banqueta fue laborioso pero no deplorable. Tanteaba el suelo con el zapato de lona, las piernas más zambas que de ordinario, agarrándose como podía al soporte de una balda.

—Las cinco y media van a dar —dijo una vez instalado en terreno seguro, el cuerpo desplazándose con una arrítmica incertidumbre, como si contrarrestara instintivamente el balanceo de un barco—. Aquí donde me ves, todavía no he comido.

—¿Ha venido David? —preguntó Nieves, renunciando a sentarse en ningún sitio.

—Que yo sepa, no —dijo Jenaro Lacavallería—. ¿Es que tenía que venir?

Nieves dejó vagar la negra lumbre de sus ojos por aquella especie de leonera. Distinguía como a través de una bruma mortecina las repisas abarrotadas de utensilios inservibles, las damajuanas y capazos arrumbados contra la pared, el pomposo reloj firmado por Adrián Masnou en 1812, un bulto de intermedia apariencia entre la estopa y la rata, los estantes repletos de legajos y cartoneras. Todo aquel ruin y externo desbarajuste que hacía más vulnerable el íntimo sentimiento de fracaso de ella. Era como si aquel deprimente inventario del desorden o la abulia, aquella prueba familiar del deterioro ya casi anodina de tan reiterada, adquiriera de pronto el rango de una sentencia condenatoria. Allí precisamente, en el cuchitril donde Jenaro Lacavallería regía el negocio de vinos y efectos navales y no se sabía qué otras furtivas operaciones, sintió ella por primera vez el aviso de su propia decadencia, el estrago de unos años vividos con la codicia de quien ve acercarse sin posible remisión el inmediato plazo de la ruina. Un contagio protervo emanado de los trastos inútiles esparcidos por la habitación, de la misma repulsa implícita en los ademanes, las actitudes, la voz de su marido. Se veía una vez más reflejada en aquel espejo hostil y mugriento, con toda su juventud maltrecha, dilapidada a lo largo de una desesperada sucesión de anhelos por preservarla, por compartir con alguien lo que ella tenía de más generosa y placenteramente compartible. Instalada ya en una madurez que aún no había afectado del todo a la gallardía del talle, al brillo mercurial de los ojos, a la amulatada tersura de la piel, empezaba a saberse cada vez más próxima a un envejecimiento copiado de aquel otro alevoso envejecimiento del mundo que rodeaba al marido, y más cuando ese mundo también participaba entonces de otra general e incalculable bancarrota.

—¿Tenía que venir? —repitió gangosamente Jenaro Lacavallería.

—Me avisó Paulina —dijo Nieves como si saliera de una laberíntica oscuridad—. Quería hablarte no sé qué. De su padre, supongo.

—La primera noticia —dijo Jenaro Lacavallería después de dejarse caer por partes en un sillón cortijero pintado de añil—. O sea, que me alegro de que vaya a venir.

Olía a pez y a engrudo, a mosto y a aceite pesado.

—Lo han fastidiado bien a ese hombre —dijo ella.

—A ese caballero —dijo él y le dio un ruidoso sorbetón a la copa mediada que había sobre la mesa—. Yo intenté hacer todo lo que estaba en mi mano para que lo dejasen tranquilo, ¿o no es verdad?

—David está muy preocupado —recalcó ella—. Por lo visto, el viejo Leiston no quiere ya ni salir de su cuarto, piensa que lo han traicionado entre todos.

—Le voy a demostrar que no —dijo él decentemente—, me voy a encargar de demostrárselo.

—¿Tú? —inquirió ella.

Jenaro Lacavallería no contestó. Se puso a hojear con una fijeza mohína un muestrario de pinturas para fondos y pañoles.

—¿Qué piensas hacer? —volvió a preguntar Nieves, sentándose ahora en una silla no tan inestable.

—Ya lo tenía previsto —repuso él—. Por lo menos, se va a dar cuenta de que no está solo.

Nieves miró a su marido como desembarazándose de una porción de su desdén. Dijo queriendo creerlo:

—Me alegro, de verdad.

—Espero que resulte —añadió Jenaro Lacavallería mientras observaba al trasluz el nivel del vino de una botella—.

Estoy sondeando el ambiente para que nombren a David comodoro, eso le va a encantar al viejo Leiston.

—¿Comodoro? —se extrañó ella.

—Algo así —dijo él—. El que se encarga de inspeccionar el estado de los barcos, o sea, un perito que decide lo que hay que hacer en caso de avería —cogió otra vez la copa y la contempló sin beber—. Quien más entiende de eso es Miguel Ramis, va a echarle una mano.

—No sé —murmuró ella.

Jenaro Lacavallería se puso en pie con una prudencia de enfermo. Dijo laboriosamente:

—Un invento mío. David se lució con aquel asunto del barco que quisieron hundir en la boca del canal, acuérdate. Un buen tanto a su favor, no importa que sea tan joven.

—No sé —repitió Nieves.

Apareció entonces junto al panderete de la leonera una especie de enano macilento y bisojo, envuelto en un mandil de color caqui cuya talla excedía con mucho a la del usuario. No parecía haberse introducido por ninguna practicable abertura dejada entre el batiente y la hoja de la puerta, sino atravesándola o arrastrándose por debajo del bastidor. Tenía la catadura del cocinero chino que acaba de perder su barco y no sabe a quién acudir. Ni Jenaro Lacavallería ni su mujer aparentaron sobresaltarse más de lo biológicamente normal.

—Permiso —dijo el enano en un melifluo y confidencial susurro—. Ahí están ya los del relevo.

—Ahora salgo —replicó Jenaro Lacavallería después de echarle un ojo al reloj—. Falta casi media hora, ahora salgo.

El enano se esfumó con el mismo quimérico sigilo con que se había presentado. Pero algo de él se quedó adherido a lo más sucio de la habitación: el rastro de un silencio incómodo, un eco deforme estacionado en la rinconera que hacía las veces de armería, la sumaria evidencia de una actividad que volvía a descomponer los resortes de aquella interina concordia doméstica, la misma instintiva repulsa que se alojaba de pronto entre ella y Lorenzo cuando sabía que éste había andado por el campo con la patrulla. Nieves se levantó casi con insolencia, se estiró de la faja por encima del vestido y sacó del bolso una pitillera que abrió y cerró impacientemente.

—Me voy —musitó.

—Hoy llegaré tarde —dijo Jenaro Lacavallería con un tono más cercano al reto que al aviso—. No me esperes.

Y se quedó atisbando el airoso apremio de su mujer mientras salía ella del cuartucho, el frufrú de la falda de muselina poco a poco engullido por un creciente atropello de voces. Jenaro Lacavallería llenó su copa y la vació de un lento y único sorbo, una fatigosa inclinación de la cabeza hacia atrás a medida que el vino era escanciado y retenido con gula en la boca, entreviendo conforme lo tragaba la vidriosa imagen de Nieves buscando ansiosamente por quién sabía dónde lo que él no había conseguido ni podía ya ofrecerle. Tapó la botella después de oler el corcho como si venteara una pista y la colocó junto a otras similares que se alineaban en un anaquel. Cada botella tenía pegada una etiqueta con unas borrosas anotaciones a lápiz. Y él parecía consultar algún dato perdido entre aquellos apuntes, al tiempo que se abrochaba el pasador de la tirilla de la camisa y no se ponía ningún cuello de celuloide. Sorteó luego mal que bien unas sillas desportilladas, el gesto ensimismado del que duda de encontrar la salida, y empujó por fin la puerta. Se oían las bisagras batiendo contra el marco en uno y otro sentido cuando ya él se deslizaba torpemente entre las andanas de las botas. Le pareció distinguir al enano asomando sus greñas por detrás de un viejo alambique, pero prefirió hacerse el desentendido. Llegaba hasta allí algo similar al frotamiento de un papel de lija contra una superficie herrumbrosa y después una especie de eructo descomunal cuya procedencia no resultaba convincente atribuir al enano. Antes de llegar al despacho de vinos, vio a Nieves hablando con uno de los de la escuadra del relevo, un mozo tocado de un fez granate de lo más antirreglamentario. Nieves parecía haber estado esperando a que apareciera su marido para despedirse del escuadrista y salir con afectada apatía de la tienda.

El día se había entoldado y una claridad igualatoria y cenicienta amortiguaba los netos contornos del muelle de los Sirios. Nieves atravesó el rellano sintiendo que avanzaba bajo una inmensa cúpula iluminada por un resplandor difuso y desapacible. Miraba sin ver los barcos de siempre, inmóviles y adustos, en la zona de atraque de la dársena; el campamento erigido a espaldas del tinglado del puerto franco, con las lonas de las tiendas militarmente camufladas, la superficie de estaño de la mar arrugándose al otro lado de la escollera. No podía pensar en nada concreto, de modo que sólo pensó en esa imprecisa mortificación sensitiva, esa mezcla de castigo y de indulto contra la que aún no había podido inmunizarse del todo. Se desvió por una calle perpendicular a la línea del muelle y luego por la costanilla que llevaba hasta la casa de mamá Paulina. Cuando llegó, encontró la puerta entornada y se entró sin más preámbulos hasta el recibidor, procurando anunciar su visita por medio de un taconeo ruidoso. En contra de lo que había supuesto, no estaban allí ni David ni Sagrario, sino el inesperado —y para ella irreconocible— sobrino del patrón del *Leonardo II*. Mamá Paulina se levantó al verla y la abrazó con una efusiva solicitud, apretando cada una de sus mejillas contra las de Nieves en un doble y veloz simulacro de beso.

—¿Conoces a Mojarrita? —preguntó no sin cierto pueril formulismo.

El sobrino del patrón del *Leonardo II* se puso en pie con una cortesía desmañada. Seguía ostentando en el ojo izquierdo una desazonante fijeza de ojo de cristal. Pero su consabido aspecto de náufrago recién salvado había sido sustituido por una esmerada y deportiva apariencia de timonel. Sostenía con una mano un voluminoso tubo de cartón y empleó la otra para saludar a Nieves, el brazo oscilando con la insistencia del que maneja una bomba de agua.

—Nos hemos visto alguna vez —dijo.

Nieves compuso un mohín que bien podía ser una sonrisa y se sentó lánguidamente en una mecedora, a la que impulsó hasta regular un balanceo que parecía ir acentuando el perfil de mulata de su rostro. Dijo con la voz que le correspondía a ese aspecto:

—Me recuerdas a un buzo que trabajaba en el muelle —entornó los ojos—. Hace tiempo.

—Está usted hablando con él —dijo Mojarrita—. Buzo al servicio de la Marina.

—Ya decía yo —dedujo Nieves.

—Ahí me tiene haciendo gárgaras —dijo Mojarrita y estiró el cuello como si las hiciera—. Un puesto que tenían que darme, en la retaguardia también se cumple.

—Ya ha terminado el mapa —dijo mamá Paulina con una jactancia copiada de la del buzo—. No sé si te hablé de ese mapa.

—Creo que sí —dijo Nieves pensando que no—. Sí.

—Aquí lo tengo —informó pedagógicamente Mojarrita—. ¿Quiere que se lo enseñe, le gustaría?

No esperó respuesta: se agachó y sacó del tubo un rollo de papel, que extendió en el suelo con la taimada vehemencia del poseedor del plano del tesoro. Se trataba de un mapa por lo menos infrecuente, dibujado a tres tintas —violeta, verde y roja— sobrc un cxtenso pliego de papel de envolver de color pajizo. No era desde luego una carta náutica ni un portulano ni ninguna clase de reproducción topográfica o geodésica, sino justamente un mapa submarino de toda aquella zona más o menos comprendida entre el Promontorio y la boca del río y como de media milla mar adentro. Aparte de las cifras indicativas de sondas de mayor bajamar, contenía una profusa serie de líneas y figuras que representaban desde el casco de una galera a las peculiaridades de las corrientes y los fondos o a las formaciones de plantas acuáticas. También había anotado el cartógrafo, con la beata paciencia de un miniaturista de códice, todo un conjunto de datos referentes a objetos hallados y nunca sacados a flor de agua, especies y bancos de la fauna marina y localizaciones de encuentros con criaturas quiméricas. De todo ello, y de otras intrincadas sabidurías, fue dando el buzo someras explicaciones a las dos mujeres, que habían permanecido inclinadas o en cuclillas y que se miraban entre sí o miraban el mapa sin alcanzar a entender si era palmaria locura o enigmática ciencia lo que Mojarrita exhibía.

—Se lo quiere regalar al viejo Leiston —dijo mamá Paulina.

—Una copia —aclaró Mojarrita irguiéndose con presuntuosa lentitud—. Ésta es una copia que he hecho para él, yo me quedo con otra igual.

—Seguro que va a encantarle —dijo Nieves—. ¿Cómo sigue?

—Le voy a levantar el ánimo —dijo Mojarrita mientras volvía a enrollar el mapa y a meterlo cuidadosamente en el tubo—. ¿Sabe cuánto tiempo he tardado?

—¿Has ido a verlo? —preguntó Nieves.

—Me refiero al mapa —dijo Mojarrita—. Pues he tardado siete años menos cuarenta días, eso es exactamente lo que he tardado —cambió de sitio una especie de cartuchera que llevaba colgada del cinturón de su mono azul—. Se entiende que sólo para ir haciéndolo sobre el papel, porque muchas cosas ya me las sabía de memoria desde chico.

—Deberían pagarte todo ese trabajo —dijo mamá Paulina—, qué menos. Es un servicio a la Marina.

—No lo he hecho para que me lo paguen —dijo Mojarrita con la voz del soldado desconocido—. Lo he hecho porque me salía de las pelotas, ustedes perdonen.

La luz se había ido atenuando con una melancólica suavidad y describió un pasajero círculo de silencio por el recibidor. Mamá Paulina se levantó y encendió una lámpara de pie salomónico y pantalla de cretona que había a un lado del sofá. Cerró luego las contraventanas como interceptando —y no por decreto— el presunto motivo de aquella pausa en la conversación. Dijo mientras volvía a sentarse:

—Al pobre Valerio le hubiese gustado ver el mapa.

—Lo verá —dijo Mojarrita—. Esto ya no puede durar mucho.

—Ayer fusilaron a otros dos en la playa —susurró mamá Paulina—. Parece que no eran de aquí.

—Calla —dijo Nieves, una mano en cada mejilla, los abultados labios empalidecidos con la tensión de la piel.

Y se quedaron otra vez correlativamente callados, transmitiéndose quizás entre ellos la mutua consternación que les producía —aunque por razones nada coincidentes— asociar la ausencia de Valerio Gazul a aquellas otras devastadoras presencias del terror. Un gato con sospechoso pelaje de intruso empezó a arañar el rodapié y parecía esparcir por la habitación como la réplica de una hostilidad venida de un lugar siniestro. Mamá Paulina se alivió un punto de la pesadumbre viendo blanquear, a través de la ventana del patinillo, las tempranas flores del cerezo.

—Usted me avisa entonces cuándo podemos ir a la *Casa del Listón* —dijo Mojarrita con una más notoria parálisis en el ojo izquierdo—. A mí me convendría una mañana que no fuera ni martes ni jueves.

—Habrá que preguntárselo a David —indicó mamá Paulina—. Salió con Sagrario, ya tenía que haber vuelto.

—No lo voy a poder esperar —dijo Mojarrita ya en disposiciones de despedirse—, usted me manda un recado. El tiempo no tiene paredes.

—Seguro —confirmó mamá Paulina como si tanteara esas paredes—. Yo te aviso.

Y así ocurrió aproximadamente. Cuando David supo de la terminación del mapa y de la dadivosa iniciativa del autor, pensó que ningún momento más propicio para intentar sustraer al padre de su depresivo aislamiento, y más teniendo en cuenta que aquella insólita proposición para el cargo de comodoro —si es que realmente existía semejante cargo— contribuiría también a hacer más viable y natural la visita. De modo que al día siguiente, o al otro quizás, acudió a media mañana al Promontorio una exigua pero heterogénea delegación portuaria compuesta por mamá Paulina, Jenaro Lacavallería y Mojarrita. Según todos los indicios, ya había llegado David a la conclusión de que lo mejor era no anticiparle ni al padre ni a la hermana aquella singular audiencia, suponiendo con sobrada razón que iba a resultar mucho más efectivo plantear la entrevista no como una posibilidad sino como un hecho consumado. Esperó, pues, en el sendero de grava que conducía a la casona y, cuando vio aparecer puntualmente a la comitiva, le salió al encuentro y la condujo entre mal disimuladas vacilaciones a una sala del piso bajo.

Pero lo que no pudo eludir fue el insidioso espionaje de Octavio el jardinero, quien avisó de inmediato a Antonia, la cual se apresuró a notificárselo a miss Bárbara y ésta a su vez a Estefanía. Así que cuando David procedió a subir al refugio del padre, ya se encontraba allí la hermana en manifiestas atribuciones de centinela incorruptible.

—¿Qué hace aquí esa gentuza? —preguntó Estefanía, la cadena de un guardapelo bengalí enlazada nerviosamente entre los dedos—. ¿Les has dicho tú que vengan, te has atrevido?

David miró primero al estático padre y luego a la agitada hermana. Dijo con cierta prevención:

—Acaban de ofrecerme el puesto de comodoro. Han venido a hablar de eso y a traer un regalo, creo que es motivo suficiente.

El viejo Leiston detuvo a medio camino el trayecto del vaso de ginebra con albahaca que se disponía a beber.

—Seguramente te han informado mal —dijo sin mirar a ningún sitio—. ¿Cómo puede nadie ofrecerte aquí ningún cochino cargo de comodoro?

—Se le ocurrió a Lacavallería —dijo David—, un modo de limar asperezas.

—¿Y para eso han venido —exclamó Estefanía—, para mancharnos todavía más con sus sucias mentiras? Estás completamente ofuscado —se apoyó en el respaldo de un sillón para recuperar el aliento—, te has dejado embaucar por esa zorra.

—No lo entiendo, David —dijo el viejo Leiston interrumpiendo con toda calma la cólera de la hija—. Que yo sepa, un comodoro es el que manda una escuadra.

—Es un puesto honorífico —replicó David—. Aquí no es más que un encargado de revisar las embarcaciones.

—¿Y quién demonios está ahí abajo? —preguntó el viejo Leiston después de beber un sorbo de su vaso—. No voy a recibir a nadie, pero tengo curiosidad —se alisó el pelo por los aladares—. Tampoco es exactamente curiosidad.

David arrastró una silla y se sentó al lado del padre. Estuvo un momento pensativo, abarcándose las sienes entre el dedo pulgar y el medio, antes de insistir más por lo menudo en la conveniencia de aceptar el cargo propuesto, por muy estrafalario que pareciera. Añadió después como de pasada que también estaba allí el sobrino del patrón del *Leonardo II*, quien quería regalarle un fascinante mapa que él mismo acababa de hacer. Estefanía había permanecido todo el tiempo de espaldas, remetiéndose el cabello de azafrán por dentro de una redecilla. Parecía enfrentarse con suma dificultad a las contradicciones de su indignación y de su arrogancia.

—No habrás pensado que suban —dijo mientras se volvía con una severidad absolutamente irreprochable—, no vas a ser tan desmemoriado.

David observó al padre en espera de una contestación menos contundente. El padre se rascó la barba crecida con el puño del bastón y dijo:

—Sabes muy bien que no deseo hablar con nadie. Cuando asaltaron el despacho, yo estaba dentro y me quedé allí dentro hasta que acabaron conmigo —levantó la mano como para esconder sus ojos—. Soy todo lo contrario a un superviviente.

—Escucha —susurró David.

—Me acuerdo de un gaviero que se presentó un día en el puente de la *Ringdove* —prosiguió el viejo Leiston— y le dijo al capitán: capitán, vengo a despedirme de usted porque estoy muerto —se inclinó un poco hacia David—. Pues a mí me pasa igual. ¿Te parecería bien que le explicase todo eso a Lacavallería, lo iba a comprender?

—No tienes por qué hacerlo —dijo David—. Los que han venido a verte son amigos tuyos, están a tu lado. Sobre todo, mamá Paulina.

—Ésa, sobre todo —dijo Estefanía, un chispazo de furia en sus ojos opalinos—. Esa lagarta que te está engatusando de la manera más cínica. ¿Por qué no me haces caso por una sola vez?

—No sabía que hubiese venido —dijo el viejo Leiston mintiéndose, y se volvió con mayor rapidez de la presumible hacia donde estaba Estefanía—. Me gustaría mucho que reprimieras tus impulsos. Haz un esfuerzo, hija, se te nota demasiado tu incapacidad para ser sensata.

Estefanía se fue acercando pausadamente y se quedó un momento genuflexa al lado del padre, los voluminosos senos aplastados contra el brazo de la poltrona.

—¿Yo soy la insensata? —musitó con la voz anegada por un pujo de llanto—. ¿Yo?

David puso una mano en el hombro de la hermana. Dijo:

—Estefanía.

Pero ella se arrastró un trecho por el suelo, de rodillas como estaba, rehuyendo sañudamente la infidelidad de aquella mano. Se irguió luego a unos pasos de la poltrona y se quedó allí como petrificada.

—Una conversación de lo más reconfortante —dijo el viejo Leiston—. Quizá deberíamos avisar a miss Bárbara para que nos corrija —miró su vaso vacío—. ¿Sigue aquí o ya largó amarras?

Hubo un silencio por el que vio cruzar David el crispado rostro de miss Bárbara espiando por la ventanilla del *Austin* en cuyo asiento trasero lo había hecho recostarse Estefanía para emprender el recurrente viaje al *English Channel,* las manos de la hermana en las nalgas de él, atrayéndolo hasta el ahogo en el momento en que iban a despeñarse por los arrecifes de Portsmouth. Pero ya no era el rostro lascivo de miss Bárbara, sino el dulcificado de mamá Paulina sorprendiéndolo en la azotea abrazado a Sagrario, quien le había abierto la camisa para apretar contra el pecho de él los rígidos pechos de ella. Le costó trabajo mirar de nuevo al padre sin tener la viscosa sensación de que éste sabía qué fantasmales imágenes habían comparecido en su memoria.

—Te ruego que recibas a esos amigos —dijo muy bajo—, eso es todo lo que quiero pedirte. Llevan un buen rato esperando.

—Me temo que es mucho pedir —dijo el viejo Leiston sirviéndose otra ginebra—. Te repito que no estoy dispuesto a recibir a nadie que haya tenido algo que ver con un tal Benijalea o con esos moros —se levantó de repente haciendo el ademán de sacudirse del pijama alguna ilusoria ceniza—.

Pero es igual, confío en tu buen juicio. Diles que suban al minarete, dentro de diez minutos estoy allí.

—¿Serás capaz? —murmuró Estefanía como si se lo preguntara a ella misma, sintiendo en el vientre el tósigo de una defraudación inconsolable.

Pero ya salía el padre seguido de David, mientras ella permanecía más derrotada junto a la vitrina de las viejas maquetas y sextantes, como aprendiendo inútilmente a ver a su hermano separado de ella, envuelto en una repulsiva maraña de pactos con gente despreciable, no fugitivo, no sin verlo otra noche más todavía, sino estafado, extraviado sin paliativos por unas guaridas portuarias donde irían adiestrándolo en todas las falsedades de la deserción.

—¿Serás capaz? —repitió en un entrecortado susurro.

Se oían entonces los pasos arrastrándose por el hueco de la escalera, retumbando en las sienes de Estefanía. Un eco que invadió la casona y la proveyó de sombras antiguas y en parte desvanecidas. Cuando los visitantes llegaron al mirador guiados por David, ya estaba aguardándolos el viejo Leiston, erguido como un tribuno en mitad de la habitación. Se había puesto una especie de ruso de paño negro encima del pijama azul y trasminaba un consistente olor a belladona. Quien primero se adelantó a saludarlo fue mamá Paulina. Se miraron un momento con una plácida suerte de misericordia, los ojos celestes de cada uno reconociendo los ojos celestes del otro, un fugaz y mutuo registro entre los cascotes de una edad ya irreparable. Y así se estuvieron sin hablar y con las manos juntas hasta que ella se acercó más y besó al viejo Leiston en la arrebolada mejilla. Jenaro Lacavallería y Mojarrita saludaron después con simultáneo apremio, usando de extremosos parabienes y aturdidos halagos.

—Nada de cumplidos, siéntense por donde puedan —dijo el viejo Leiston en tanto que él ocupaba un butacón con funda de lonilla—. Esto no es un recibidor, es un barco hundido.

Y señalaba equívocamente los vetustos barómetros y brújulas, las mesitas y taquillas procedentes de algún desguace, los herrumbrosos timones y faroles de situación, los dos catalejos dispuestos en sus trípodes junto a la cristalera.

—Lo encuentro a usted con muy buen aspecto —dijo Jenaro Lacavallería buscando dónde poder sentarse y tropezando con el rendibú de sus palabras.

—Exactamente —dijo el viejo Leiston—. O soy un anciano o me han querido convertir en un anciano, según —se volvió a David—. Por ahí debe andar alguna botella de oloroso. Yo no bebo ahora vino, me sienta mal. Pero ustedes sí se tomarán una copa.

—Le he traído este mapa —dijo Mojarrita mientras situaba el tubo de cartón al alcance del viejo Leiston—, ya le hablé de él. Pensé que le gustaría tenerlo.

—Es del fondo del mar —añadió David—, por toda esta parte de la costa. Lo ha hecho para ti especialmente.

—Magnífico —dijo el viejo Leiston, una temblorosa mano sosteniendo el tubo de cartón—. Se lo agradezco mucho, qué deferencia. ¿Y su tío, ese viejo amigo de Stevenson?

—Debe ser el primer mapa que se hace por debajo del agua —dijo mamá Paulina, un reflejo del cristal avivando la dorada ceniza de su pelo.

—Hay alguno, pero poco solvente —replicó el viejo Leiston—. Conocí a un bicharraco irlandés que consiguió medio dibujar el fondo de la bahía de Bantry. No quiso morirse hasta que no acabó su mapa, una decisión muy meritoria, aunque los resultados dejaran mucho que desear —cambió de postura y volvió a dirigirse a Mojarrita—. Y su tío Leonardo, ¿cómo anda?

—Por ahí —dijo Mojarrita—. A la gabarra le metió candela hace tiempo. Sigue con el falucho, a ver si no, pero ya como si no fuera de él, lo tiene medio requisado.

—Un hombre de mar como he conocido a muy pocos —dijo el viejo Leiston—. El mejor en quinientas millas a la redonda.

—De acuerdo —ratificó Jenaro Lacavallería con grosero entusiasmo—. Completamente de acuerdo.

—Lo malo es que sigue empeñado en no querer ni oír hablar de un motor —dijo Mojarrita—. Que si no es a vela, que navegue su puta madre. Fíjese usted, a estas alturas.

—Exactamente —dijo el viejo Leiston más desabrido que

excitado—. Un motor es una puerca manera de convertir un velero en una trituradora, apesta de lejos. Las hélices destrozan todo lo que se les pone por delante.

—Lo mismo da que sea un atún que un buzo —dijo Jenaro Lacavallería, medio atragantándose después con una risa bronquítica.

—Ya casi no rinden las parejas a vela —puntualizó Mojarrita—. Las que todavía salen al arrastre, si es que salen, se quedan cortas, les comen el terreno los motoristas —rubricaba sus juicios con unos aparatosos ajetreos de manos—. Qué remedio.

—¿Sabe usted lo que van a conseguir? —dijo ponderativamente el viejo Leiston—. Pues lo más sencillo del mundo: arrasar con lo poco decente que va quedando. Una basura.

Ninguno se sintió capaz de encontrar la respuesta adecuada, intuyendo tal vez que el viejo Leiston no se había referido únicamente a los hipotéticos destrozos causados por las motoras. David procuró aliviar la tensión colocando una botella y unas copas encima de una mesa plegable de camarote, momento que aprovechó Mojarrita para desenrollar su mapa. Lo mantuvo luego extendido entre las manos, esforzándose por levantarlas más de lo que buenamente podía, con lo que se quedó oculto detrás de aquella especie de biombo de papel y tan contiguo al viejo Leiston que éste tuvo que inclinarse a un lado para evitar que lo cubriera también el mapa.

—Magnífico —acertó a repetir el viejo Leiston en tanto que procuraba zafarse de aquella acometida—. Póngalo ahí, ¿quiere?

Mojarrita asomó su presunto ojo de cristal por un extremo del papel, cosa que contribuyó sin duda a que no calculase ni bien ni mal las distancias y prosiguiera forzando al viejo Leiston a mantener una postura de lo más incómoda.

—Nadie mejor que usted puede apreciar lo que he hecho —dijo Mojarrita con la voz mate del embozado.

El viejo Leiston optó por levantarse, cuidando de no empujar ni arrugar el mapa que ya tenía encima, y se desvió unos pasos. Dijo:

—Celebro que lo crea así. A mí también me gustaría creerlo.

—¿Quiere que le explique algo? —se ofreció Mojarrita después de apoyar a medias el mapa sobre el butacón—. ¿Estos signos que he puesto?

—Está todo muy bien explicado —dijo el viejo Leiston—, me parece.

—¿Ve este dibujo? —inquirió Mojarrita poniendo el dedo sobre una silueta con aspecto de fauno—. Hay varios así —los buscaba—, siete. Señalan los sitios donde descubrí alguna rareza, como si dijéramos apariciones de náufragos y cosas así. Quien entiende de eso es el botero Jaquemate, el que dicen que se ahogó.

—Me hago cargo —dictaminó el viejo Leiston.

—Nunca ha sacado nada —dijo mamá Paulina afablemente—. Lo último que encontró fue un cofre de hierro y allí sigue, ¿no?

—Con algo te habrás quedado —insinuó Jenaro Lacavallería—. Natural.

—Si se refiere a que no cumplo con las leyes de la mar, la respuesta es negativa —dijo Mojarrita repitiendo quizá una frase de *El León de Damasco.*

Llegaba entonces del otro lado de la puerta un murmullo inconexo, como la opacidad de las voces de un hombre y una mujer discutiendo con la boca llena. El rumor parecía crecer gradualmente a medida que decaía la prolijidad de las lecciones cartográficas de Mojarrita. Mamá Paulina miró con un dulce recelo a David y éste al padre cuando advirtieron, ahora sin imprecisiones, que era miss Bárbara quien había empezado a cantar una mediocre pero identificable versión de *Giovinezza,* acentuando adrede la marcialidad como para que se sintieran más soliviantados algunos de los allí reunidos.

—¿Y este barco? —preguntó David señalando un dibujo del mapa submarino, acaso con el propósito de sobreponer su voz a la de miss Bárbara—. ¿Está ahí?

—También —concretó Mojarrita—. Ahí está, el casco de una galera. ¿Que a usted le interesa echarle un ojo? Pues ya sabe lo que tiene que hacer —abarcó con la mano la general demarcación oceánica—. Sale con rumbo nordeste desde esta parte de la boca del río y, a unos ciento cincuenta metros, se encuentra con la antigua boya —la señalaba—. Ahí ya tiene usted que mojarse. Por la fosa de la boya hay ocho con cinco de calado en bajamar. Se deja un poco a babor y en seguida se ve una pendiente que llega hasta un ancla con el cepo pegado a la roca —iba siguiendo la ruta con una uña de estimable longitud—. ¿Usted se está haciendo una idea de lo que le digo?

David asintió con la cabeza, su benevolente mirada fija en la del buzo. Miss Bárbara había dejado de cantar y sólo se oía como el revuelo de un pájaro atrapado en alguna cornisa untada de liga.

—Conforme —prosiguió Mojarrita pasándose el pulgar y el índice por las comisuras de los labios—. En llegando abajo de la pendiente, se tuerce a mano izquierda y, detrás de una cortina de algas o cosa así, frente por frente a un claro de arena, está el galeón. Ahí lo tiene usted, o sea, lo que queda del galeón.

—Debe estar a remojo desde hace tres siglos —dijo el viejo Leiston con una impensable animación—. La boca del río servía de invernadero a las galeras reales. Si no fuese porque no voy a ningún sitio, me encantaría bajar a verlo.

—Lo mismo digo —agregó Jenaro Lacavallería con el tono del aquejado de insuficiencia alcohólica.

Y en eso llamaron contundentemente a la puerta y, a renglón seguido, apareció Antonia con un pájaro de mediana envergadura exangüe en una mano y unas puntiagudas flores de lata en la otra.

—¿Adónde vas con esa porquería? —preguntó el viejo Leiston sin excesiva curiosidad.

Antonia no parecía dispuesta a contestar sin antes haber observado con suma atención a cada uno de los visitantes. Llevaba prendido del peto del delantal un enorme detente azul-dorado, inserto en una orla de encaje cardenalicio. Una vez terminada su inspección, alzó al pájaro hasta tapar con él aquel historiado amuleto y dijo:

—Estaba ahí en la azotea, se pinchó con esta chatarra —la levantó también—. O lo pincharon.

—Por favor, llévatelo de aquí —dijo David entre indulgente y exasperado—. ¿Cómo se te ocurre venir con eso?

—Es que es una cría de gallareta —dijo Antonia—. Quería que la viera el señor.

—No hacía falta —sugirió el viejo Leiston—. Sólo me interesan vivas y, a ser posible, volando.

—Ya —dijo Antonia y examinó al pájaro más de cerca—. Estaba viva.

Mamá Paulina se aproximó evasivamente a uno de los catalejos. Lo orientó hacia la boca del río, pero desistió de mirar cuando descubrió el objetivo tapado. Se quedó un momento asomada a la cristalera mientras oía a David despidiendo sin mayores severidades a Antonia. Giró entonces el cuerpo sobre un pie y compuso una airosa figura de baile para no perder el equilibrio.

—Nos vamos a ir ya —anunció.

El viejo Leiston y Jenaro Lacavallería se levantaron a la vez, incluso con una sincronizada indolencia.

—Ahí le dejo el mapa —recalcó Mojarrita.

—Insisto en que es un regalo que no sé cómo agradecerle —dijo el viejo Leiston, el bastón sujeto debajo del brazo como una escopeta—. Ya le indicaré el sitio donde más me gustaría haberme ahogado.

—No hay por qué agradecer nada —dijo Mojarrita—. Es lo menos que.

—Me tiene que prometer una cosa —interrumpió Jenaro Lacavallería—. Como aquí a David lo van a nombrar comodoro, se acerca usted una de estas tardes por la tienda y lo celebramos —agrupó los dedos delante de la boca—. Me he agenciado una solera que se la recomiendo. Cuando mejor le convenga, ¿hace?

—Todo podría ser —dijo el viejo Leiston, y se dirigió primero a todos y luego a David—. Me alegro de que hayan venido. ¿Quieres acompañarlos?

Mamá Paulina fue la última en despedirse. Otra vez la mano de ella retenida en el frío cuenco de la mano de él, remitiéndose mutuamente a un tiempo bonancible y de espontáneas nociones de intimidad, acaso evocando con la abundancia que precede a la carencia el primer encuentro, la primera incursión nocturna guiados por el capricho siempre ecuánime de la yegua *Balandrita.* Y luego aquel pacto en común contra la soledad cuando ella vivía todavía cerca de allí, por la otra parte del Promontorio, después de que Nieves la medio escondiera en su casa y empezase la maledicencia a manosear su hermoso cuerpo de ámbar.

Una vez solo, el viejo Leiston aguantó un rato con los ojos perdidos por algún enigmático enclave del mapa de Mojarrita y luego salió despaciosamente. Se quedó apoyado en el petril de la terraza que comunicaba el mirador con el cuerpo de la escalera. Desde allí se abarcaba una cumplida extensión de la costa entre la boca del río y la playa de Cerromillán, a un lado los tinglados y barracones del varadero y al otro la dársena y parte del caserío. Cabrilleaba la mar con una cegadora fulguración bajo el sol del mediodía. El viejo Leiston vio pasar, casi desdibujado por la calina, un escuadrón de pájaros. Volaban muy alto, al parecer en dirección a los caladeros de Argónida, y pensó en la gallareta degollada entre las puntas de las flores de latón. Pensó también en la noble conducta de los que habían permanecido calladamente a su lado y en la villanía de quienes hicieran público alarde de concordia, esa inopinada asociación de contrarios que, en cierta medida, reducía para siempre al absurdo su tortuosa conexión con la vida portuaria. El viejo Leiston tuvo de pronto la evidencia de que iba a bajar al belicoso muelle antes de que fuera demasiado tarde. O intuyendo quizá que ya iba a ser de todos modos demasiado tarde.

V

Ya tenía escogido el lugar donde habría de erigirse el monumento y el modelo al que habría de ajustarse: una gran cruz de pórfido flanqueada en su base por dos pegasos con las alas extendidas. Un símbolo ciertamente majestuoso destinado a perpetuar, desde aquel enclave que dominaba un buen sector de la costa, el glorioso comportamiento de sus moradores. En un principio, no estuvo muy seguro don Fermín de la conveniencia del emplazamiento, dudando si sería preferible la parte alta de Cerromillán, justo delante del fielato, o el cruce de la trocha del puerto con la desviación de *Los Gallardetes*, el mismo por donde trotaba ahora camino de la hacienda en compañía de Lorenzo. Pero a la postre acabó eligiendo esta última ubicación, no tanto por su óptima visibilidad cuanto porque marcaba realmente el límite de la jurisdicción donde él actuaba como jefe de las operaciones de limpieza extramuros del puerto. Sin embargo, aún no había decidido don Fermín si la inscripción en la base de la cruz debía consistir en una referencia general a las muchas lealtades comarcanas, o bien en un más justificado y expreso canto a las heroicas misiones de las patrullas de caballistas. Lo que sí sabía muy bien era que debía activar todo lo posible la realización del monumento por él promovido y financiado, entre otras cosas porque le convenía sobremanera que quedase astuta y oficialmente inaugurado antes de acometer otros planes de más inmediato pragmatismo. Aun contando con algún inapreciable margen de error, don Fermín sólo aspiraba a una única recompensa por sus beneméritos servicios a la comunidad: que le dejasen el camino expedito para proceder a la recuperación de las casi mil doscientas hectáreas de tierra ocupadas desde hacía años —en virtud de un ya inane decreto de asentamientos rústicos— por una hedionda caterva de colonos.

De manera que en eso iba cavilando don Fermín cuando notó que la potranca empezaba a amusgar como si algo la atemorizase, caracoleando nerviosamente hacia el otro lado de la trocha, un respingo casi simultáneo al de la jaca que montaba su hijo. Acortaron los dos jinetes el freno hasta conseguir dominar a los caballos y otearon con minuciosas alarmas los alrededores en busca de algún indicio de peligro. Lorenzo había desenfundado una pistola en cuanto oyó como un crujido del rastrojo, el barrunto de algo invisible que parecía rebullir en la tierra reseca hasta quedar interceptado por el murmullo del canal. Don Fermín apretó las rodillas contra los ijares de la potranca y se alzó levemente sobre los estribos. Sabía lo que había pasado pero quiso comprobar si su hijo lo sabía también. Lo miró preguntándoselo.

—Una bicha —dijo Lorenzo, y apuntó con la pistola a unos matorrales.

Don Fermín hizo una higa, manoteando el cuero de la montura, pero no añadió nada. Sentía una aversión atávica y supersticiosa por la culebra, un repullo maléfico oriundo tal vez del mismo poso sensorial que espantaba hasta el pánico furioso a los caballos, duplicado ahora por aquel otro insidioso temor a la emboscada enemiga, al presunto acecho del alzado que persigue a sus perseguidores.

—Ayer estuvo aquí esa enfermera —dijo Lorenzo.

Don Fermín retardó la contestación, el recelo aposentado todavía en sus ojos rezumantes de sueño. Fulgía el sol en el alero de cascotes de una tapia encalada.

—Pues la cosa no está como para andar de excursión —dijo amparándose del resistero con la mano—. Con tal de llevarme la contraria, tu hermanita es capaz de lo que sea.

—Tampoco —replicó Lorenzo—. Se aburre.

—Escucha —dijo don Fermín con un tono que pretendía ser sosegado—, mañana te acercas al marmolista, me haces ese favor. Y si no le han llevado la piedra que faltaba, lo mandas al carajo de mi parte. Se busca otro y en paz.

—Descuida —dijo Lorenzo arrimando su caballo al del padre—. ¿Te vas a quedar aquí esta noche?

—Depende —masculló don Fermín—. No sé cómo andarán esos grillos.

Pero ya llegaban frente a la cancela de *Los Gallardetes*. Los dos guardias de la escolta especial de la finca saludaron con estoico respeto y se dispusieron a abrir la verja. En cada uno de los pilares, bajo los cuarteados jarrones de yeso, se veía un haz de tres banderitas nacionales, cogidas a un disco de madera con el hierro de la ganadería grabado a fuego. Lorenzo aguijó a la jaca y ésta arrancó al galope por el carril de albero que conducía al casal, entre la doble hilera de eucaliptos gigantes. Don Fermín veía alejarse a su hijo en un raudo escorzo, la cara del jinete rozando las crines del caballo, esa estampa de la plenitud o la dominación en que resumía él todas las alegóricas satisfacciones de la paternidad. Ninguna de sus dos hijas le había proporcionado nunca nada parecido a esa exultante presunción, esa jactancia jubilosa que le transmitía Lorenzo. Aun contando con que se excedía en la cuota de las indulgencias personales, pensaba que de lo único que estaba real y coléricamente arrepentido, incluso sin propósitos de enmienda, era de haber ayudado a concebir aquellas dos equivocaciones de hijas, ninguna de las cuales representó para él más que una ingrata sucesión de despechos. A Natalia no acabó nunca de entenderla ni a lo mejor quiso nunca llegar al odioso extremo de entenderla, mientras que Fita era una criatura de extrañas y pertinaces congojas, con más de mística en estado de idiotez que de niña en situación de parecerlo, cuyas exclusivas actividades consistían en meterse en su habitación a rezar y a mudarse el guante o manopla que cubría su mano palmeada, y en recibir o devolver visitas de monjas clarisas y bernardas. Pero allí estaba el primogénito, el único digno de heredar su nombre y su fortuna y el único capaz de remunerarlo de tantas tenaces decepciones familiares, incluidas las referentes a su cónyuge.

Aún sentía don Fermín el revuelo de la galopada como una polvareda evolucionando por dentro de su memoria. Sólo cuando se disipó del todo, vio a una mujer todavía irreconocible que intentaba sujetar por la muserola a la jaca de

Lorenzo y que desde luego no podía ser ni doña Herminia ni Natalia ni ninguna enfermera amiga de Natalia. A medida que se acercaba al trote fue identificando los rasgos de rubicunda crónica de la institutriz de los Leiston, una presencia que lo turbó no ya por lo que suponía de inesperada o indeseable, sino por lo que podía tener de reactivo de más de un aletargado episodio de sus pasadas voracidades eróticas y financieras. Aunque sus relaciones con el viejo Leiston quedaran definitivamente rotas tiempo atrás y aunque era notorio que los nunca fieles servicios de miss Bárbara habían sido transferidos al ejército, no por eso dejó de exasperar a don Fermín aquella onerosa visita. Así que se desvió con los modales del mensajero urgente hasta que encontró a Ambrosio esperándolo al filo de los porches.

—¿Qué mierda anda husmeando por aquí esa panocha? —preguntó entre dos resoplidos mientras se apeaba.

—La misma pregunta que yo me he hecho —repuso Ambrosio cogiendo las riendas de la potranca—. Se vino hace un rato con el camión del forraje. Que quería ver los caballos, eso me dijo.

—Que los vea y se largue —añadió don Fermín—. Y que no ande puteando por donde no debe, ya sabes de qué va.

—Yo me encargo —dijo Ambrosio.

Se dirigieron hacia la puerta del casal, siguiendo la línea de los soportales, cada uno con su privado aire de reticente.

—Me la reexpides al puerto en el camión —insistió don Fermín, un obsesivo ademán de repulsa en la oscilante mano—. ¿De acuerdo?

—Tendrá que ser por la noche —dijo Ambrosio—. Han ido primero a lo del grano.

Don Fermín miró hacia atrás sin decir nada. Caminaba azotándose con la fusta las botas de montar, el brote de aversión instalado ahora entre las venitas azules de los pómulos. Llegaba hasta allí el lento y arrítmico rechinar de lo que debía ser una noria. Ambrosio se disponía a atravesar el rellano que un sol turbio volvía más opalino, pero sólo dio unos pasos. Se volvió entonces, rascándose por debajo de la gorrilla, y dijo:

—Uno de los *Fanegos* cojea.

—¿Lo ha montado alguien? —preguntó casi con violencia don Fermín.

—Ni siquiera lo enganché en el tílburi —repuso Ambrosio—. Tiene un corvejón hinchado, no sé de qué.

—Habrá que avisar a Bustillo —dijo don Fermín, y se ahuecó una pernera del pantalón, sacudiendo la pierna como para desprender alguna pegajosidad.

—No estaba en la remonta —dijo Ambrosio—. Le di una friega y se lo vendé mientras tanto.

—Luego lo veo —dijo don Fermín.

Y entró en el casal al tiempo que Ambrosio torcía para los establos, conduciendo a la potranca con la brida corta. En el vestíbulo había una penumbra insonora y recoleta y una tenue fragancia a cordobán y a ladrillos encerados, el color y el olor mantenidos fanáticamente durante tantos años en aquel exclusivo reducto de la hacienda. Mientras comprobaba esa despótica nimiedad, pensó don Fermín que su ubicua mujer estaría indistintamente durmiendo la siesta en el salón y en la alcoba, pero no la encontró sino en el asiento de una volanta antillana que decoraba el fondo de la galería, el inseparable abanico de marfil abierto sobre el vientre. Una extravagante imagen de viajera inmóvil que parecía romper el equilibrio de aquel primoroso rincón doméstico. Don Fermín se acercó con mediano sigilo al carruaje.

—Ya era hora —dijo doña Herminia antes de que él llegara—. ¿Y Lorenzo?

—Ahí viene —aclaró don Fermín—. ¿Pasa algo?

—Pasa todo —dijo doña Herminia con una voz amarillenta y beata que parecía salir de un grabado de Santa Rita que colgaba de la pared—. Me dejas tres días sola y me preguntas que si pasa algo.

Don Fermín se situó entre las largas varas de la volanta, que habían sido fijadas al suelo por medio de dos tentemozos. Veía a su mujer bajo el cobijo grotesco de la capota marrón, la veía recostada en el asiento con algo de figura de cera, la carne del color del país del abanico. Supuso que de haber podido besarla, operación nada tentadora amén de impracticable, habría sentido la sórdida teatralidad de besar a una máscara. De modo que se limitó a hacerle una fugaz caricia en el brazo.

—¿Qué haces aquí metida? —preguntó sin recibir ninguna contestación—. Te mandé aviso con Ambrosio, ya sabes que tengo que cumplir con mi deber.

—Supongo —dijo ella desde una quietud nada apacible—. Ni sé lo que ocurre ni en qué peligros andáis metidos tu hijo y tú. Me paso todo el santo día temiéndome lo peor —se echó hacia atrás para suspirar más hondo—. ¿Hasta cuándo va a durar esto?

—No va a durar mucho —dijo don Fermín—, cuestión de semanas.

—Semejante vida —dijo ella abanicándose piadosamente—. A mí no me cabe en la cabeza que tengáis que estar todo el tiempo reventando a los caballos.

—Lo lógico sería que no —dijo él—, pero todavía queda mucho cabrón por ahí suelto. Todo se andará.

Sonaron por alguna parte las campanadas de las seis y, a continuación, unos pasos amortiguados, conventuales, inseguros, como de novicia atormentada por los demonios de la clausura.

—Eso es lo malo —musitó doña Herminia, y se agacho a hablarle al marido como la dama al palafrenero—. ¿Te importaría decir que me traigan la pastilla, el rosario y una limonada?

Don Fermín hizo un borrascoso gesto de aquiescencia y atravesó la galería en dirección al vestíbulo. Cuando subía el primer peldaño de la escalera, se detuvo un momento y enseguida se acercó a mirar por la puerta que daba al rellano. No tardó en descubrir a Lorenzo, que venía hacia el casal ya a pie y sin la vejatoria compañía de miss Bárbara. No en aquel momento ni a poco de subir a la alcoba a reponerse del jolgorio de la noche anterior, sino bastante después, cuando empezaba a salir de una prolongada modorra, oyó don Fermín los gritos. Nadie, sin embargo, pudo aclararle entonces lo que había ocurrido. Sólo se sabía que la institutriz estuvo deambulando por el potrero, donde se encontró y habló brevemente con la huidiza Natalia, y que anduvo luego en funciones de curiosa por los boxes y el establo hasta que empezó a oscurecer. A partir de ahí, y hasta que se escucharon los gritos, la actividad de miss Bárbara había pasado desapercibida para los moradores de la hacienda, incluidos amos, criados y guardias. Su actitud, una vez que apareciera pidiendo socorro y escapando por el rellano no como una sino como cien institutrices despavoridas, había sido de lo más incoherente para todos, excepto para Ambrosio. Se refirió sin ser entendida por nadie a monstruos de maldad y hordas asesinas y se instaló en avanzado estado de histerismo en la cabina del recién llegado camión, negándose a bajar de él por nada del mundo y exigiendo que la sacaran cuanto antes de aquel nido de víboras, cosa que efectivamente se apresuraron a hacer.

Lo cierto era que miss Bárbara había estado esperando por las inmediaciones de la caballeriza a que anocheciera. Cuando vio salir al último peón, casi un niño con una escoba de ramas al hombro, se deslizó entre los arriates de granadilla que tapizaban el muro lateral y se metió en el establo por la puerta trasera. Apenas había luz allí dentro, sólo una bombilla de empolvada lividez expandía parcialmente un precario halo pajizo. Más allá se amontonaba la oscuridad entre los tabiques de separación y los arreos pendientes de unas perchas a todo lo largo de la pared. Subía del terrizo el vaho enervante del estiércol y el pasto. Miss Bárbara tenía la boca seca y el vientre palpitante. Siguió la línea de los dormideros hasta que se detuvo en el de un potro que aparecía echado en las pajas, una venda en el corvejón. El potro levantó la cabeza tenuemente cuando vio a la mujer agachándose para pasar entre las maromas que hacían las veces de parapeto, apenas una sombra engullida por las otras sombras aledañas. Una franja de luna o de algo parecido incidía oblicuamente en el muro frontal, asperjando un polvillo mate sobre las hacinadas manchas de la penumbra. Miss Bárbara se acuclilló al lado del potro y estiró de la manta que medio le cubría la grupa. Se oyó el incompleto relincho de un caballo por la otra parte de la cuadra. Miss Bárbara se tendió en la manta junto al potro y empezó a rascarle el ijar con el posible escalofrío previo de quien se asusta de poder llegar a asustarse. No vio la informe silueta que cruzó el cerco bajo la bombilla y permaneció alebrada junto a un panderete. El potro se dejaba acariciar con una actitud mitad indolente mitad recelosa, parecía reconocer el olor a hembra que se le iba quedando adherido al pelaje. Unas aves nocturnas tamborileaban con las patas sobre la techumbre. Miss Bárbara fue acercando su mano al sexo del potro, primero rozándole los testículos y abarcando luego la bolsa fláccida y caliente de la verga. El potro, aún sin edad para cubriciones ni tientos de mamporreros, levantó lánguidamente la pierna vendada y la sacudió después como intentando frotar la grupa contra las pajas del lecho. Se escuchaba la respiración del caballo contigua a la respiración de la mujer, una amalgama de alientos desiguales mitificados por la antigua dramaturgia de la bestialidad. El miembro del potro se había desenfundado en parte y miss Bárbara se arremangó el vestido con la mano desocupada. Se quedó un instante acechando algún presunto ruido o comprobando que seguía ritualmente favorecida por la soledad. Una vez tranquilizada al respecto, se bajó las bragas sin dejar de masturbar o manosear al potro, cuya verga empezaba a endurecerse aunque de un modo más bien relativo. Se arrimó ella luego todo lo que pudo, el labio inferior mordido por debajo del superior, sin conseguir de ninguna manera acoplar su cuerpo al cuerpo del animal, que braceaba atemorizado —o exacerbado— por tan irregulares manipulaciones, las negras pupilas absortas y dilatadas y el belfo babeante mostrando la dentadura. El motor de un camión que subía por la parte de la vereda apagó el jadeo de miss Bárbara, la cual se había arrodillado y abierto de piernas en una posición absolutamente ineficaz aparte de temeraria. Buscaba a torpes envites el contacto de su sexo con el sexo del potro, no con ánimo de que la penetrara, maniobra más bien improbable, sino sólo quizá para proceder a un frotamiento que le habría sin duda provocado el orgasmo. Y entonces fue cuando vio aquella horrible aparición no exactamente humana asomando por detrás de una jamuga, una cara o algo similar a una cara destacando como un endriago en la sombra, el ojo de párpados verticales o la arruga en forma de ojo mirándola con un turbio fulgor de bolindre derretido. Miss Bárbara empezó a gritar como una posesa mientras el bulto escapaba hacia la otra parte de la cuadra y cundía la alarma entre los caballos. No tuvo ella otro remedio que correr hacia la puerta en la misma dirección que el bulto, aguantándose el soponcio y con los muslos trabados por las bragas, de las que se fue estirando atropelladamente a punto ya de salir al rellano. Y por allí anduvo en actitud de yegua desbocada hasta que subió al camión, dando alaridos y sin responder más que con incongruencias a quienes pretendieron calmarla. Sólo Ambrosio, que trajinaba a la sazón en los porches, pareció intuir el motivo —no la ocasión— de aquel ataque de espanto y se fue para el almacén en busca de Marquitos, antes incluso de informar —si es que pensaba hacerlo— ni a don Fermín ni a Lorenzo ni a nadie.

El almacén quedaba al otro lado de los almiares, justo entre la acequia y el huerto que se extendía a espaldas del establo. Ambrosio atravesó la nave a oscuras, entre dos pilas de sacos de avena y maíz, y abrió la puerta de un cuarto del fondo, donde vivía Marquitos desde no se sabía cuándo ni exactamente por qué. Tampoco había luz en el cuarto, un cuchitril sin huecos ocupado por un catre de tijera, dos taburetes, dos cántaras, un palanganero, cinco esportillas y un baúl mundo de dimensiones no difícilmente habitables.

—¿Estás ahí? —preguntó Ambrosio a la vez que encendía.

Marquitos estaba ahí, acurrucado junto al baúl, no cubierto como solía con ninguna manta o pañolón sino con sus propios brazos, el amorfo amasijo de la cara hundido entre las rodillas, una quietud perfectamente acorde con su lamentable monstruosidad.

—¿Qué hacías en el establo? —volvió a preguntar Ambrosio acercándose, los dedos gordos enganchados en los bolsillos de la cazadora—. Seguro que hiciste alguna de las tuyas.

Marquitos negó con lo que tenía que ser la cabeza, sin cambiar para nada de postura.

—A mí no me vas a engañar —dijo Ambrosio—, cuéntamelo.

—Yo estaba aquí —balbuceó Marquitos, y su voz era de una contradictoria normalidad, sólo deformada acaso por esa veladura fonética de los que siempre andan solos.

—No —dijo Ambrosio—. Estabas en la cuadra espiando y le diste un susto a esa mujer, ¿a que sí?

Marquitos entreabrió los dedos de una mano que parecía de madera quemada y miró entre ellos con el ojo de cierre vertical. Parecía acobardado por algo que prefería callar.

—No me hagas perder la paciencia —dijo Ambrosio.

—Una asquerosa —musitó al fin Marquitos aflojando la tensión de su ovillo corporal.

—Está bien —dijo Ambrosio—. Ya no va a volver, le has quitado las ganas. Pero ahora me vas a explicar otra cosa. ¿Se puede saber qué hacías esta madrugada por la hijuela de Cerromillán?

Marquitos dio muestras de una repentina excitación y compuso primero el aproximado simulacro de disparar con una escopeta y luego el de un cuerpo que cae. Ambrosio creyó haber entendido la gráfica aclaración y se dispuso a dar por concluido el interrogatorio. Dijo con cierta dulcificada aspereza:

—No vayas más. Que yo no me entere, ¿me estás oyendo?

Marquitos recuperó su inmovilidad y se suponía que sus alcances para ver a Ambrosio salir del cuarto. La incursión por Cerromillán que éste había mencionado, obedecía —según todos los datos disponibles— a un macabro paroxismo. Alentado por un viejo chalán que había trabajado tiempo atrás en *Los Gallardetes* y acabó cumpliendo condena por cuatrero, Marquitos se fue aficionando a escaparse alguna madrugada de la hacienda, una vez avisado de la gratificante oportunidad de una caminata que habría de llevarlo, como podía o como no podía, hasta la playa de Cerromillán. Y allí lo esperaba el ladrón de caballos socialmente recuperado como trapero, ya con el chinchorro echado al agua y el borrico enganchado a él como a un carro. Ante la imposibilidad de que Marquitos montase ninguna clase de caballería ni aun amarrándolo a la albarda, y ante su manifiesta ineptitud para andar dos millas más después del agotador camino desde *Los Gallardetes,* el viejo cuatrero había ideado aquel peregrino sistema de transporte con el exclusivo fin de que Marquitos pudiese arribar a Punta Bolina sin mayores impedimentos ni ahogos. Y en eso era en lo que andaban metidos los dos desdichados compinches, una sociedad ciertamente más delirante que comanditaria. Sabiendo como sabían que resultaba obligado llegar a su destino antes de que amaneciese, Marquitos ya estaba situado en la playa a las cuatro y media, nunca más tarde, la manta ruana a manera de capuchón y en disposiciones de embarcar sin otros circunloquios. El compinche no solía tampoco demorarse más que con un discreto margen de tolerancia, aunque por lo común ya tenía todo preparado cuando aparecía Marquitos. La mar rompía por toda esa parte de la costa lejos de la orilla, cerca de los bajíos por donde faenaban otrora los palangreros, y rara vez había por allí un oleaje que no fuera de una residual mansedumbre, de modo que la expedición transcurría con una absoluta falta de riesgos. Marquitos viajaba arrebujado en el fondo de aquella especie de cajón flotante del que tiraba el burro, mientras que el viejo cuatrero lo hacía a pie, con el agua por las rodillas y jalando del cabestro, o bien sobre la albarda cuando había mar de leva o arreciaba el frío. El farallón de Punta Bolina apenas destacaba contra el cielo, a no ser que hubiese luna, hasta que no llevaban andado más de la mitad del camino. Ya en la salida de la curva de la playa de Cerromillán, tenían que meterse en el agua un poco más de lo debido, salvando unas rocas que nacían en la arena y que el viejo cuatrero sorteaba aun sin necesidad del farol. Ni éste ni Marquitos acostumbraban a decir palabra durante la travesía. Sólo al avistar el farallón intercambiaban algún murmullo de beneplácito, algo más locuaz cuando, ya entre dos luces, las dunas litorales avisaban del final del trayecto. A Marquitos le gustaba ver el color del mar a aquella borrosa hora, una culebrina de tonalidades violáceas intercalándose en los remanentes de la negrura, la inmensa escama forforescente de la piel del agua emergiendo como una alucinación. Y de esa invariable manera se producía el comienzo del ceremonial, Marquitos metido en el chinchorro y el cuatrero-trapero husmeando por la orilla que el alba empezaba a delimitar. Situados como estaban a un centenar de metros del farallón, podían presenciar todo lo que allí ocurría sin peligro ni estorbo alguno. No había entonces por aquellas vecindades ni mariscadores ni pescadores de bajura ni ningún curioso ajeno a la obra. Una expectación acongojante parecía navegar a todo lo largo de la costa como un buitre del tamaño del mundo.

El camión acudía puntualmente, pero no se alcanzaba a vislumbrar desde la orilla, era sólo un anuncio invisible y atronador conculcando el silencio imperativo del amanecer. Y a poco ya bajaban hasta la playa los victimarios y sus víctimas, éstas en número de dos o tres, de cuatro a veces, hasta de seis en algún caso. La duración de los trámites era de una manifiesta brevedad y apenas se escuchaba más que un rumor opaco de voces, un crujido de pasos en la franja de arena mojada que iba ensanchando la vaciante. Sólo alguna vez resonaba como una marea súbita el eco de unos gritos —una maldición, una plegaria, unos forcejeos, unos vítores—, esas últimas y desesperadas efemérides del terror o la entereza. Los reos quedaban situados de cara a Marquitos y su compinche y el pelotón de espaldas a ellos. Un instante más y la descarga retumbaba de un modo impensable y devastador, se catapultaba contra la calma de la mar y seguía rugiendo allí infinitamente mientras caían los cuerpos al pie de la pared rocosa. Nadie que viviera a cinco —o a cien— millas a la redonda habría dejado de oír la estampida: un heterogéneo cúmulo de sensaciones —la conmiseración, la iracundia, la complacencia, el espanto— interrumpiéndoles muy de pasada el sueño o desvelándolos sin paliativos. Aparecía por fin el que nunca fue ni sería llamado por su nombre y remataba el lance con un último disparo por cabeza.

Marquitos no había osado en ninguna ocasión, ni aun después de asistir al quinto fusilamiento, adoptar una postura distinta a la del fétido turón que asoma el hocico por su guarida. Permanecía con las manos agarrotadas en un tolete del chinchorro, insinuando apenas su deformidad por encima de la borda, mientras que el socialmente recuperado como trapero era autorizado a descalzar a los cadáveres y a hacerse incluso con alguna prenda no del todo inservible, botín que transportaba sin más dilaciones a bordo en un saco Ya de regreso a Cerromillán, Marquitos palpaba entre los bultos de la arpillera aquellos zapatos y alpargatas profanados por la rapiña, aquellas ropas a lo mejor agujereadas y pegajosas de sangre. Y era entonces cuando debía sentir, no sin algún atisbo de temor ante la posibilidad de que se enterara Ambrosio, la abominable recompensa de su propio morbo vengativo contra los demás, asociado tal vez a esa otra venganza de los caballistas que salían a matar —o a ver matar— a los alzados.

VI

—YA ME IBA —dijo Nieves como si se dispusiera a hacerlo—, llevo un siglo esperándote.

Había acudido en efecto a la hora convenida y aguardó con una pusilánime impaciencia por la entrada del espigón que separaba la dársena de la playa de Cerromillán. Ya habían dado las nueve y media y no se veía ninguna luz ni en la parte del caserío ni en el muelle, incluso las balizas permanecían preceptivamente apagadas. Observó sin interés la difícil maniobra de un barco, un aljibe o un carbonero, que enfilaba la tenebrosa boca del canal precedido de una gasolinera. La gasolinera llevaba un reflector a popa, con el que iba alumbrando interina y convenientemente la entrada sin señalizar del puerto. Y en eso andaba, pensando a la vez en lo penoso y lo arriesgado de su espera, cuando oyó los pasos que supuso de él y que no eran sino de alguien del piquete que trabajaba allí cerca en la reparación de un refugio contra los ya improbables bombardeos. Se medio ocultó ella al abrigo de unos tamarindos hasta que apareció por fin

Lorenzo, quien miró a uno y otro lado antes de verla salir de su medroso escondite.

—Acabamos de llegar —dijo él mostrando vagamente la prueba del polvo en la ropa, sus manos oliendo todavía a cuero sudado—. Ahora mismo, el tiempo de dejar al potro.

—Sola y estas horas —dijo Nieves—. Ni siquiera sé por qué he venido.

Él le pasó el brazo por encima del hombro y la atrajo con una torpe delicadeza en tanto que empezaban a caminar por el espigón.

—Lo sabes muy bien —dijo—. Todo el tiempo pensando que iba a verte.

—Debo estar loca —susurró Nieves, y se apretó contra aquel cuerpo que la resarcía de tantas martirizantes frustraciones y en cuya proximidad se olvidaba incluso de otros distanciamientos—. ¿Dónde habéis estado?

—Hace cien años que vamos al mismo sitio —dijo Lorenzo señalando con la cabeza un horizonte opuesto al del mar—. Por ahí, por el campo.

—No lo entiendo —dijo ella—. Claro que peor sería que te mandaran otra vez a sabe Dios dónde.

Se pasó la lengua por sus gruesos labios cobrizos mientras levantaba los ojos en busca de los de él. Había refrescado y una especie de emanación luminosa titilaba en lo hondo de la noche como la llamita de una mariposa en un sótano.

—Ya no —dijo Lorenzo—. Mi puesto está aquí, tampoco hay que apuntarse a todo lo malo.

—Sí —repuso ella—. Hace frío.

—Luego vamos a casa —dijo él dudándolo—. Aunque no sé si mi padre se piensa quedar.

—Tengo que irme enseguida —agregó ella—. Y además por aquí no podemos estarnos mucho tiempo.

—Yo me encargo de que sí —dijo él con más autoridad de la mucha que ostentaba—. Ya avisé al de la batería.

—¿A quién?

Y justo cuando Nieves lo preguntó sonaron a sus espaldas, por algún repecho del enclave urbano de Cerromillán, las pisadas de la ronda. Se arrimaron los dos al murete de la escollera y esperaron muy juntos a que el torvo, obsesivo eco de los pasos de la patrulla se fuera perdiendo entre las tupidas sombras del muelle. Nieves levantó entonces la cara hasta encontrarse con la boca de Lorenzo, sumergiendo allí la ansiosa blandura de la lengua y hurgando con un frenesí sediento y doloroso, mientras él apretaba su vientre contra el de ella hasta casi perder el equilibrio. Nieves se separó jadeante y logró repetir dos palabras ya muchas veces repetidas:

—Aquí no.

Prosiguieron andando un trecho por el piso de gravilla, sin hablar y con los brazos enlazados, como si se recuperaran de las demasías clandestinas del deseo. El espigón arrancaba casi del borde de la arena seca y se internaba mar adentro, curvándose en la medianía de su longitud y cerrando así la dársena del puerto franco. Cuando ya habían rebasado la línea de la arena mojada, notó Nieves de pronto la rigidez del cuerpo de Lorenzo y su brusca decisión de apartarla de aquel lado de la escollera.

—Espera —dijo él—. No te muevas de aquí.

—¿Qué pasa? —preguntó ella con un hilo de voz.

—Quédate aquí —repitió Lorenzo—. Voy a ver.

Nieves permaneció obedientemente quieta, un sobresalto repentino haciéndola más vulnerable, al tiempo que Lorenzo se asomaba a la playa y parecía observar algo anómalo que debía haber por allí. Lo entrevió luego saltando entre las piedras de la defensa hasta que el parapeto lo ocultó enteramente. Ella se quedó un momento indecisa, convertida en espectadora de su propia situación de culpable, pero como él tardara más de lo normal, se acercó también al antepecho y lo descubrió agachado junto a lo que parecía ser un cuerpo exangüe tendido en la arena. Nieves no lo dudó dos veces y se aventuró, sorteando sin ninguna habilidad las piedras del rompeolas, hasta donde él estaba. Se levantó entonces Lorenzo con una premura vacilante y la cogió de un brazo para apartarla aún más de aquel bulto con todas las trazas de ser el cuerpo de un ahogado.

—Ven —dijo tirando de ella—, no te acerques.

—Pero ¿qué ocurre? —exigió más que rogó Nieves—. ¿Qué es eso?

—No me lo puedo creer —pensó en voz alta Lorenzo, más abrumado después de oírse sus propias palabras—. Es el viejo Leiston.

—¿Quién? —exclamó Nieves agarrándose como otra ahogada al brazo de Lorenzo—. ¿Quién has dicho?

—Parece imposible —dijo él—. Está muerto.

—No —musitó ella sin acabar de creérselo tampoco, dejándose resbalar sobre la arena mojada hasta arrodillarse en una postura de niña que se ha quedado sola—. No es verdad.

Y se hubiese arrastrado entonces en dirección al cuerpo yacente a no ser porque Lorenzo la sujetó otra vez. Hubo un silencio sostenido por el agua que embestía tenuemente contra la escollera. Nieves seguía arrodillada, una mano en cada mejilla, los ojos tapados con los dedos. No sentía las piernas mojadas y arañadas por la arena ni la zozobra de estar allí expuesta a un vergonzoso veredicto de adúltera, sino el gélido rastro de una irracional, de una absurda y macabra pantomima representada por alguien que se parecía al viejo Leiston. Pensó que llevaba toda la noche metida en una poza, que acababa de asistir a la profanación de una última dignidad. Apenas si sintió a Lorenzo cuando la levantó temblorosamente y le dijo:

—Voy a llevarte a tu casa, cálmate. Tengo que dar parte en el retén.

Nieves contestó que sí con la cabeza y empezó a sollozar muy bajito al tiempo que se dejaba conducir.

—Tú no has visto nada —dijo Lorenzo—, no estabas aquí. Yo me encargo de todo.

—¿Tú? —susurró ella con la voz y el gesto de una tullida—. ¿Tú vas a encargarte de todo? —se le entrecortaba la respiración—. Dios mío, ¿qué ha podido pasar?

—Cálmate —repitió él—. No sé, ya nos enteraremos.

Se quedaron de nuevo callados, sin atreverse quizás a proclamar lo que cada uno quería. Resbalaba la noche por la costa como la funda de un mal sueño.

—Habrá que avisar a David —balbuceó ella deteniéndose

el momento justo en que lo decía—. ¿Qué va a pasar ahora, a quién le van a echar la culpa? —se secó los ojos antes de continuar—. Mierda, eso es lo único que hay por todas partes.

—Lo siento tanto como tú —dijo él, ocupado como estaba en ir vigilando el desierto camino que subía al altozano de Cerromillán—, pero no hay que perder los estribos, tampoco yo entiendo nada. Déjalo todo de mi cuenta.

Nieves miró a Lorenzo como si se preguntara de pronto que quién era, pero él la cogió de la cintura y la obligó con suavidad a andar más aprisa. Llegaron así a los alrededores de la casa de Nieves, dando un rodeo a la vez prudente y sosegador. No se apartó Lorenzo de la esquina hasta no comprobar que ella abría la puerta y volvía a cerrarla, la garra del aldabón entrechocando levemente como un reclamo condenatorio. Una vez solo, dudó entre ir a ver a su padre, avisar a David o acudir sin más al retén, eligiendo finalmente esta última y más razonable posibilidad.

Personado en el cuartelillo a las once cuarenta, Lorenzo Benijalea y Moratoria declaró lo poco que sabía en tanto que fortuito descubridor del cadáver cuando pasaba cerca del lugar de los hechos. Avalado por un intachable crédito familiar y por una preeminencia —social, financiera, patriótica— jamás discutida en toda aquella comarca, no necesitó Lorenzo de mayores argucias para que fueran servicialmente atendidas cada una de sus sugerencias. Pensando él en lo dramático de la situación y en sus privados —aunque no inquebrantables— vínculos con David, logró que procedieran de inmediato al levantamiento del cadáver y a la ineludible práctica de la autopsia, diligencias ambas que se dieron por concluidas bastante antes de lo que el más afanoso funcionario hubiera previsto. Los deudos podrían disponer así del cadáver —ya convenientemente cosido y amortajado— incluso antes de que amaneciera.

—Soy un Benijalea —había repetido Lorenzo, y eso bastó, sin necesidad de usar el plural mayestático, para suprimir toda clase de dudas y trabas.

El informe del forense fue tramitado asimismo con una

prontitud tan encomiable como servil. Empezaba por notificar que el interfecto ofrecía signos inequívocos de haber fallecido por asfixia entre las diecinueve y las veinte horas del día de autos. Se le había hallado una considerable cantidad de agua de mar en los pulmones y otra algo menor de vino oloroso en el estómago, amén de indicios de brea de mediana consistencia, belladona o atropina y lo que parecía ser madera mascada, todo ello en dosis que rondaban la toxicidad aunque en ningún caso podían ser consideradas como mortales. Se hacía mención también de un alto porcentaje de alcohol en sangre, un hígado en desastroso estado de conservación y unas marcas en la espalda procedentes sin duda de un antiguo tratamiento de neumotórax. El cadáver presentaba también unas magulladuras en el brazo y el muslo derecho y una herida incisiva en el cuero cabelludo. En cuanto a la ropa, y aparte de los restos propios del remojón, contenía abundantes huellas de serrín, sal gorda y limaduras de hierro. Nada, en realidad, especialmente anómalo para un hombre ya mayor que, además de haberse ahogado, era adicto a la bebida y a la navegación. Pero algo había, sin embargo, que el brigada de servicio no alcanzaba a comprender e incluso parecía dispuesto a esgrimir como prueba suficiente para que las actuaciones judiciales tomaran un giro muy distinto. Se trataba de una contradicción de lo más palmaria que, por muy especial y táctico consejo de Lorenzo, se dejó provisionalmente sin consignar en el atestado. Al parecer, la cuestión resultaba bastante más espinosa de lo que se presumía.

Una somera reconstrucción de los hechos daba por buena, en principio, la hipótesis de que la víctima iría paseando por la escollera y que, a causa tal vez de su grado de intoxicación etílica, muy bien pudo perder el equilibrio y caer al mar. De resultas del golpe contra las piedras de la defensa, debió quedar momentáneamente privado de sentido, con lo que le sobrevino la muerte por inmersión prolongada. Las corrientes dominantes en aquella zona de la costa, autorizaban a establecer como muy probable que la marea arrastrara el cuerpo a la inmediata playa a poco de haberse producido el accidente. Hasta ahí todo se ajustaba a una manifiesta verosimilitud, pero el brigada del retén no parecía estar tan seguro.

—Vea usted —le había dicho a Lorenzo mientras iba dibujando maquinalmente un croquis de la playa aledaña al espigón—. Resulta imposible que el cadáver de la víctima, que se ahogó entre las siete y las ocho, apareciera luego aquí, a unos cinco metros de la orilla. Usted se preguntará que por qué soy de esa opinión y yo se lo voy a decir. Pues porque la última bajamar fue a las seis y veinte —se ayudaba del lápiz para explicarlo— y a eso de las once, que es cuando usted descubrió el cadáver, el agua no había llegado aún a esa altura. ¿Me explico?

A Lorenzo lo dejó sorprendido por igual lo inopinado de la declaración y la perspicacia policial del declarante.

—Cierto —dijo.

—O sea —concluyó el brigada en funciones de lince—, que desde que se produjo la muerte hasta que se encontró el cuerpo, mal pudo arrastrarlo la marea. Una de dos: o se ahogó mucho antes, cosa que ya ha descartado el forense, o se fue hasta allí después de haberse ahogado, ¿qué tal? Corrígame usted esas cuentas.

—No sé —dijo Lorenzo con una desusada inseguridad, la digna imagen del viejo Leiston vagando por la virulenta y desolada extensión de los muelles—. ¿Usted qué cree entonces?

—Nada, un servidor no cree nada, no son más que suposiciones. Y además, qué le voy a decir que usted no sepa —lo miró con los ojos del agente secreto al agente doble—. ¿Un café?

—También pudo sufrir un mareo y ahogarse allí mismo con la cabeza metida en un charco.

—También, cosas más raras se han visto, pero no es probable, o sea, que no cae dentro de lo posible. Había tragado mucha agua —golpeaba con la punta del lápiz sobre el papel—. Hay varias explicaciones o no hay más que una. Según.

—Yo consultaré a ver qué se decide.

Y cuando lo dijo sintió Lorenzo crecer la fatiga de las

la unción heroica y desesperada de Antígona ante su insepulto hermano. Los primeros en aparecer por el velatorio, aparte de alguna jerarquía no eclesiástica, fueron mamá Paulina y Sagrario. Y después, y por este orden, el patrón del *Leonardo II* y su sobrino Mojarrita, Natalia Benijalea, dos viejos empleados de la cerrada oficina de consignaciones, Nieves y Jenaro Lacavallería y el procónsul británico. El resto de la escasa concurrencia estaba formado por tres o cuatro desconocidos, gentes todas ellas de irrelevante vinculación con el desarrollo de los hechos, al menos tal como aquí se consignan.

Lorenzo se había ido a descansar un rato, ya agotadas sus últimas resistencias físicas, y David intentaba atender con mediano acierto a quienes él sabía afectados por aquella muerte injusta. Buscó a Sagrario con los ojos y vio a Nieves sentada junto a mamá Paulina, las dos igualmente atribuladas, y al procónsul británico hablando de pie con un individuo que tenía pinta de mecánico en traje de general. Se asomó David al vestíbulo y allí estaba ella, una imagen ensombrecida por el contraluz e interceptada un momento por la rauda aparición de miss Bárbara, que parecía ir seleccionando entre los asistentes al más dispuesto a acoger los histéricos desahogos de su corazón. David se sintió de improviso como extraviado por un circuito emocional que no llegaba sino al mismo deprimente punto de partida: Estefanía a un lado y Sagrario al otro y, en medio de las dos, el padre muerto emplazándolos a todos en una maniática y recurrente complicidad sensitiva. Salió entonces al jardín y atravesó la pérgola de polvorienta verdura que corría paralela a la fachada principal de la casona, desviándose después hacia uno de los ventanales sobre el que se abatían las crenchas de una parra virgen. Entrevió otra vez sin apenas acercarse a Natalia y Sagrario, medio encubiertas por un cortinaje recogido con alzapaños y desdibujadas por la defectuosa transparencia del cristal. Estaban unidas en un abrazo que resultaba excesivo como fórmula consoladora aunque no del todo vehemente como expresión de cariño, la mano blanca de Natalia acariciando el moreno cuello de Sagrario, no atrayéndose mutuamente sino manteniendo una proximidad que la ternura parecía haber estacionado.

David se apartó despacio de aquel casual puesto de observación, un sentimiento ambiguo inmunizándolo contra toda posible incomodidad sensorial notando en algún recodo de su instinto que una excitante ansia de vivir invalidaba la devastadora capitulación de la muerte. Volvió al vestíbulo en el preciso momento en que Antonia se disponía a cumplir las órdenes de desalojo de la cámara mortuoria dadas por Estefanía, quien deseaba instalarse un rato allí como única veladora del difunto. En vano quiso David convencer a la hermana para que desistiera de semejante propósito, alegando que no le convenía para nada pasar por esa dolorosa prueba, y más en el estado de mayúscula postración en que se hallaba. Pero Estefanía se lo pidió con tan compungidas y esta vez razonables súplicas, que David no pudo por menos de ceder a una pretensión que tampoco resultaba enteramente incomprensible.

Una vez sola y cerrada la puerta con pestillo, Estefanía arrimó uno de los cirios al féretro y anduvo buscando la forma de desabrochar la parte de abajo de la mortaja. No le fue fácil, sin embargo, efectuar una maniobra tan aparentemente indebida, pues la sábana que envolvía el cadáver constaba de varias piezas que habían sido fijadas con imperdibles por la espalda, de modo que Estefanía tuvo que voltear el cuerpo y dejarlo en una posición de equilibrio inestable contra una de las paredes del ataúd. Una vez que consiguió abrir el sudario, Estefanía buscó en el muslo derecho la desolladura a que se refería el informe del forense, sin tener para nada en cuenta que podía inadvertidamente poner al descubierto las carnicerías propias del examen anatómico verificado horas antes. Pero se conoce que no las vio o que, si las vio, no les dio mayor importancia, ya que sólo parecía tener ojos para la herida del muslo, que no era demasiado profunda y que acarició con una sollozante delicadeza. Cogió luego unas tijeritas de bordadora que tenía guardadas en las opulentas interioridades del seno y las sacó de su funda de ante. Respiró dificultosamente antes de proceder a cuatro horas de cabalgada con la patrulla y de las cinco largas de penosas y desconcertantes gestiones. Pensó que tendría que pasarse por su casa antes de subir a la de los Leiston, sabiendo como sabía que en modo alguno iba a poder soslayar el papel de emisario ante David. El brigada iba ahora inclinando su silla contra la pared, haciéndola bascular sobre las patas traseras. Tenía el rostro castigado por una larga dedicación a la obediencia muda y al convencimiento de que quien manda siempre tiene la razón. Comentó sin mirar:

—Lo raro es que no vi huellas de arrastre ni nada parecido. Me parece que las únicas huellas que había eran las suyas de usted y las otras. No encaja. ¿Le apetece tomarse un café?

—¿Las otras? —preguntó Lorenzo sin aparentar ninguna clase de alarma.

—Las de una mujer —añadió el brigada—. Llevaba tacones.

—Eso es asunto mío —se apresuró a decir Lorenzo—. No hace al caso.

—Sí, señor —dijo disciplinadamente el brigada.

—Vamos a dejar las cosas como están —concluyó Lorenzo levantándose y dando por terminada la entrevista—. Yo me ocupo del resto.

El resto era —como ha quedado dicho— ir primero a su casa y luego a la de David. De modo que cruzó otra vez en sentido contrario la inhóspita explanada del muelle de los Sirios, todavía con la noche aferrándose a las aletargadas inmediaciones del caserío. Lo zaherían por dentro de la cabeza, juntos y punzantes, todos y cada uno de los episodios vividos aquellas últimas horas, desde que volviera con la patrulla de capturar vivo a un fugitivo hasta que encontrara muerto junto a las defensas del espigón al viejo Leiston, cuyo cuerpo yacía ahora en el depósito en espera de la identificación y reclamación legal de la familia. No podía eludir el repaso de las conjeturas del brigada del retén, a las que él iba sumando otras nuevas incertidumbres que ni entonces —ni nunca— deseó confiar a nadie. Pensaba de repente en otra posible versión de los hechos: la de que el cadáver hubiera sido arrojado a la playa desde el espigón, con lo que también podría explicarse la ausencia de huellas. En cualquier caso, ¿cómo no había visto nadie antes que él el cuerpo del viejo Leiston, suponiendo que éste hubiese permanecido allí desde poco después de caer al mar y, por tanto, a una hora en que transitaban por aquellos alrededores gentes diversas y aun avizoras? ¿Y no tenía algo de siniestro —e incluso de sobrecogedor por vía paterna— la oportunidad de que fuese precisamente él, en la furtiva compañía de Nieves, quien hallara el cadáver y se viese instado a favorecer a David en las diligencias propias del caso? Entrevió en un sinóptico y veloz circuito imaginativo, igual que si estuviese a punto de perder la memoria, las figuras de los Leiston recién llegados a la ciudad y hospedados en su casa, las aventuras callejeras y las excursiones campestres, las extravagancias y generosidades del consignatario, el hundimiento del falucho como una duda más entre tantas otras dudas, las procacidades de la institutriz y las ambigüedades de Natalia, la nunca explicada enemistad entre su padre y el padre de David. Un subrepticio y elocuente repertorio de contradicciones en torno a lo que realmente había pasado, tal como se suponía o de otra muy distinta manera. Todo eso junto metido dentro de un vacío que él no podía en conciencia neutralizar porque también se oponía de algún modo a sus denodados fervores, militancias, creencias.

Lorenzo llegó exhausto a la casona de Cerromillán y se enteró por el portero que su padre no había dormido allí y que tampoco estaba seguro si se había ido a la ciudad o a *Los Gallardetes*. Así que se sometió a un apresurado baño y, sin más treguas ni respiros, enganchó una jaca al tílburi y se dirigió a buen paso hacia el Promontorio, adonde llegó ya de día. Los rodeos, embarazos, vacilaciones y demás diplomacias de que se valió para notificarle a David lo ocurrido, sólo sirvieron para hacer más abrupta la trágica graduación del relato. Cuando David conoció todos los detalles, o los más concluyentes, lo único que hizo fue rogarle casi sin voz a Lorenzo que lo esperara allí en tanto que él iba a hablar cortar, justo por la rebaba de la desolladura, un trozo de piel tumefacta que tenía adherida una arenosa costra de sangre. El trozo venía a ser del tamaño de un dedo meñique, algo más flaco quizá, y más parecía piltrafa de carne comestible en mal estado que tira de piel humana en proceso de necrosis. Le temblaba un poco la mano cuando guardó las tijeras en su funda y envolvió la no santa reliquia en un pañolito, introduciéndose ambas cosas por el escote abajo. Se oía un murmullo de voces y una creciente agitación de alas o de hojas removidas por el viento. Estefanía abrochó de nuevo la mortaja, hizo que el cuerpo recuperase su posición inicial y volvió a poner el cirio en su esquina correspondiente. Se arrodilló luego muy cerca de la cara del padre, sólo en parte visible entre los lienzos que ocultaban las feroces marcas de la autopsia. Y así se estuvo un tiempo no demasiado prolongado, musitando oraciones o acaso maldiciones, una mano trémulamente apoyada en aquel rostro que ya tenía el color de la ceniza en que acabaría convirtiéndose. Se levantó al fin y abrió la puerta como si abriera la sala de un tribunal. No miró a nadie mientras atravesaba el vestíbulo y se dirigía al piso de arriba, demacrada y altanera, ignorando metódicamente a aquel velatorio que tan execrable le parecía.

David subió casi a renglón seguido a la habitación de la hermana, no tanto por hacerle compañía como por decidir de común acuerdo los ya inaplazables requisitos a que se habría de ajustar el entierro del padre. Como ni éste había profesado la fe católica ni ninguna otra clase de fe al uso, tampoco resultaba viable la programación de ningún ritual religioso, y menos aún si se trataba de un credo distinto al oficialmente instaurado como único propiciador de bondades y victorias. Sólo resultaba factible, por tanto, tramitar una discreta sepultura en el cementerio civil de la ciudad, bien que éste se destinara entonces a enemigos de la patria, protestantes, desertores y demás sectas heréticas.

—Aquí desde luego no lo vamos a enterrar —empezó por decir Estefanía—. No quiero que lo atropellen también después de muerto, no les voy a dar ese gusto.

—Lo del cementerio civil también habrá que descartarlo —aseguró David con una duda entre cada sílaba—. Sería como darles la razón.

—Ni ahí ni en ninguna otra parte de esta condenada tierra —dijo ella sin poder dominar una nueva congoja—. No me lo perdonaría nunca, hazlo aunque sea por mí.

David le puso una mano en la mejilla y la retuvo allí un momento. La hermana lo miró entonces desde una remota desdicha y dobló la cabeza hasta apretar contra su hombro aquella mano tan deseada. Dijo:

—No te dejes engañar otra vez.

—Habrá que pensar algo —insistió David—. Tenemos que dejarlo todo resuelto esta misma tarde.

—¿Cuándo se van a ir esos moscones? —preguntó ella presionándose las sienes con las puntas de los dedos—. No aguanto tanta hipocresía junta, es superior a mis fuerzas.

—Podríamos llevarlo a Portsmouth —dijo él.

—No, tampoco lo soportaría ahora —se levantó y miró abstraídamente por la ventana—. Si acaso, en el jardín.

—¿En qué jardín?

—Al pie del tilo —lo señaló con un gesto de arenga—. A él le gustaba mucho ese tilo.

—¿Cómo se te ocurre pensar eso?

Estefanía se volvió de pronto y se acercó a David hasta que sus rodillas rozaron las de él.

—Ya sólo te tengo a ti —musitó—. No me digas nunca que me vas a dejar, júramelo.

—Sabes que no —repuso David—. Tranquilízate y escucha —procuró ponerse en pie sin tropezar con los pechos de la hermana—. Si se lo hubiésemos preguntado a él, habría dicho que quería que lo enterraran cerca del mar.

—Sí —corroboró Estefanía—. Lo más cerca posible.

—De eso se trata —dijo él—, de echar al mar las cenizas.

—Todavía está de cuerpo presente y ya quieres hacerlo desaparecer como la prueba de un crimen —se pasó el índice por un párpado—. Porque eso es lo que han cometido con él, un crimen.

—Hazme caso, Estefanía —volvió a reconfortarla con una

más sensitiva caricia—. Es lo mejor, yo consultaré con Lorenzo lo que hay que hacer.

—A mí no me importa en absoluto lo que diga ese bastardo hijo de bastardo —exclamó roncamente Estefanía, el sofoco encendiéndole las orejas traslúcidas—. ¿Cómo puedes fiarte de él?

Llamaron entonces a la puerta, un golpe breve aunque casi estentóreo, y David mandó pasar a quienquiera que fuese, que no era otro que Octavio el jardinero. Se quedó éste un momento indeciso, pero terminó explicando sin demasiada prolijidad que había encontrado un papel que parecía escrito por el señor de su puño y letra.

—O sea —añadió—, antes de la desgracia. Estaba en el suelo del gabinete y lo he traído para que no se pierda.

David esperó a que saliese Octavio el jardinero para leer el papel, primero mentalmente y luego en voz alta. Estaba escrito en tinta violeta y con una plumilla arañante. No se trataba por supuesto de ningún apresurado testamento ológrafo, pero sí de una especie de anexo al ya otorgado ante notario hacía años. Y en él se decía textualmente —en español por una cara y en inglés por la otra— que aparte de lo ya establecido y ordenado con respecto a sus bienes, debían desglosarse del monto total de la herencia, las siguientes mandas:

1. Treinta mil duros como donación voluntaria con destino a las obras de mejora o nuevo emplazamiento de la grada de poniente, siempre que dicha grada se utilice como hasta ahora en la construcción, reparación y mantenimiento de barcos de pesca a vela, y no a ninguna otra clase de embarcaciones. La citada cantidad se hará efectiva en el mismo momento en que don Fermín Benijalea aporte con idéntica finalidad otros treinta mil duros, suma que dicho señor adeuda por bajo a la «Leiston y Cía.» en concepto de aranceles y warrants impagados y a título de indemnización moral por exportaciones falseadas, mientras el testador actuó de buena fe como consignatario de buques y mercancías.

2. *Una pensión vitalicia de mil doscientos duros anuales*

a doña Paulina Casalajunta, transmisible a favor de doña Sagrario Gazul, hija del capitán don Valerio Gazul, en ignorado paradero.

3. Veinte mil reales de una sola vez a doña Antonia Negrón, en agradecimiento a sus muchas fidelidades domésticas, transmisibles a favor de su presunta hija doña Rosarito, empleada a la sazón en una cantina del varadero.

4. La cesión en concepto de regalo, incluidos los costos de transporte o travesía desde Portsmouth, del lugger de mi propiedad situado hoy en un pañol de la casa Millward, a don Leonardo Fabeiro, patrón del Leonardo II.

5. La compra y entrega para su libre disfrute de una escafandra automática tipo Scalby a don Estanislao Fabeiro, más conocido como Mojarrita.

El viejo Leiston encarecía finalmente a sus dos hijos —y herederos universales— la tramitación legal y exacto cumplimiento de aquella su última y adicional voluntad, la cual formulaba en perfecto uso de sus facultades mentales, etc., debiendo ser incorporada en su día al protocolo de lo ya anteriormente testado.

Ni Estefanía ni David intercambiaron entonces ninguna especial opinión al respecto, ella por desentendida y él por conforme. Pero mientras la hermana maldecía en su fuero interno —y no por avaricia— a quienes se habían aprovechado con malas mañas de la bondad y prodigalidad del padre, David tuvo la convicción de que aquel inopinado documento contenía de algún modo una segura premeditación de la muerte. Aunque la fecha en que había sido redactado —que tampoco tenía que ser necesariamente la que aparecía al pie del escrito— se remontaba a varias semanas atrás, el hecho de que fuese encontrado en el suelo del gabinete mientras velaban el cadáver del testador, hacía pensar sin duda en una fatídica y no casual coincidencia. Era como si hubiese surgido de repente un aviso sobrecogedor, una señal oculta llegada desde algún enigmático registro de la realidad, no exactamente para dirimir ninguna sospecha sino para estimularla. Pero David procuró entonces limitar a una simple conjetura la terrible constancia de que su padre sabía, antes de salir de la casona, que ya no iba a volver nunca.

La última y generosa ayuda que prestó Lorenzo en aquel trance, una vez reintegrado al velatorio, se centró en las ya decididas formalidades del entierro del viejo Leiston. Provisto de los permisos necesarios y forzando las rígidas suspicacias de alguaciles y cancerberos, logró que aquella misma noche quedara autorizada y verificada la incineración del cadáver. Fue el mismo David quien se encargó de guardar las cenizas en un joyero de plata esmaltada y cincelada que proporcionó a tales fines la cada vez más ausente Estefanía. Así que todo quedó dispuesto para el ceremonial fúnebre antes incluso de lo previsto.

Una nítida luna menguante aparecía justamente sobre el caserío a la hora en que habría de cumplirse, y con qué apremiante confusión, la más anómala de las contradicciones de esta particular historia portuaria. Había poco viento, un sureste racheado, cuando embarcó la comitiva en el *Leonardo II*. Sólo estaban presentes, aparte del patrón y su sobrino, David, Sagrario y Lorenzo. Ya se había dado el pertinente aviso a las patrullas costeras y el falucho puso proa a la boca del puerto sin ser molestado. Orzó luego en una airosa virada en busca de las balizas ciegas, como seguro de conocer de memoria la ruta que llevaba a la salida del canal. Flameaba la vela al filo del viento y Mojarrita enmendó el rumbo mientras el patrón cazaba la mayor para seguir ciñendo. Sagrario iba sentada a popa junto a David, una fría mano de ella posada en las de él, que permanecían agarrotadas sobre el joyero cinerario. Salía del agua un silencio expectante que parecía venir mugiendo desde una aterradora profundidad. Lorenzo no se había movido de la proa, asomado como estaba viendo romper la mar contra la amura. Nadie dijo nada hasta que dejaron a estribor la vieja boya, a la altura de la boca del río, y Mojarrita arrumbó a sotavento.

—Es aquí —dijo con la misma voz del oleaje—. Estoy seguro que ningún sitio le habría gustado más —oteó la tierra sin luces—. La galera que él quería ver la tenemos a pique.

El patrón tenía los ojos acuosos fijos en la escota, parecía atacado de un abatimiento incurable. Acortó la vela y el falucho fue deteniendo su arrancada hasta quedar aproado al viento. Se reunieron todos a popa y David apretó contra su vientre el joyero que hacía las veces de urna. Pasó un pájaro muy bajo y en seguida otro, rozando casi el corto palo de mesana, que iba seco. Mojarrita se había quedado repentinamente absorto, la caña del timón apoyada en la cadera, intentando tal vez adivinar si una sombra que removía la luna por detrás de la boya era el bote de Jaquemate que venía a despedir al ahogado. Dejó caer entonces con lento disimulo algo que retenía en la mano, probablemente un antiguo amuleto marino con el que querría contribuir al ajuar funerario del viejo Leiston. Se apoyó David en la borda con un gesto conmovido y solemne, la actitud de no ser capaz de hacer lo que debía. Lorenzo le pasó un brazo por los hombros y supo entretanto que ni las enemistades paternas ni ningún otro pasajero motivo de desunión, le impedían asumir como algo suyo la dramática irregularidad de aquel rito. Sólo se oían los hondos, musgosos lametones de la marea en los costados del falucho, la lenta quejumbre de la jarcia. El patrón observaba el extremo del mástil como si lo atormentase la sombría extrañeza de no ver encendido el fuego de San Telmo. David abrió finalmente la urna y fue esparciendo las cenizas sobre el agua negra. Se quedó luego un momento como extasiado y arrojó también el joyero, que brilló bajo la luna igual que un pez. Sagrario buscó con su cabeza el hombro de David y empezó a sollozar con un sigilo dulce y medroso.

—Hasta que la mar lo devuelva el día de la resurrección —musitó sin mirar a nadie el patrón del *Leonardo II*.

TERCERA PARTE

1

HACÍA CALOR Y EL CAPELLÁN ESTABA DESCALZO, sentado en su respectivo sillón frailuno bajo el soportal que daba al jardincillo, dándose aire con un paipai de cartón. Tenía la cara congestionada y el gesto paralizado por la modorra en un rictus que bien podía ser de conformidad pero que era de asco. Aún no habían dado las cuatro y media y el resol destellaba furiosamente sobre los calcinados macizos de geráneos, entre los resecos macetones de lirios y aspidistras, provocando quizás un desaforado incremento de cantos de chicharras. El capellán espantó con un colérico manotazo no al demonio sino a la mosca incluida en todo dolor de cabeza. Miró después a uno y otro lado y, como comprobara que no había inoportunos testigos, dobló la rodilla hasta que el pie quedó apoyado en el asiento y procedió a desmontar cuidadosamente las diversas clases de mugres almacenadas entre los dedos y ablandadas por el sudor. Enrollaba entre el índice y el pulgar las materias desprendidas, intentando tirarlas sobre los ladrillos con escaso éxito o dejándolas eficazmente adheridas a alguna arista del sillón. Si hubiese aparecido alguien en ese momento, impidiéndole continuar su minuciosa tarea de limpieza, habría llegado incluso a mascullar un anatema fulminante. Pero a aquella hora resultaba correctamente imposible la llegada de visitas, a más de que la entera población monjil del convento permanecía acogida a la penumbra aliviadora de sus celdas. En cualquier caso, al capellán debió parecerle excesiva la roñosa calentura que despedían sus pies, porque determinó meterlos en un barreño con agua jabonosa que allí junto tenía preparado. Y fue más o menos entonces cuando apareció por un extremo del atrio don Fermín Benijalea, acompañado de su ubicua y encopetada mujer y de su muy devota hija pequeña. El capellán se levantó atropelladamente, medio acertando a colocarse unas mugrientas babuchas, y salió al encuentro de los insólitos recién llegados.

—Alabado sea Dios —dijo con voz de púlpito—. Pasen, pasen ustedes.

—Buenas —dijo don Fermín, una gota de sudor resbalando por su jaspeada mejilla—. ¿Quiere avisar a la priora? —se sacó un pañuelo del bolsillo de arriba de la chaqueta—. Es urgente.

El capellán pensó que por muy benefactor y todopoderoso que fuera don Fermín, ni aquéllas eran horas de avisar a nadie ni había urgencias que pudieran justificarlo.

—Debe estar en el reposo —dijo como con añoranza, mientras arrimaba el barreño a uno de los pilares—. Con este calor no sabe uno ni cómo refrescarse un poco. ¿Quiere usted que me entere?

—Hágame el favor —repuso don Fermín.

—Siéntense —dijo el capellán y señaló uno de los monumentales bancos que estaban adosados a la pared—. ¿O prefieren pasar al locutorio?

—Aquí estamos bien —dijo doña Herminia imaginándose que en ningún sitio podían estar peor—. Dígale que hemos venido con la niña.

El capellán se apresuró a salir con cierta herida dignidad por una puerta del fondo. Olía a jabón verde y a flores podridas. Don Fermín miró primero enojosamente a su hija y luego a la generalidad del jardincillo, un cansancio tórrido materializado en la garganta como algo similar a una bolita de lacre. Su mujer examinaba la labra del espaldar de uno de los bancos mientras su hija había ido aproximándose al sillón frailuno, no con ánimo de sentarse, que eso habría sido palmaria muestra de debilidad, sino para resistir también la tentación de usar el paipai que había dejado el capellán en el asiento. Se volvió después hacia la parte del atrio donde el resol era más activo y se quedó allí, inmóvil y humilde, la mano enguantada colgando como un ex voto. Don Fermín se acercó entonces a ella con el aparente propósito de seguir una conversación interrumpida poco antes.

—Te lo pregunto por última vez, Fita —dijo muy despacio—. ¿Estás segura de lo que vas a hacer?

Fita no parecía haber oído. Permaneció de perfil, identificando posiblemente una visión seráfica que amagaba entre la anémica fronda del jardincillo.

—¿Estás segura de que quieres quedarte? —volvió a preguntar don Fermín, la cara en la fase de palidez de los congestionados.

—Completamente —respondió Fita cuando ya debía de haberse disipado la aparición—. Ha sido Dios quien me lo ha pedido.

—No suele hacerlo tan a la carrera —dijo don Fermín—. Todavía eres una niña, tienes mucho tiempo para pensarlo.

—No empieces otra vez, te lo ruego —intercedió doña Herminia sin que se la hubiese visto llegar—. Deja tranquila a la criatura.

—Estoy muy tranquila —dijo Fita—. Sé que es la voluntad del Señor.

Don Fermín no se atrevió a contradecir de nuevo ni a su mujer ni a su hija ni mucho menos al Señor. Iba a esgrimir algún otro argumento no utilizado todavía, pero prefirió callarse, más por fatigado que por otra cosa. Pensaba con un subrepticio encono en la profusa escena de aquella misma mañana, cuando Fita anunció formalmente que, según le acababa de ser revelado, ya era llegada la definitiva hora de ingresar en el convento, lo cual debía acontecer el mismo día de cumplir los diecisiete años —que tal era el caso— y no más tarde de las cinco, circunstancia que también se había tenido en cuenta. Don Fermín seguía esforzándose por asimilar lo que consideraba un indigesto dislate, cuando advirtió que ya salía la priora, toda sofocada y obesa, por la puerta del fondo. La priora no preguntó nada a nadie, sino que le bastó mirar a Fita para comprender de qué se trataba.

—¿Al fin, hija? —exclamó como si declamara un pasaje de la vida de la fundadora.

Fita bajó los ojos y don Fermín prefirió levantarlos hacia los nobles y polvorientos artesones que decoraban la techumbre del soportal.

—Viene a quedarse —dijo doña Herminia con voz de soprano, entre jactanciosa y compungida—. Ha insistido mucho en que tenía que estar aquí precisamente hoy, antes de las cinco —apeló a una sonrisa de lo más defectuosa—. Con la fresquita.

—Lo comprendo muy bien —dijo la priora—. Sabía que iba a venir. No es que la estuviese esperando, pero lo sabía.

—Luego traerán el equipaje —informó doña Herminia, pasándose delicadamente un pañolito por el cuello sudado—. Poca cosa.

—Ustedes han sido los más fieles protectores de esta casa —dijo la priora y miró de hito en hito al silencioso don Fermín—. Y ahora el cielo ha querido recompensarlos con una hija clarisa —separó las manos que había mantenido en impasible posición de orante—. Pasen, por favor.

Y les señalaba la puerta por la que había llegado. Atravesaron, sucesivamente y en común fila de a dos, una especie de viejo refectorio convertido en trastero, un amplio claustro de ricas arcadas barrocas, un locutorio enrejado, un corredor en forma de túnel y parte de un patio interior con montera de cristales blanquiazulinos. Entraron por fin no completamente extenuados en una habitación con aspecto de sacristía, solemne y anchurosa, que hacía las veces de recibidor noble. Y allí se acomodaron y hablaron por largo de los deleites de la vida conventual y los sinsabores del siglo, amén de plantear otras cuestiones más perentorias relativas al período de aclimatación de la novicia y a los reclamos de la economía doméstica. Fita sólo hizo uso de la palabra para sugerir, con la debida humildad, que deseaba ser llamada en religión sor Perseverancia de la Misericordia Divina, nombre que ni aun contando con su abusiva longitud fue desestimado por la priora. A un brioso golpe de campanilla de ésta, apareció en el recibidor, como si hubiese salido de detrás de un armario justo al oír el aviso, una postulanta esmirriada y vergonzosa portando una bandeja tan espectacular como intempestiva, pues ni eran horas de ninguna colación ni el calor parecía aconsejarlo. Aparte del agua, la bandeja contenía yemas con ajonjolí, biscotelas de cidra y jalea de albérchigo, tres especialidades de la confitería casera que expendían otrora incansablemente pero cuya elaboración —debido a la grave escasez de ingredientes— había quedado reducida a la demanda del consumo interno. La monjita colocó la bandeja sin mayores tropiezos sobre una mesa tocinera y se retiró mansamente, la vista fija en la alfombra, deslizándose con suma delicadeza y sin hacer ningún aparente uso de los pies. Invitó entonces la priora a probar aquellas golosinas, pero sólo ella y doña Herminia eligieron una yema.

Y él, don Fermín, que había permanecido medio adormilado entre la cháchara y el bochorno ambiental, la vista perdida en dos cuadros de santos con trazas de magníficos que colgaban de la pared frontal, tuvo de pronto la iluminación de que el ingreso de su hija en las clarisas podía depararle de rechazo un neto beneficio: la puesta en marcha de un plan ya concretado meses antes y suspendido por falta de la apropiada ubicación del invento. La sagacidad mercantil del prócer tampoco había sido esta vez particularmente deslumbrante. Así como el monumento conmemorativo de la gesta local y otros patrióticos mecenazgos, iban a posibilitarle la inminente recuperación de las tierras ocupadas años atrás, el noviciado de la hija podía servirle de inmejorable oportunidad para montar en el convento un molino harinero clandestino. Se trataba, en todo caso, de una maquinación que lo atraía más por lo que tenía de reto a su poder que por lo que suponía de adicional incremento de su fortuna. A la priora no sería difícil convencerla y, en última instancia, la fijación de una dote de tentadora generosidad acabaría neutralizando cualquier atisbo de recelo. El convento era realmente un lugar tan idóneo para solapar lo que podía convertirse entonces en una mina de oro, que don Fermín se preguntó que por qué extraño fallo de la perspicacia no se le había ocurrido antes.

La escena de la despedida de la hija superó todos los trances lacrimógenos que se habían previsto. No ya por la emotividad propia del momento, sino porque Fita tuvo una reacción absolutamente fuera de programa, un repente de lo más insumiso que alteró a la madre hasta casi el sopitipando y puso, por momentos, como una adusta barrera de desconfianza entre los entusiasmos de la priora y las reservas de la novicia. Y el caso fue que cuando doña Herminia, haciendo acopio de una cortés entereza, salía ya al patio, corrió Fita detrás de ella, abrazándola y atosigándola con desusados aspavientos y diciéndole al oído que de ninguna manera iba a aguantar que le aplastasen el pecho con una faja de crin, que le pidiera a la priora que no se la pusiesen por nada del mundo. Doña Herminia procuró calmarla y otra vez se entró con ella al recibidor seguida de la priora, mientras don Fermín se quedaba en la puerta a la escucha o cavilando en lo suyo. Fita hablaba entre pujos de llanto sin que se entendiera muy bien si lo que quería era que la madre planteara el asunto o si deseaba hacerlo ella misma para saber a qué atenerse. Pero algo quedó suficientemente aclarado después de que la madre tomara la iniciativa y le expusiera la situación a la perpleja priora. Doña Herminia se conturbaba tratando de edulcorar con torpes eufemismos aquel atentado a la disciplina, juzgado como gravemente escandaloso por la priora, pero tampoco dejaba de comprender a su hija y de pensar que ya se merecía alguna dispensa en la regla. Bien mirado, la única manía mundana de Fita había consistido, desde que empezó a hacerse mujer, en cambiarse con vertiginosa frecuencia la manopla o guante de raso que escondía su mano palmeada y en elegir ella misma unas prendas interiores de tejidos especialmente suaves. No le importaba en absoluto ponerse luego encima una túnica de áspero sayal con tal de sentir sus bien formados senos y su mano deforme cubiertos con sedas. Aunque todo ello estuviese en flagrante contradicción con sus éxtasis y ascetismos, de ahí no había quien la sacara ni nadie pretendió tampoco hacerlo.

—Los nervios —dictaminó la priora con una hostil condescendencia de priora—. Cada una tiene que pasar al principio su calvario —levantaba un dedo admonitorio, como apuntando a aquellos culpables y nada incipientes pechos—. Nada es imposible con ayuda de la penitencia.

Y así quedó excepcionalmente ventilada la cuestión. Fita se quedaría en el convento una vez aceptada la irregularidad —sólo por tratarse de una Benijalea— de que no iban a encorsetarla ni fajarla con cilicios y que le permitirían usar sostén y bragas de tela fina. La priora daba por descontado que las nuevas prácticas piadosas en que habría de ejercitarse la novicia, acabarían bien pronto por hacerla olvidar toda clase de pompas y vanidades, abalorios y sederías. De modo que con esas razones y pactos, se dio por finalizada la audiencia y se efectuó una despedida que no rebasó ya los niveles de emoción propios del caso. Don Fermín miraba desde la puerta las nervaduras sin encalar de la bóveda cuando ya salían los demás del recibidor. Fita fue conducida por dos postulantas a las interioridades del convento y la priora se ofreció a guiar a doña Herminia y don Fermín por el laberinto que atravesaran al llegar. Durante el largo trayecto, se produjeron lances de distinta anomalía que, en ausencia de Fita, debieron pasar desapercibidos para sus padres. Por ejemplo: un pájaro agonizante de calor cayendo al patio por un cristal roto de la montera, la sucia babucha del capellán o algo que podía serlo arrastrándose por debajo de un arca, el ojo de una monja con un monóculo superpuesto espiando por detrás de una celosía, un gato inmóvil junto a una columna del claustro con otro gato más pequeño en la boca, una burbuja de merengue o hilacha de algodón de azúcar flotando a la deriva entre unos arrayanes, otra monja joven con la cara y las tocas igualmente almidonadas tendida como una momia al fondo del refectorio, un bullicio de sábanas tremolando en un patinillo donde no había ni pizca de viento. Y englobándolo todo, la general y lacerante sensación de un mundo sin relojes ni espejos ni barcos ni caballos.

El landó esperaba bajo la canija sombra de unos naranjos, pegado al muro frontal de la rotonda. Las dos yeguas del tiro aparecían inmóviles, rígidas, con la capa abrillantada por el sudor, como figuras de barro vidriado. No se oía más que un gorgoteo que parecía venir de debajo del terrizo, acaso una última veta de agua hirviendo en el subsuelo bajo la feroz candela del verano. El cochero estaba apoyado contra el muro, una pierna doblada hacia arriba, la mirada traspuesta, abanicándose con el calañés. Cuando vio aparecer a los señores se enderezó como un guardián a quien sorprenden dormitando y corrió a abrir la portezuela del landó. Subió doña Herminia con un empaque lento y matronal, fija la memoria en la última imagen de la hija dirigiéndose a los martirios y privaciones que la aguardaban en las trastiendas conventuales. Una vez acomodada en el asiento, se dejó caer don Fermín a su lado como un costal y encendió un puro al tiempo que el cochero arreaba a las yeguas y hacía restallar levemente el látigo.

El camino entre el convento y la casona no era largo, pero a aquella hora podía consistir en la vuelta al mundo. Atravesaron una ciudad desierta, una ciudad muda y exánime, como desfallecida por una sed lapidaria. Los tejados parecían bancales cubiertos de jaramagos y líquines resecos y un aire rojizo lamía los blancos paredones con la abrasadora agitación de una llama. El cochero ladeó ligeramente la cabeza por debajo de la capota y dijo:

—Perdone.

Don Fermín puso cara de no estar dispuesto a perdonar a quienquiera que fuese.

—Esta yegua tiene algo —añadió el cochero apuntando con el látigo a la que iba enganchada a la derecha—. Me ha estado mirando todo el tiempo como una loca.

Don Fermín tampoco contestó. Se cruzaron en aquel momento con dos hombres, tres mujeres, dos niños, que debían volver del campo con la preciada cosecha del día: algarrobas, cardos borriqueros, tagarninas, avenas locas, gramíneas de las cunetas. El cochero hizo entrar a las yeguas por una calle lateral bien empedrada y detuvo el carruaje un poco más largo, ya a la puerta de la casona. Se bajó de un salto y colocó el estribo plegable.

—Perdonen la pregunta —dijo otra vez mientras ayudaba a bajar a doña Herminia—. La señorita Fita ¿se queda con las monjas?

—De vacaciones —dijo don Fermín y se volvió para su mujer—. Voy a pasarme por la bodega. Y tú a ver si descansas un rato, vaya día.

Doña Herminia hizo un vago gesto de aquiescencia o de pesadumbre y entró en el zaguán. Don Fermín y el cochero volvieron a subir al landó.

—Me vas a llevar a la Encomienda —dijo don Fermín.

—Allá vamos —repuso el cochero, haciendo girar diestramente el carruaje por donde no parecía posible—. Sí, señor.

—El viernes emigramos al puerto —dijo don Fermín—. Te lo comunico.

—El viernes —repitió el cochero, que se había agachado para ajustarle la baticola a la yegua maniática—. Me lo suponía, aquí se derriten las piedras.

Y ya no hubo más conversación hasta que llegaron al arrabal de la Encomienda y el landó se detuvo en una esquina.

—No me esperes —dijo don Fermín mientras se apeaba.

—Sí, señor —respondió el cochero y saludó con el látigo como si fuera un sable.

Don Fermín anduvo unos pasos por un sombreado callejón, atravesó a la otra acera y entró en una casa pulcra y de una sola planta, con tiestos de flores y persianas de esparto en los cierros. Cuando parecía que iba a sacar una llave, se adelantó a abrirle la puerta una muchacha con el pelo teñido de caoba, de no más de veinte años, el negro de los ojos destacando sobre un blanco de porcelana, la piel cetrina y brillante. Tenía una hermosa cabeza de ninfa en situación de disponible y llevaba sobre el cuerpo desnudo la primera bata de nylon llegada probablemente a aquellas latitudes. Se abrazó a don Fermín, apretando su vientre contra el de él y echando el busto para atrás.

—Ya era hora —dijo con una voz cuya gravedad y melosidad eran exactamente las que correspondían a su contoneo.

—Aquí me tienes —dijo don Fermín, palmeando el erguido y turgente culo de la ninfa—. Siempre de cabeza.

Pasaron a una salita primorosamente adornada con macetas de cactus en verde y amarillo, cuadros de hilanderas y paisajes al bromóleo, figuritas de escayola, tapetes de crochet repartidos con una obcecada profusión por mesas, repisas, cómodas y espaldares y brazos de butacas. Don Fermín se quitó la chaqueta y ya iba a sentarse cuando entró en la salita lo que parecía ser una réplica exacta, quizá demasiado inconcebible, de la muchacha que abrió la puerta. Tenía sus mismos ojos, su mismo pelo, sus mismos andares, su misma piel e incluso su misma edad. También llevaba puesta, sobre el mismo cuerpo desnudo, la misma bata de nylon, sólo que ésta era celeste en lugar de rosa. Tal vez la única presunta diferencia física entre quienes no podían por menos de ser mellizas, consistía en que la recién llegada resultaba, en conjunto, ligeramente más reducida de tamaño que la que abrió la puerta. Tampoco tenían el mismo nombre: una se llamaba Micaela o quizá Mariana y la otra Consuelo, si bien eran más conocidas por el común apodo de las Culovatios, apodo que —amén de hacer justicia a la potencia glútea de las mellizas— se debía a que ambas habían oficiado, antes que de queridas al alimón de don Fermín Benijalea, de auxiliares de contable en la fábrica de la luz.

El saludo de la recién llegada reprodujo, congruentemente, la actitud y la voz del ya efectuado por la hermana. Don Fermín consideró oportuno hablar de cansancios y trabajos, enredos domésticos y calores enormes, y manifestó su perentorio deseo de dormir una siesta remuneradora. Eso, antes que nada. Ya debían ser como las seis y media y quería descansar hasta las ocho. De modo que Mariana y Consuelo, o Consuelo y Micaela, salieron a toda velocidad a prepararle la cama a su dueño y señor y a dejarle junto a la mesita de noche su media botella de solera metida en un cubo con pedazos de hielo. Lo avisaron cuando todo estuvo listo y don Fermín se fue a la alcoba de cama triple con una repentina apatía, pensando no sin aprensión que lo único que le apetecía entonces, entre todas las cosas apetecibles del mundo, era dormir.

Se despertó empapado en sudor antes de la hora convenida y no se oía nada en la casa, sólo una cañería remota, un lejano pregón de sillero, un rumor próximo de hojarasca o de pájaro enjaulado. Sacó don Fermín del cubo la media botella y la colocó chorreando sobre la mesa de noche. Se le oía respirar mientras buscaba a tientas el único trozo de hielo aún sin derretir y se lo restregaba por la frente, untándosela de una especie de serrín mojado. Llenó luego no una copa sino medio vaso, que se bebió irreverentemente como si fuera agua, el vaho fragante de la solera anulando cualquier mal sabor del sueño. Don Fermín se incorporó trabajosamente y entornó el postigo, apenas una rendija para que el todavía fogoso resplandor no quebrantara la apacible penumbra. Volvió a sentarse en la cama, no ya amodorrado sino sumido en una depresiva dejadez que algún inencontrable rastro del sueño debía de haberle provocado. Se le iba la cabeza entre un confuso despliegue de evocaciones fragmentarias, datos resueltos a medias tintas, tiempos agujereados, espacios inconexos: una amalgama de referencias domésticas, morales, financieras, físicas, que giraban como una peonza en la memoria sin sentido preciso y le producían una impensable sensación de vacuidad. Se sentía de repente —y no por primera vez— envejecido, achacoso, más caduco frente a toda envidiada lozanía, la carne adiposa en un grotesco simulacro junto a la carne tersa, sometido cada vez más al temible sopor de las impotencias periódicas, los fracasos del alcohol mal digerido, el veredicto infamante de las sábanas mojadas de un sudor inútil y hediondo. Pensó que necesitaba de inmediato otra dosis de solera y, mientras se la servía, recordó que había estado soñando con una versión deformada de la entrada de la hija en el convento, esa brumosa y desabrida representación del desequilibrio familiar adosada a la también brumosa y desabrida conducta de su otra hija Natalia. Bebió un trago en el momento justo en que entraban las mellizas a llamarlo.

—¿Estás despierto? —preguntó la que podía ser Micaela—. ¿Hemos hecho ruido?

—He dormido un rato —dijo don Fermín, el vaso en la mano temblona—. No sé si ha sido peor.

—Peor cómo va a ser —dijo la misma de antes al tiempo que se sentaba voluptuosamente en las rodillas de don Fermín—. ¿Quieres que nos metamos en la cama, corazón, se te apetece?

—Voy a bañarme —dijo don Fermín, sosteniendo en vilo a la muchacha y levantándose con falsa agilidad—. Luego.

Las ninfas se fueron sin más aviso a preparar el cuarto de baño. Hubo un febril ajetreo de grifos, albornoces, colonias, sales, cepillos, esponjas. Don Fermín aguardaba sin moverse, una mano en cada muslo, la mirada deslustrada y contrita. Cuando fueron a decirle que ya tenía todo a punto, se bebió el resto del vino y se dirigió al cuarto de baño como Jonás al vientre de la ballena.

Micaela o Mariana y la otra se dedicaron entretanto a sus prácticas más habituales, que ahora se dirá en qué consistían. Cierto que la vida de las mellizas estaba perfectamente planificada, de acuerdo con un orden muy rara vez alterado: hacían labores de ganchillo, iban los días miércoles y domingos al cine, adecentaban el hogar con fanática perseverancia, oían sin tregua ninguna la radio, coleccionaban cromos diversos y dormían una media de ochenta horas semanales. Pero todo ello no interfería para nada la ocupación favorita de las mellizas, como era la de ejercitarse de continuo en unas acrobacias de lo más meritorias que, en ocasiones, podían considerarse como auténticos números circenses. Sin maestros particulares ni escuelas especializadas, habían llegado a convertirse en unas consumadas titiriteras, arte para el que sin duda estaban magníficamente dotadas pero que don Fermín prefirió no estimular demasiado. Le agradaba en verdad verlas de pronto en posturas inverosímiles, desnudas o con mallas, retorcidas en nudos con aspecto de indesatables, andando juntas boca abajo o una encima de la otra y componiendo muy enrevesadas y vistosas figuras de contorsionistas. Don Fermín podía haber pensado —que no lo pensó— en el ritual de un atavismo intrauterino que impelía a las dos hermanas a machihembrarse, a fundirse en una sola, ensamblando las distintas partes visibles y no tan visibles de su anatomía como si hubiesen sido devueltas al mismo óvulo. Pero lo que sí había imaginado alguna vez era que en el nada probable caso de que una de las mellizas se quedara preñada, la otra también pasaría a estarlo en virtud de una especie de mimetismo —o de duplicidad— atribuido a ese espejo que parecía intercalado siempre entre las dos.

Aparte de todos esos interludios, don Fermín les había prohibido efectuar ninguna clase de demostraciones acrobáticas sin previo aviso, a raíz de una exhibición fuera de programa que empezó en broma pueril y terminó en tremendo susto. Se había quedado una noche don Fermín en la casa, pues tampoco estaba en condiciones de trasladarse a ninguna otra, cuando lo despertó ya de mañana, con la habitación a oscuras, un inusitado frotamiento en la solería, el ruido que podía hacer un cuerpo o cosa similar arrastrándose junto a la cama. Abrió don Fermín el ojo menos castigado por la solera y columbró lo que parecía ser una visión provocada por el exceso de solera: un engendro provisto de un número de piernas y brazos superior al normal, una sombra quimérica con aspecto de monstruo siamés o de dios salvaje o de Marquitos en persona. Don Fermín creyó que le había llegado la hora del delirio alcohólico y no hizo sino quedarse muy quieto y encogido en la cama, sin saber si todo aquello era producto de un duermevela culpable o de una intoxicación aguda y sin atreverse a saltar de la cama para comprobarlo. Pero ocurrió que aquella presunta alucinación emitía risitas y andaba como con tapujos queriendo abrir una contraventana. Don Fermín se irguió entonces de un respingo y descubrió a las mellizas desnudas y en franca regresión a su primitivo estado de mellizas. Una de ellas aparecía montada encima de la otra, espalda contra espalda, pero en sentido contrario, es decir, con los pies anudados al cuello de la hermana y la cabeza asomando entre los muslos de ésta, de forma que no se sabía muy bien a cuál de las dos correspondía cada extremidad o si no correspondía a ninguna o si incluso había extremidades de sobra. Don Fermín tardó en curarse más de lo previsto y, tras recordarle a las desoladas mellizas lo bien que se estaba en la puñetera calle, les prohibió terminantemente todo tipo de contorsiones y cabriolas que no hubiesen sido autorizadas primero por él.

Tan pronto como don Fermín salió del baño, algo más despejado y animoso, las ninfas volvieron a preguntarle entre arrumacos si tenía ganas de follarse a alguna de las dos, o a las dos juntas, o bien prefería simplemente jugar con ellas a la rebujiña, dulce apelativo con el que solían referirse a todo ejercicio erótico de cierta similitud con sus acrobacias. Pero don Fermín parecía inclinado a satisfacer previamente un más perentorio apetito. Y así lo hizo saber diciendo:

—Yo comería algo.

—Pide por esa boca —repuso quizá Consuelo, y se abrió casi inofensivamente la bata, como dando a elegir alguna de sus comestibles hermosuras.

Don Fermín la miró con una fugaz y golosa incertidumbre, pero en seguida volvió a posponer la invitación por el procedimiento de no responder. Aunque tampoco dejó de pasarle la mano por el vientre abajo a la incitadora, que se arqueó como una gata ronroneante, los ojos entrecerrados.

—Ayer vino la camioneta del campo —dijo ya inequívocamente la otra ninfa—. Hay de todo, ¿qué se te antoja? Una de las más obcecadas, instintivas, virulentas fijaciones mentales de las mellizas se centraba en asuntos alimenticios. En medio de las grandes hambrunas padecidas y de una escasez aplicable incluso a productos no aptos en general para ser cocinados, las ninfas disponían de una bien abastecida despensa, periódicamente renovada a cuenta y riesgo de don Fermín. Aunque a veces solían traspasar alguna vitualla a parientes y conocidos muy necesitados, lo normal era que almacenaran esas provisiones con una avaricia que tenía mucho que ver con el presagio de quedarse un día sin nada.

—Cualquier cosa, algo para picar —dijo don Fermín, envuelto como estaba en un fino y corto albornoz, las piernas impensadamente magras encima de un taburete—. Y tráete también media botella.

—Ahora mismo —dijo la que aún mantenía los pechos por fuera de la bata entreabierta.

—Una cosa que quería aclarar —interrumpió don Fermín—. Ayer os vieron con un pájaro.

—¿A nosotras? —exclamaron a dúo las mellizas—. Mira qué casualidad, no salimos desde el domingo.

—Eso me dijeron —insistió don Fermín con una relativa desgana.

—Qué gente más cabrona —dijo una—. Quien estuvo aquí ayer con la camioneta fue tu hijo.

Don Fermín se incorporó con una brusca irritación, parecía que le palpitaban las venitas de los pómulos. Dijo enfáticamente:

—¿Y qué coño se le ha perdido aquí a Lorenzo?

—Era por no sé qué de la guía —dijo tal vez Mariana o Micaela—. No te sulfures, guapito.

—Lo del fielato —aclaró la hermana con un mohín de gacela que ventea algo—. Para que supieran que era cosa tuya.

—Es la peor excusa del mundo —dijo don Fermín—. Ya me enteraré yo —volvió a recostarse con una crispada lentitud—. Y si aparece por aquí, me lo ponéis sin más en la calle y me mandáis aviso. ¿Está claro?

Las mellizas respondieron simultáneamente que nada podía estar más claro. Contribuyeron luego a calmar a don Fermín con unas sumisas carantoñas y se fueron a preparar la merienda. Don Fermín encendió su correspondiente puro y adoptó una de esas actitudes de no tener prisa en la que casi nadie lo había conseguido nunca sorprender. No se sabía empero si la fase de reposo le daba un aire aún más insolente o desabrido que la de actividad. Cuando aparecieron las ninfas venían desnudas y cimbreantes, una detrás de otra, con unos platos en las cabezas y unas biznagas asomando por debajo de los platos. Don Fermín las miró complacido. Recordó el festejo de inauguración de aquel furtivo albergue, con asistencia de Felipe Anafre y el mayor de los Verdura, cada uno con su pareja cazada a lazo en sus propias cortijadas o recogidas en algún prostíbulo de la Cañavera. También entonces se les ocurrió a las Culovatios servir la mesa de aquella guisa, en cueros vivos y portando las viandas a manera de canéforas, una placentera y espontánea forma de mostrar los muchos merecimientos que poseían y habían conducido a don Fermín a retirarlas para su exclusivo uso. Y don Fermín pensó ahora una vez más que, al margen de tantos manejos fraudulentos, quehaceres de distinta incomodidad, conflictos familiares y preocupaciones privadas, la vida era preferentemente maravillosa.

II

CONTRA TODOS LOS PRONÓSTICOS, Estefanía se aventuró aquella tarde fuera de las contadas habitaciones que se había reservado y de donde no salía desde hacía meses, y se dirigió con inestable y pausada altanería al gabinete de David. Abrió sin llamar y no vio a nadie. Permaneció un momento indecisa en medio de aquella especie de trastero donde el hermano había reunido parte de los instrumentos y libros de navegación del padre, ampliando incluso la ya nutrida colección con nuevas y valiosas adquisiciones. Se acercó luego a una mesa y ya iba a curiosear entre los legajos y portafolios que por allí había, cuando descubrió el grabado de la *Berenguela.* Sabía que David, una vez cerrada definitivamente la «Leiston y Cía.», había mandado trasladar a la casa del Promontorio algunos de los mejores muebles del despacho salvados de la destrucción, pero ignoraba que el grabado estuviese ahora precisamente allí, justo encima de aquel sofá de vaqueta predilecto del padre, como un lacerante dato más de una época en la que aún prevalecía cierta esperanzadora cohesión familiar. También descubrió entonces, colgado de la pared y en una posición más bien caprichosa con respecto al grabado y al sofá, un cuadro que no había visto nunca antes, aunque sí conocía de sobra uno de los documentos allí enmarcados. Se trataba de un estragado pergamino donde malamente podía leerse la misiva de un Lancaster a Arthur Millward —antepasado de la mujer del viejo Leiston— agradeciéndole su heroica participación en la guerra de las Dos Rosas y notificándole el privilegio de añadir una celada con cimera al blasón familiar. Estefanía ignoraba que aquella reliquia fechada en 1487, transmitida de padres a hijos con especialísima veneración, estuviese ahora tan irresponsablemente expuesta al deterioro o la rapiña en un vulgar marco. Pero lo que más le sorprendió fue que dentro de ese mismo marco aparecía también un basto trozo de cabritilla con una inscripción —pirografiada en presunta letra gótica— que decía sin más:

God save thee, ancient Mariner!
From the fiends, that plague thee thus!

Estefanía recordaba vagamente haber oído al padre repetir esa suerte de plegaria más de una vez, incluso en circunstancias en que no parecía ni mucho menos justificado, pero no sabía por qué extraños motivos se encontraba ahora allí, tan toscamente grabada y profanando en cierto modo el sagrado manuscrito del Lancaster. Desvió los ojos de aquella barroca moldura estofada, falsa sin duda, y de aquel fondo de damasco magenta que la retrotraía sin saber por qué a una infancia de prerrogativas y holguras elegantemente encubiertas; a una infancia recorrida de pasos amortiguados y voces susurrantes, como resuelta entre gasas y sahumerios y toses nocturnas y neblinas que interceptaban la maldad del mundo, mientras iba ella disputándole a ayas y sirvientes el cuidado de David, sabiendo ya que la muerte de la madre la convertía en la única posible e irreemplazable veladora del hermano. Oyó entonces un ruido de pasos en la galería y abrió a toda prisa y con dudoso equilibrio una vitrina, quizá para fingir que curioseaba y hacer menos anómala su presencia allí. Lo primero que vio fue el astrolabio que llevara un día el padre a la casona con la misma unción que los Argonautas el vellocino de oro, y que ella y David estuvieron admirando como si se tratase de un talismán que podía mantenerlos siempre tan juntos como lo estaban entonces. Era desde luego una pieza magnífica, una auténtica joya árabe con la esfera celeste primorosamente repujada, la manilla en forma de dardo y un zafiro incrustado en el eje central del disco. Estefanía cogió el astrolabio y lo apretó contra el pecho, hundiéndolo en aquella turgencia que sólo su hermano había hecho estremecer. Cerró los ojos y tuvo la sensación de caer en un boquete, el negro fondo de la visión poblado de formas concéntricas que estallaban en fulgores rojizos y azulados, un vértigo que le iba subiendo por el vientre arriba como le sube la leche a la parturienta. Se agarró a un resalte de la vitrina y volvió a dejar el astrolabio en su sitio. Anduvo luego hacia la puerta de la galería, tanteando en el aire como una enferma, no ya sólo por efecto de aquel momentáneo vahído sino porque calzaba una especie de coturnos absolutamente improcedentes, con unas suelas de madera que debían añadir casi diez centímetros a su ya considerable estatura.

Los pasos se alejaban ahora por la escalera y ella salió a la galería, asomándose esquivamente a uno de los ventanales. Vio a Sagrario y a Natalia atravesar el patio en dirección al vestíbulo. Por un momento creyó que Sagrario miraba hacia arriba, al parecer con una expresión de beneplácito referida sin duda al hecho de haberla descubierto allí, fuera de sus habitaciones. Estefanía permaneció impertérrita, un instante de inmovilidad por el que muy bien pudieron transcurrir treinta y dos años, los mismos que ella debía tener entonces. Sintió que otra vez envejecía mirando para atrás, sumando todas las frustraciones que sin interrupción había vivido a la última y ya irremediable. Pues desde que aquella advenediza consiguiera atrapar a David, ya todo empezó a parecerse sin posibles antídotos en una postrimería. La boda del hermano le ocasionó ciertamente tan serias perturbaciones físicas y psicológicas, que eso fue lo que acabó por decidirla a imitar al padre y a encerrarse en lo que sería durante meses una enfermiza e irreductible clausura. En un principio, incluso había tomado la determinación de volver a Portsmouth —donde todavía conservaban la casa familiar—, pero si al fin renunció no fue tanto porque la amedrentara aquel tardío regreso en solitario, sino por la inaguantable idea de separarse de David, aun sabiendo que éste ya había sido brutal y definitivamente arrancado de su protección. No le valieron entonces ni súplicas afectivas ni airadas exigencias de sensatez ni apelaciones genealógicas para evitar que David se presentara un día ante ella ya casado con Sagrario Gazul y, para más inri, según el rito de la iglesia católica. Por mucho que lo sospechase, jamás pensó que el hermano terminaría incurriendo en semejante infamia. Pero como tampoco pudo negarse, en buena ley, a aceptar bajo el mismo techo a la indeseable cuñada, lo primero que arbitró fue establecer una neta frontera divisoria entre lo que ella consideró zona incontaminada para su exclusivo disfrute y el resto de la casa. Apenas había mantenido desde entonces con Sagrario —ni con nadie— más que una relación esporádica y marginal, sólo recibiendo muy rara vez alguna visita como si de una inevitable y onerosa condescendencia se tratara. Y allí estaba ahora, al cabo de tanto tiempo, en el sector inmundo de la casona, calzada con aquellos coturnos que la hacían sentirse más dominadoramente ofensiva y aventurada al fin fuera de sus dependencias merced a una sobredosis de láudano.

Sagrario había visto en efecto a Estefanía cuando ella y Natalia se disponían a salir, pero no hizo entonces ningún comentario. Sólo cuando ya bajaban a pie por el camino del Promontorio, volvió la cabeza hacia la casona y dijo:

—Estefanía estaba en una ventana del patio, hace un siglo que no salía de su habitación.

Natalia se volvió también distraídamente, un fugaz atisbo de virilidad en la forma de encoger los hombros.

—A lo mejor es buena señal —dijo—. ¿Llevaba puestos los zancos?

—Allí estaba como una espía —murmuró Sagrario—, no sé qué estará inventándose ahora.

—Iría a tu cuarto con el tarrito del veneno —dijo Natalia cogiendo del brazo a su amiga.

—No digas eso —dijo Sagrario—. Está desquiciada, pobre mujer.

Se dominaba desde allí la entera extensión de la dársena, con el azul sucio del mar brillando a franjas desiguales, dos barcos fondeados más allá del espigón como en un bajorrelieve, envueltos en una luz diáfana y soñolienta. El camino serpenteaba en busca del andén del muelle de los Sirios, entre nopales empolvados, matas de hinojo, racimos de salvia enana. Una pareja volvía de los caladeros de Argónida, los motores tableteando en el aire benigno con una sonoridad que también había venido a transgredir, como tantas otras cosas, los viejos códigos portuarios. Sagrario se soltó del brazo de Natalia.

—Te habrá oído —dijo—. Parece que no se entera de nada y se entera de todo. Sigue pensando que soy una intrusa, la peor.

—No te preocupes —dijo Natalia—. ¿Estás contenta?

—Sí.

—Yo también.

Se miraron un momento con los ojos de cuando corrían de la mano por los bancales que bajaban hasta el canal. Pasó un burro con el serón rebosante de búcaros y lebrillos, una niña esbelta disfrazada de niña zarrapastrosa, el pelo descolorido por el sol; pasaron unas coquineras camino del varadero, unos estibadores de vuelta del muelle. Natalia y Sagrario se desviaron hacia la parte del caserío, por una calleja con unas viejas espingardas en las esquinas a manera de guardacantones. La calleja subía en una pendiente suave hasta una placita sombreada de acacias y una fuente de caños secos adosada a un paredón. Torcieron a la izquierda y se entraron en una casa que tenía la puerta entornada. Cuando sonaron sus pasos en el zaguán, les salió al encuentro mamá Paulina.

—Está ahí Ambrosio —susurró mientras las besaba—. No ha venido para nada bueno.

Siguieron hasta el recibidor, Natalia como haciendo esfuerzos para mostrarse desenvuelta y Sagrario acobardada por un sombrío sobresalto.

—¿Qué pasa? —preguntó ésta.

Ambrosio dejó sobre la mesa el periódico que no estaba leyendo y miró a las recién llegadas con una inquisitiva vacilación.

—¿Me voy? —preguntó Natalia.

Mamá Paulina la retuvo con un gesto mientras Ambrosio se acercaba a la hermana diciéndole:

—Pensaba ir a verte al Promontorio.

—¿Qué pasa? —repitió medrosamente Sagrario.

—He tenido noticias de tu padre —dijo Ambrosio—. No son buenas.

—Y del tuyo —dijo mamá Paulina.

—Y del mío —asintió Ambrosio sin ninguna presumible insolencia—. No es nada seguro, un sujeto que está preso en el penal se lo dijo a Verdura.

—Lo sabía —mintió Sagrario en un susurro.

—Una suposición —dijo Ambrosio—. Parece que iba en un barco que hundieron.

Sagrario se arrimó a mamá Paulina como si necesitara apoyarse en alguna estable misericordia. Mamá Paulina le cogió una mano entre las suyas.

—¿Seguro? —preguntó Natalia.

—No hay nada seguro —reiteró Ambrosio—. También puede estar por ahí a salvo, quién sabe —encendió un cigarro como para excusarse de mirar a la hermana—. La verdad es que ahora no se iba a atrever a volver y yo tampoco podría hacer nada para que no lo cogiesen.

—Tú no harías nada aunque pudieras —dijo Sagrario con los ojos de la arrepentida de decirlo.

Parecía que si tardaban un segundo en seguir hablando se oiría el primer sollozo, la segunda injuria. Pero sólo se escuchó una afónica sirena en dos tiempos por las cercanías de Cerromillán, el taciturno rumor de fondo de todas las evocaciones portuarias.

—¿Y David? —preguntó mamá Paulina cambiando de sitio como para cambiar también la posición de la discordia.

Sagrario tardó en contestar lo que tardó en disiparse del todo el doble y lúgubre mugido de la sirena. Dijo con una voz ronca e impersonal:

—Ha ido a ver esa viña.

—Ya sé que está pisando fuerte en el asunto del vino —dijo Ambrosio—. El mejor momento.

—Eso —dijo sucintamente Natalia.

Nadie añadió nada mientras Sagrario se iba muy despacio para la que había sido su alcoba. Abrió la puerta y se quedó un instante pensativa antes de entrar, cosa que hizo al fin como si se tratara de un esfuerzo por habituarse a la injusticia. Se sentó en un sillón y allí se estuvo quieta y ensimismada, la pestilencia de los geráneos o de algún desperdicio vegetal entrando por la ventana que daba al patinillo. Era el mismo efluvio a valvas de ostiones amontonadas bajo el sol, el mismo brillo mate de los muebles negreando contra las paredes encaladas, el mismo escarceo de pájaros reunidos en algún recodo de la tarde, la misma sensación de infortunio que cuando vio al padre por última vez. Recordaba la ciaboga de aquel carguero que no era el que mandaba Valerio Gazul, aproando después hacia el sureste mientras ella y mamá Paulina agitaban en la azotea unos pañuelos que ya no servirían para despedir a ningún combatiente. Miró para la cama y era como si hubiese sentido allí mismo y de pronto el estertor agónico del padre y en seguida esa tremenda constancia de parado que tiene un corazón parado. Pensó en el viejo Leiston llamando a su amigo Valerio Gazul, buscándolo otra vez no como solía sino por algún distrito de las tumbas submarinas, ya desligados para siempre de aquel puerto al que tanto dieran y que sólo les había devuelto a cambio la cantidad de mar necesaria para hundirlos. Veía al padre arrastrado a flor de agua, comido de peces y gaviotas, podrido como un despojo, hinchado y deshaciéndose como ese mismo despojo, en tanto que las cenizas del viejo Leiston eran conducidas hasta el lugar donde su también ahogado amigo se iba convirtiendo en plancton más lentamente. Sintió ella entonces el horror retrospectivo que produce el hecho de haber ignorado algo horroroso: la primordial certeza de que a ninguno de los dos le había echado nadie sobre el ataúd, aunque fuese con una premura sacrílega y rectangular, una paletada de aquella asquerosa tierra. Y empezó a llorar mansamente, no por su padre ni por el padre de David ni por ninguno de los asesinados en Punta Bolina, sino por todos ellos juntos a la vez. Un anónimo balance de víctimas ahora rememorado por ella con ese placer oscuro y angustioso que suministran a veces ciertos dolores, ciertas desgracias, ciertos martirios. Apenas oyó entrar a Ambrosio y mamá Paulina, ésta trayéndole el alivio dadivoso que trasminaba hasta del ámbar de su piel y el hermano con una ternura almacenada durante años para aquel momento y que tan arduamente conseguía manifestar. Mamá Paulina puso su mano en el pelo de Sagrario y se lo acariciaba en silencio como la primera vez que habló con ella en el muelle.

—Sagrario —dijo Ambrosio.

Sagrario levantó la cabeza y veía borrosa la figura del hermano, una cara avejentada y macilenta, como si él también estuviese sometido a la implacable y remota putrefacción del mar o, lo que acaso fuese lo mismo, a su única consoladora purificación.

—Tengo que irme —dijo Ambrosio—. A mí me duele tanto como a ti lo que pueda haber ocurrido, eso es lo que quiero que sepas.

—Lo sé —dijo Sagrario, intuyendo que se repetía una escena de la época en que Ambrosio se opuso a que mamá Paulina se fuese a vivir con ellos—. Aunque no lo parezca.

—Si me entero de algo iré en seguida a decírtelo —agregó él y se inclinó a besar a la hermana casi sin atreverse—. Adiós.

Cuando mamá Paulina y Sagrario volvieron al recibidor, ya se había marchado Ambrosio. Natalia permanecía sentada junto a la mesa, ojeando también sin verlo el periódico que seguía estando allí como la inútil y arrugada prueba de un tedio común. Dijo desinteresadamente:

—Se va a ir de *Los Gallardetes*, Ambrosio.

—Ya me había enterado —dijo mamá Paulina—. Algo le pasa, no es el mismo —se mojó los labios resecos—. Nieves me ha contado que se ven a menudo, que esta vez va en serio. No sé, otra complicación.

—¿Te han traído eso? —preguntó Natalia, las manos juntas ahondando la falda entre las piernas.

Mamá Paulina miró al patinillo, por donde asomaba el verde pulimentado de las hojas del filodendro y las escuetas ramas de un arbusto.

—Se me ha secado el cerezo —dijo—. O no le tocaba brotar este año.

—¿Te lo han traído? —volvió a preguntar Natalia.

—Sí —dijo mamá Paulina—. Mejor hablamos mañana, hoy es un mal día.

—Por eso mismo —dijo Natalia.

Mamá Paulina entornó los ojos para observar a Sagrario y ésta asintió con un gesto que lo mismo podía ser de resignación que de avidez. Empezó a oírse el herrumbroso jadeo de la draga por alguna parte, probablemente por la boca del río, la cadena de cangilones excavando a estrepitosas sacudidas en los sedimentos de fango acumulados por los arrastres fluviales. Allí estaría convirtiendo en escombros el reino de Mojarrita: una jarra tartésica, un casco corintio, una crátera fenicia, la urna cineraria del viejo Leiston, una lucerna romana, un mascarón árabe. Todo ese superpuesto almacén —legendario o no— sólo inventariado por quien ya había dimitido de su oficio de buzo, envuelto quizás en lo que parecía ser la repugnante y general tolvanera de un mundo alimentado de carroña.

—Está bien —dijo mamá Paulina—. Yo hoy no quiero, tengo que salir.

Y se volvió con una severa lentitud para abrir un cajón del entredós. Puso luego sobre la mesa una caja que había contenido alfajores y de la que extrajo algo así como unos papelillos de botica. Los contó y eran seis, reservándose dos antes de darle los otros cuatro a Natalia. Natalia los barajó con mano indecisa y los extendió sobre el tapete igual que unos naipes. Echó hacia atrás su hermosa cabeza de efebo que nunca podría dejar de ser joven y fijó la vista en una maqueta de velero aprisionada en una botella.

Se le veían subir y bajar los diminutos y sueltos pechos por debajo de la blusa. Sagrario permanecía en silencio y sacó del bolso un tubito de papel de estaño mientras mamá Paulina se servía una copa del vino que ya no quería beber, pero que bebió con una calma ficticia. Resonó en la calle el golpear de un palo contra los barrotes de un cierro.

—Me está esperando Nieves —dijo mamá Paulina sin denotar ninguna premura—. Ahora vengo.

—No tardes —dijo Sagrario—. Y no te preocupes, lo que cuenta Ambrosio será otra mentira.

Mamá Paulina esbozó a medias una sonrisa y se anudó con una graciosa soltura las puntas de su trenza, el rubio ya ceniciento brillando todavía con una confortable intensidad. Se puso después sobre los hombros una rebeca de color marengo y salió del recibidor.

—Toma —dijo entonces Sagrario, entregándole a Natalia el tubito de papel de estaño.

—Me encanta lo prevenida que eres —dijo Natalia—. No sé qué iba a hacer yo sin ti.

Y la miraba con una franqueza voluptuosa y emocionante.

—Depende —dijo Sagrario casi sin voz.

La ceremonia se inició en el acto. Se abrió un paquetito, se volcó su contenido sobre una cartulina marrón, se agrupó cuidadosamente el polvillo brillante en una estrecha fila, se introdujo Natalia un extremo del corto tubito por un orificio de la nariz y se agachó para ir recorriendo con el otro extremo la línea del polvo blanco, inhalándolo en un rápido y hábil movimiento. Quedaron unas motitas en la cartulina y Natalia se mojó el dedo índice en la boca para recogerlas y depositarlas en las encías. Sagrario repitió a renglón seguido la operación, aunque no con tanta avidez, y ambas se quedaron un momento como abstraídas, implorantes, reconcentradas, observándose quizá mutuamente al tiempo que alguien que ya no era mamá Paulina, que ya no podía ser sino un imaginario delator o un sucio cómplice del fanatismo, las observaba a ellas.

Después de haber estado discurriendo con creciente vehemencia sobre algunos infectos entresijos portuarios y ciudadanos, propuso Natalia que trasladasen la reunión a la azotea. Así que se fueron para arriba como si subiesen al tercer cielo del paraíso, la escalera trepando hasta una altura inconmensurable pero al mismo tiempo reducida a un tamaño no superior al de la propia estatura de ellas. Un tramo de la baranda parecía escapar de la mano sin poder hacerlo, como el perseguido en la modorra de la fiebre.

—Si te preguntan que por qué estamos aquí —dijo Natalia—, invéntate una buena excusa —frunció los ojos con esa equívoca sensualidad que tiembla en los párpados de las miopes—. Puedes decir que me asfixio bajo techo.

—Tampoco —musitó Sagrario—. A lo mejor no estaba en ese barco, a lo mejor aparece un día de éstos disfrazado de fogonero.

En la azotea había una luz ya declinante y era de pronto una luz nítida y tentacular, una luz que aproximaba los objetos más remotos y los sumergía en un acuario capaz de colorear las más súbitas e impensables astucias comparativas: un mástil oscilando en el agua como un puño ensangrentado, un ventanuco por el que salía a borbotones toda la risa del mundo, la ropa al viento despeñándose por un acantilado, la libélula con ojeras de tísica, una flor en forma de lengua adherida a la carne, el pájaro playero que clava en los espinos los ojos de los ahogados. Y luego estaban los ruidos, las músicas atronadoras o valetudinarias que salían de todos los agujeros imaginables, preferentemente asociadas a una alegría pasajera pero de cuya magnífica intensidad ellas se sabían únicas depositarias. Tenían la clarividente sospecha de poseer la clave de un enigma carnal, el dominio de los vértigos sensoriales, la palabra que significa todas las palabras. Y de pronto, lo que llegaba hasta allí no era sino un griterío de aves necrófagas, una algarabía gregaria y militar, un maremágnum en el que empezaban a intercalarse otras placenteras o dañinas anomalías sonoras. Por ejemplo, el armonioso ronquido de un chigre jalando de una maroma que remolcaba al puerto entero hasta alta mar, el quinto viento de la noche imitando el silbo de la langosta cocida viva, una voz restallando igual que un látigo en la espalda del que nunca fue llamado por su nombre, un chapoteo con la consistencia de una deglución sexual, la madera de la barca de Jaquemate gimiendo fantasmalmente por el rompeolas, el eco de alguien que cantaba como lamiéndose sus heridas, animal de majestuoso sufrimiento.

No hubo tiempo para más porque tampoco parecía que hubiese ningún tiempo para nada. Podía ser entonces la hora de la bajamar y un niño habría nacido en aquel preciso momento con la marca de la desdicha en el cielo de la boca. Sonó una campana y era otra vez una campana infantil y mortecina. Por algún sitio pasó el pájaro nocturno con rumbo a la cloaca que vaciaba mar adentro. Un beso en los ojos, el suelo en declive de la azotea, un dedo separando los labios, la puerta asomada al vacío, una mano detenida en la cadera. Y ya volvían Natalia y Sagrario al recibidor, palpando por los huecos más transitables de la oscuridad y sabiendo nuevamente, sin necesidad de decirlo, que la verdad procrea siempre otras verdades igualmente contradictorias.

III

DESCUBRIÓ AL VELERO asomando por detrás del espigón de poniente y enseguida supuso que algo iba mal. Subió entonces a toda prisa al minarete para poder confirmar sus sospechas con ayuda del catalejo. Un orificio desplazándose por la bruma que empezaba a remitir, horadándola en busca de una más explícita visión circular del horizonte. Se trataba de una bricbarca, aunque no podía distinguirse del todo el palo de la cangreja, y venía —según todos los síntomas— o con más carga de la aconsejable o embarcando agua. La línea de flotación se hundía hasta un nivel de lo más temerario y apenas alcanzaba a verse una borda negra toda surcada de hendeduras y desgastes. Parecía realmente un murciélago vomitado por la marea, según predijo Estefanía cuando ya su dictamen no iba a servir para detener ningún infortunio. No se veía a nadie en cubierta y ese aparente y anómalo abandono se hizo más lóbrego o más inexplicable una vez localizada aquella única vela a medio envergar, una gavia colgando a jirones, un harapo flotando bajo las intermitentes rachas del levante. Pero lo que más alarmó a David fue la manifiesta incertidumbre en el rumbo de la bricbarca, con la proa como queriendo enfilar la bocana del puerto y orzando peligrosamente a estribor del canal. Se acordó de aquella ya lejana noche en la azotea de mamá Paulina, cuando presenciaron la fantasmal maniobra del carguero sin tripulación que pretendían hacer zozobrar a la entrada de la dársena.

David apartó la vista del catalejo y se quedó un momento pensativo, alisándose el bigote con un gesto manual copiado del padre. Tal vez pensó que no era ni medianamente sensato seguir vigilando desde allí el comportamiento de aquella embarcación con trazas de haber escapado de un temporal ocurrido hacía un siglo. Ni siquiera había logrado descubrir ninguna bandera o presunta señal de identificación, aunque lo atribuyó en parte a la bruma que menguaba la visibilidad y en parte al vaho malva que parecía evacuar el velero por todos sus escotillones, grietas y ojos de buey. Y ya se disponía a avisar a la ayudantía cuando fue el propio ayudante quien lo llamó a él, rogándole que acudiera al puerto lo más pronto que le fuera posible. Bajó entonces con torpes premuras a su gabinete y, antes de llegar, creyó oír a Estefanía gritándole algo así como que esperara. Le llegaba la voz desde algún remoto itinerario de la casona, onda de fraternal imperativo abriéndose paso por la cerrazón malsana de la galería, como arropada por una espesura de cortinajes y reposteros, de alfombras polvorientas y maderas acolchadas. Cuando bajó vio a la hermana esperándolo al pie de la escalera, con pálidas señas de temor y el ademán de dirigirse a un subordinado mientras él recogía un chubasquero.

—No vayas, David —le ordenó más que le rogó—. Sé que te han llamado pero tú no tienes por qué ir.

—Pues es lo que voy a hacer —replicó David con su ya asumida prestancia de perito honorario—. ¿Cómo se te ocurre pedirme semejante cosa?

—No me gusta para nada el aspecto de ese barco —dijo Estefanía—. Lo he visto desde mi habitación y ya había soñado antes con él.

—A mí tampoco me gusta —dijo David, la manga sin colocar del chubasquero dándole un noble empaque de comodoro manco.

—Parece fletado por un Judas —dijo ella igual que si se tratase de una lastimosa confidencia—, seguro que trae un cargamento de cadáveres.

—No suele ocurrir —dijo él—. Me han avisado y debo acercarme a ver qué pasa, así de sencillo.

Estefanía se aproximó más a su hermano, solícita y demudada como una madre, la mano temblorosa en el hombro del desobediente. Dijo con una atribulada paciencia:

—Ya lo he oído. Te quieren obligar a hacer lo que en absoluto estás obligado a hacer.

—¿Y Sagrario? —preguntó David yéndose hacia la puerta del vestíbulo.

—Para eso te nombraron comodoro o no sé qué —dijo Estefanía—, para acabar contigo como acabaron con tu padre.

—¿Has visto a Sagrario? —insistió él.

—¿Es que no te das cuenta? —dijo obstinadamente Estefanía y volvió la cabeza para no mirar a ningún sitio—. Estará en el muelle, por alguna pocilga de ésas.

David optó por despedirse sin más preámbulos, poniéndose la gorra y saliendo al jardín. Montó en la limusina a la par que saludaba con la mano a la estática hermana, y tomó sin demasiada pericia la curva del sendero que llevaba a la cancela. La niebla no acababa de disiparse y una humedad con flecos de llovizna ceñía al puerto como una funda pegajosa. Cuando llegó al muelle de los Sirios, la bricbarca hacía esfuerzos para arrimarse a las defensas, un motor fatigado resoplando a espasmódicas embestidas, el desgarrado trapo flameando inútilmente con el viento de través. David llevó el auto hasta un esquina del pósito y vio entonces al ayudante que se acercaba corriendo, a indecisas zancadas.

—¿Qué me dice usted de esta visita? —preguntó el ayudante metiendo la cabeza dentro de la limusina hasta donde no podía ser más improcedente.

—Lo vi desde casa —dijo David mientras conseguía abrir la portezuela y bajarse—. Tiene mal aspecto.

—No entiendo nada —dijo el ayudante—. Se ha metido aquí por las buenas, ¿usted cree que eso es posible? Ya he dado aviso al práctico y a la jefatura.

—Me temo que va a haber dificultades —dijo David al tiempo que se dirigían a la zona de atraque—. Parece que no hay nadie a bordo que sepa manejar ese trasto.

—Es griego —dijo el ayudante—. Pero por lo poco que se sacó en claro, vienen de no sé dónde y necesitan repostar.

—Necesitan muchas más cosas —dijo David—. Creo que no les funciona bien el timón y han debido perder todo el trapo.

Se detuvieron en la esquina del malecón. El cielo se había puesto cárdeno y les teñía las caras de una palidez que parecía acentuar el recelo.

—Les advertí que esperaran a la entrada del canal —dijo el ayudante—, que ya iríamos a buscarlos.

—Nada más prudente —dijo David mientras encendía la pipa y observaba a través del humo el desconcertante atraque del velero.

—Qué raro —dijo el ayudante—. O no han debido comprender nada o están locos, una de dos. Estoy deseando que venga don Miguel.

—Cualquier momento es malo —dijo dubitativamente David—. Supongo que lo que han hecho es pelear con un temporal, pero no sé de qué clase.

Y en eso chocó la bricbarca contra las defensas y saltó una lasca pútrida por la parte de la amura. El ayudante se volvió dando tumbos para apartar a los que iban acudiendo al reclamo de aquella desatentada novedad. David se adelantó entonces unos pasos y se quedó como más indebidamente solo frente a lo que tenía todas las posibilidades de ser una rigurosa representación del desafuero. No se oía más que el bullicio del agua quebrantándose contra el malecón y el intermitente estruendo de la cadena de un ancla. Asomó al fin por la borda la cabeza de un hombre, justo encima de donde se había producido el encontronazo. Llevaba una especie de bonete de punto encajado hasta las cejas y parecía constatar con un manifiesto regocijo el daño causado en el casco.

David recorrió con los ojos la bricbarca, de proa a popa, y descubrió un nombre pintado con grosera brocha a continuación del escobén del ancla: AMEPIKH. No supo en principio si alguna letra había sido fragmentariamente borrada, cosa nada improbable a la vista de todo aquel emborronamiento general, o bien estaba simplemente mal escrita, hasta que recordó la presunta matrícula griega del barco y pensó que aquel bautismo de *América* no se correspondía para nada ni con su aspecto ni con su conducta. Dos amarras fueron largadas de improviso y unos estibadores que por allí había, más por curiosidad que por otra cosa, procedieron a encapillarlas con hábiles manejos en los norays. Y a poco empezaron a arriar una angosta escala desde el portalón.

Él seguía quieto y erguido en el mal adoquinado andén de la zona de atraque. Miró un momento a sus espaldas y vio al ayudante y a un reducido grupo de gentes que lo miraban a su vez, mudas y avizoras, desde el cobertizo del pósito o apostadas en el lateral de un almacén. Parecían testigos expresamente situados en aquel recodo del muelle para comprobar que él, el único posible comodoro con rango de lo mismo, cumplía con su honorífica misión de subir a aquel enigmático velero y emitir un informe fidedigno sobre sus peculiaridades y anomalías. El comodoro dudaba, si bien no sentía más temor que el procedente de su propia y voluntaria responsabilidad. Nadie parecía dispuesto a acompañarlo en aquel trance, ocurría como en otro de sus últimos sueños recurrentes, de modo que se dirigió sin más al velero, la pipa apagada en la boca, las manos cogidas por la espalda, una imagen fugaz y testaruda del viejo Leiston paseando su elegante pesadumbre frente al grabado de la *Berenguela*. Al poner el pie en la tambaleante rampa, David volvió otra vez la cabeza y descubrió a Sagrario y a Jenaro Lacavallería y a dos carabineros, juntos sin motivo aparente, guarecidos de la tenue llovizna bajo la marquesina del pósito, ella como animándolo con su sola cercanía a que terminara de una vez con aquellas enojosas diligencias. Y él saludó con la mano igual que el viajero que ignora cuándo volverá, y subió despacio hacia el portalón.

Una vez a bordo, miró David a uno y otro lado sin encontrar a nadie en el poco espacio visible. Un olor repulsivo y de indefinible procedencia, con algo de sentina atascada y de pescados en descomposición, le saltó a la cara como un enjambre de moscas de muladar. La cubierta estaba vacía y las maderas ostentaban tal costra de mugre que sólo una extremada vejez o un programado abandono podían haberla perpetrado. Incluso parecía improbable que se hubiese verificado allí nunca algo parecido a un baldeo. David se desvió titubeando hacia el castillo y descubrió a un muchacho de tez cobriza aclarando unas maromas. Lo saludó desde lejos, intentando hacerse notar por medio de unas nerviosas sacudidas de la gorra, pero el marinero no se dio por aludido. Se acercó entonces a la otra banda y casi tropieza con un jayán en camiseta y tocado de un harapiento turbante que emitió palabras ininteligibles pero con apariencias de esforzada amabilidad. David probó de hablarle en inglés sin que el jayán diese muestras de entender en absoluto, rascándose indistintamente en la nuca y en la entrepierna, pero instándolo con un gesto a que esperara. Apareció entonces por el fondo de la cubierta, mensajero de alguna oculta demarcación náutica, un hombre que intentaba colocarse una especie de guerrera de un sucio azul a medida que se acercaba.

—Le ruego que me disculpe, señor —dijo en un pésimo inglés con dejes árabes—. Hemos tenido muchas complicaciones a bordo y todo anda mal por aquí. ¿Me estaba esperando?

—Soy el comodoro David Leiston —dijo el comodoro—. Pienso que quizá necesiten ayuda.

—Permítame que me presente —dijo el recién llegado—.

Mi nombre es Nikos Kaniathe y este de aquí —señaló al jayán— es Alramadi Magesto, mi segundo.

—¿Es usted el capitán? —preguntó David dándose cuenta en seguida que podía haber elegido una pregunta menos obvia.

Sonó como un borbotón de líquidos espesos por las interioridades del barco y los dos casi andrajosos tripulantes se miraron entre sí con cierta expresiva complicidad.

—Como si lo fuera —dijo el que decía llamarse Nikos Kaniathe—. Vea usted que me ha llegado el ascenso en alta mar.

—Es un placer —dijo David—. Cuente con los servicios del puerto para todo lo que le haga falta.

—No tan pronto —dijo Nikos Kaniathe, señalando a uno y otro lado del velero igual que el cicerone los vestigios de un panteón—. Tenemos problemas con la hélice y sólo nos queda una vela, esa gavia medio podrida.

David miró para la gavia, que presentaba efectivamente un aspecto deplorable, pero no demasiado llamativo si se atendía al conjunto de los demás desperfectos.

—Parece que han escapado ustedes de un temporal —dijo sin estar muy seguro de la oportunidad de la observación.

—Me gusta este puerto —dijo Nikos Kaniathe abarcándolo con un gesto plebiscitario—. Lástima que no pueda quedarme.

—No guerra —dijo por primera vez el llamado Alramadi Magesto o eso pareció que había dicho.

Hubo un griterío de gaviotas revolando en busca de desperdicios por el costado que daba a la dársena. David miró para la otra parte, extrañado tal vez de que aún no hubiese aparecido el cabo de carabineros o sólo para corroborar que todo aquello era lo más parecido que había a una ruina flotante. Dijo precavidamente:

—¿Ha pensado usted que lo primero que necesita este barco es que lo metan en un dique?

—Se lo está mereciendo —dijo Nikos Kaniathe—, pero por ahora nada de diques.

—¿Dígame? —preguntó David suponiendo que había oído mal.

—Nada de diques —repitió Nikos Kaniathe—. Todavía tiene que navegar más de una semana, le va a tocar aguantarse.

—No parece un cálculo muy prudente —sugirió David—. Hay mucho que reparar, permítame que insista.

—No lo haga, señor —dijo sonriendo Nikos Kaniathe—. Tengo mis planes.

Hubo un silencio por el que bullían esos planes en un raudo e inconcebible remolino.

—Dudo que lo autoricen a zarpar en estas condiciones —dijo David con una creciente desazón—. Sería como mandarlo a que se suicide.

—Es posible —admitió Nikos Kaniathe—. Yo soy aquel que se suicidó por gusto —sacó una especie de estropajo del bolsillo de la guerrera—. Envíeme usted un maquinista y del resto me encargo yo.

—Lo consultaré —dijo David—. Ahora subirán para el control, ya tenían que haber subido.

—Mañana —dijo Nikos Kaniathe.

—¿Cómo mañana? —inquirió David, sorprendido por una decisión tan incorrecta como contraria a derecho.

—Yo aviso, señor —puntualizó Nikos Kaniathe—. Tengo que poner un poco de orden.

David no supo qué más podía añadir, por lo que ensayó un juicioso ademán de despedida, la mano en la visera de la gorra y la cabeza ligeramente ladeada en dirección al portalón.

—¿Es usted cónsul o algo así? —preguntó Nikos Kaniathe.

—No —repuso el comodoro—, soy el comodoro.

—Bien —dijo Nikos Kaniathe con cara de no entender a qué oficio se refería—. Venga conmigo, por favor, quiero mostrarle algo.

David pensó que lo que aquel atrabiliario personaje iba a enseñarle era el metódico e inmediato hundimiento de la bricbarca en la misma cortina del muelle. Estuvo tentado de soslayar con alguna excusa aquella poco halagüeña invitación, pero juzgó que no era la actitud aconsejable en ocasión tan desacostumbrada ni que tampoco debía dejar de recoger el mayor número posible de datos —o de incongruencias— para el informe. De manera que se fue detrás de Nikos Kaniathe, comprobando que era seguido a su vez por el jayán Alramadi Magesto. Sintió de pronto el estilete de la mirada de Estefanía atravesando la cochambre de los mamparos, el dedo acusador de la hermana dirigido hacia la sucia nuca del griego o de lo que fuese.

Bajaron a una bodega en la que no había más que maderas de embalaje esparcidas por todos lados, y siguieron hasta una agobiante camareta donde parecía condensarse el hedor que impregnaba todo el barco o que emanaba directamente de su propia calidad de podrido. A una orden dada por Nikos Kaniathe en algún dialecto desconocido, el jayán abrió el escotillón de la sentina, por el que David fue invitado a descender. Mas como éste tardara en decidirse, fue requerido de nuevo y con manifiesta cortesía a bajar, cosa que finalmente hizo agarrándose a un pasamano pringoso. La oscuridad era completa y una humedad nauseabunda subía a bocanadas de lo hondo de aquella inquietante cavidad. El jayán se adelantó y prendió a tientas una lámpara de petróleo, que dejó colgada de un gancho que asomaba por la cuaderna.

—Vea dónde pisa, señor —dijo Nikos Kaniathe—. No funciona bien la bomba de drenaje.

David miraba el tupido balanceo de las sombras sin acertar a explicarse qué hacía allí ni en qué condenada trampa lo habían metido. Sentía delante de él como un péndulo marcando la negrura de un tiempo inmóvil, acotando la zona del presentimiento de Estefanía. Era como si se hubiese extraviado por un laberinto, los pies chapoteando en un agua grasienta que parecía subir de nivel. Logró musitar:

—¿Qué es lo que quería enseñarme?

—Ahí lo tiene —dijo Nikos Kaniathe señalando adonde aún no se veía nada—. ¿Valía la pena o no?

El gris resplandor de la lámpara fue haciendo más reconocibles los contornos de la sentina. Una masa informe, de charol viscoso, se removía casi imperceptiblemente, como a cámara lenta, por detrás de una empalizada hecha de masteleros y tablones entrecruzados y trincados con cables. David estaba a punto de desvanecerse, un temblor estrellado por dentro de la visión. Se acordó vagamente, en una arbitraria asociación escénica, de la vieja historia que le había oído contar al padre sobre un barco negrero encallado en las cercanías de Portsmouth.

—Dimos con él al sur de Creta —oyó que decía Nikos Kaniathe—. No me negará que se trata de una captura con dos cojones.

—¿Qué es eso? —balbuceó David, la fiebre empezando a golpearle en los pulsos.

—Ya lo ve —aclaró en vano Nikos Kaniathe—. La tripulación se amotinó porque no quería viajar con semejante invitado a bordo. Figúrese.

Un denso gorgoteo, como de enormes desagües subacuáticos, surgía ahora de la negra informidad de la masa. Antes que una señal de vida, parecía el estertor de un titán moribundo. David se apoyó en un mamparo chorreante y tapizado de algo con consistencia de musgo. No sabía bien si recordaba o distinguía realmente aquel vaho malva que había visto exhalar al velero desde el minarete.

—El capitán era un bastardo que cometió el gran error de su vida —prosiguió Nikos Kaniathe, dando a entender así su condición de usurpador—. A ningún cretense se le habría ocurrido nunca pactar con esos amotinados hijos de mala madre.

—Me siento enfermo —susurró David.

—Tuvimos que desembarcarlos en Trípoli —añadió el falso capitán—. O sea, que los dejamos cerca de allí. ¿Comprende ahora nuestra situación?

—No me encuentro bien —insistió David al tiempo que daba unos pasos hacia atrás—. Voy a salir a cubierta.

—Por favor —dijo Nikos Kaniathe—, ahora mismo subimos. ¿Le pasa algo?

Desandaron el camino y David apenas oía ya las confusas explicaciones de quien no podía por menos de ser afamado delincuente o filibustero redivivo o loco peligroso. Medio entendió que le hablaba de la inesperada fortuna de haber capturado a aquella especie de híbrido abismal en aguas de Creta, con lo que también habían conseguido neutralizar los peligros de las rutas prohibidas del Mediterráneo. David salió al fin a cubierta como si saliera del peor recodo del laberinto. Aspiró todo el aire que pudo y buscó ávidamente con los ojos escocidos a quienes aguardaban bajo la marquesina del pósito o al abrigo del almacén. Y allí los vio a todos tal como los había dejado, atentos a la bricbarca y tan rígidos o tan contiguos a su propio desconcierto, que casi parecían imaginarios. Sagrario asomaba justo por la visual de la borda y ella sí se movía, acercándose y preguntando con su sola actitud que qué era lo que estaba ocurriendo a bordo. Descubrió por fin a David y se empinaba para hacerle señas con la mano, igual que si verdaderamente llegara de un largo y azaroso viaje.

Ya se recuperaba David, engullendo la precaria y todavía hedionda brisa del atardecer, cuando sucedió lo que Estefanía había —en cierto sentido— presagiado. Dos marineros intentaban a la sazón arriar la gavia y algo empezó a crujir alarmantemente allí arriba. Nikos Kaniathe empezó a dar coléricas órdenes en idioma desconocido, aunque por los gestos y reacciones podían equivaler a que afirmaran la driza y no anduvieran metiendo las zarpas donde no debían, que mejor se las metían en el culo, y que ya diría él lo que había que hacer. Pero el cabo, podrido como estaba, no aguantó la tensión y la gavia se vino abajo con un estruendo de árbol abatido por el vendaval, arrastrando con ella a la verga y chocando contra un flanco del castillo. La verga se quebró en dos mitades, que saltaron a un lado y fueron a golpear sobre los cuerpos de David y Alramadi Magesto. Éste recibió el empellón en la espalda y quedó tendido de bruces junto a David, quien se derrumbó a su vez con el palo encima de los muslos. Lo último que vio fue un espejo salpicado de sangre en el que se miraba Estefanía, ¿qué te han hecho? preguntando. Nikos Kaniathe empezó a dar voces y carreras y a maldecir en varias lenguas, sin saber exactamente dónde pedir socorro o a qué parte del infierno dirigirse. Pero ya aparecieron por el portalón Jenaro Lacavallería y un carabinero, los dos igualmente atolondrados y heroicos, que llegaron corriendo hasta donde yacía David y consiguieron con jadeantes ímpetus liberarlo de aquel sanguinario cepo.

Nadie más subió a bordo, o quizás alguien más pensó subir cuando ya no era imprescindible. Nikos Kaniathe había recostado al herido jayán sobre unas lonas mugrientas y contemplaba atónito a aquellos dos hombres que habían acudido en ayuda del que se decía comodoro, como si intentara explicarse por qué demonios lo llevaban en brazos hacia la insegura escala. Sagrario aguardaba al pie del portalón, una mano en cada mejilla, los ojos mojados por el espanto. Anduvo luego junto al cuerpo de David, sin poder pronunciar palabra, asomándose y no asomándose a la cara de él como a un agujero por el que también se le podía escapar la vida. Un grupo de gentes, engrosado por quienes habían ido acudiendo al señuelo fantasmal de la bricbarca, los seguía en silencio en dirección al pósito o adelantándose a ellos, mientras el ayudante optaba al fin por subir a bordo en compañía de dos carabineros y de alguien más.

David tenía la cara demudada y como sucia de barro, pero no parecía enteramente privado de sentido. Una mancha marrón, con más aspecto de moscatel aguado que de sangre, le iba empapando los pantalones por debajo del chubasquero. Todavía lloviznaba muy levemente. Jenaro Lacavallería, más patizambo que de costumbre, se esforzaba con manifiesta fatiga por mantener las piernas del herido a una conveniente distancia del suelo, cosa que sólo conseguía a medias. Poco antes de llegar a la limusina, apareció Estefanía de repente por un lateral del pósito y detuvo con un ademán tribunicio a los que se acercaban. Tenía algo de espectro de sí misma. No llevaba puestos los coturnos, pero era como si los llevase cuando levantó una mano más de lo mucho que podía levantarla y se quedó un momento observando a la comitiva. Se dirigió después a Sagrario con una hostil y altanera parsimonia, diciéndole:

—Encárgate de que se quite de en medio toda esa chusma. No quiero que le pongan las manos encima.

Ni la chusma ni Sagrario ni ninguno de los presentes se dieron por enterados. Sagrario siguió al lado de David, delante del carabinero que lo llevaba cogido bajo los brazos, hasta que consiguieron recostarlo en el asiento trasero de la limusina. Jenaro Lacavallería empezó a registrar los bolsillos del herido en busca de la llave del auto. Se volvió luego hacia Estefanía y Sagrario para decirles que subieran a toda prisa, y ya se disponía ésta a hacerlo cuando la cuñada la retuvo de pronto por el brazo con un gesto ambiguo.

—¿Te has dado cuenta, verdad? —dijo mirando al velero como una alucinada—. Es igual que un murciélago vomitado por la marea.

—Lo será, pero hay que irse —resolvió Jenaro Lacavallería en un alarde de vitalidad absolutamente inédito—. ¿Queréis subir, por favor?

—¿Y usted qué pinta aquí? —preguntó Estefanía—. ¿Quién diablos le ha dicho que tenía que mezclarse en todo esto?

Jenaro Lacavallería decidió hacer entrar a Estefanía en la limusina por el sistema de transportarla sin mayores miramientos. Estefanía no pareció darse cuenta de aquella impetuosa propulsión y se sentó junto a David seguida de Sagrario, en tanto que Jenaro Lacavallería se acomodaba en el asiento delantero.

—Todo estaba preparado —dijo Estefanía casi sin voz—. Lo sabía desde un principio, yo puedo entender eso —juntó las manos encima del vientre—. ¿Has visto el cuchillo del verdugo chorreando sangre por toda esa maldita cubierta, lo has visto?

Sagrario no quiso oírla, ocupada como estaba en vigilar a David y en secarle la frente con un pañuelo, aguantándose el llanto con el temor. David parpadeó entonces y le cruzó por la boca una sonrisa paciente. El auto se puso en marcha y Estefanía hizo un gesto parecido al de quien acaba de despertarse.

—¿Adónde vamos? —preguntó.

—Al hospital —dijo Jenaro Lacavallería sin volverse—. ¿Adónde vamos a ir, me cago en?

—No —exclamó Estefanía—. Llévenos a casa, yo me cuidaré de él.

Jenaro Lacavallería ni siquiera contestó. Evocaba inexactamente la lejana tarde en que conoció a David en la tienda, donde lo había llevado el viejo Leiston, y tuvo que curar al descalabrado muchacho, una imagen difusa y fosilizada, envuelta en un halo a la vez tormentoso y bonancible. Y ya cuando la limusina atravesaba el rellano del muelle, se arrodilló Estefanía junto al asiento y acercó su cara a la cara del hermano, dejando resbalar su boca caliente por los fríos pómulos de él: otra inexacta evocación del primer día en que llegaron al puerto y apareció David sangrando por la cabeza y ella lo cuidó hasta el más descorazonado, hasta el más inútil y contradictorio límite de su pasión.

IV

El hombre vio a la mujer a través del humo y se quedó de pronto inerme y acobardado. No la conocía de nada, pero allí estaban aquellos ojos vulnerables y oscuros, dos botones de antracita fijos en él con una intensidad acongojante. No era una mirada de odio ni de súplica, sino una mirada adusta y judicial, una mirada en la que habían delegado todas las restantes miradas del mundo que tenían que decir lo mismo que ella y que parecían haberlo escogido a él en representación de los demás incendiarios a sueldo. Pero el hombre no pensó en aquella mujer ni como una enemiga ni como una vengadora, simplemente se sintió de improviso desarmado, inepto, confundido frente a lo que suponía una incómoda y lamentable presencia. Apartó la vista de ella sabiendo que si no lo hacía tal vez podía quedarse allí como una estatua, maniatado por ese neutral magnetismo expresivo, en tanto que las llamas lamían ya los rastrojos colindantes y la humareda impedía por momentos la respiración y la visibilidad. Así que le hizo a la mujer un torpe gesto para que huyera y se volvió él de espaldas, no exactamente como el exonerado de su culpa, sino como el siervo que no puede superar un atávico temor ante cualquier remota posibilidad de desobediencia al amo.

A media tarde ya había ardido lo más sustancial del secano. El fuego comenzó simultáneamente en los pajonales de la tierra calma y en las colinas donde crecía el cereal. Pero la quema de los chozos se había iniciado de forma paulatina una semana antes, si bien sólo fueron elegidos cinco, no sin haber comprobado de antemano que no había nadie dentro y una vez puestos piadosamente a salvo los principales enseres. Se trataba sobre todo de una contundencia ejemplarizadora. A don Fermín Benijalea no le pareció aceptable en principio una solución tan drástica, pero acabó convenciéndose de que iba a ser la única efectiva. Y más después de que aquella horda aposentada en sus tierras no había hecho maldito el caso a las comunicaciones, ya oficiales o privadas, sobre la inaplazable obligación de desalojo. Convenientemente apoyado e investido de toda clase de inmunidades, don Fermín preparó la debida estrategia como el general en su distante puesto de mando. Si no por todos, sí fue secundado de inmediato por buena parte de los escuadristas a sus órdenes que limpiaran en su día la comarca de gente montaraz. En buena ley sucesoria, Lorenzo fue entonces el encargado de ese nuevo y particular reclutamiento, así como de la elección de jornaleros aptos para tan señalado servicio.

El calor había actuado desde un primer momento como un inmejorable combustible y las parcelas de centeno y cebada, los cercados de maizales y garbanzales, empezaron a arder con provechosa velocidad. Pero el fuego iniciado en las colinas sólo llegó a arrasar unas manchas de pinos y almendros, languideciendo gradualmente por el labrantío abajo con el viento en contra. El fallo tuvo trazas de imperdonable, debido tal vez a que no se produjo una coordinación de suficiente eficacia entre las dos partidas de controladores del incendio. Lo cual —según se sabría después— provocó la cólera disciplinaria del mayor de los Verdura —autonombrado segundo jerifalte de la operación—, quien absolvió sin embargo al bracero responsable del atroz castigo de la cesantía.

La actividad defensiva de los colonos fue torpe amén de

inútil. Organizados en turnos de vigilancia desde que recibieran la ya temida orden de expulsión, nada pudieron hacer fuera de parlamentar en vano con alguaciles y guardas encomenderos y de esgrimir papeles ya inservibles ante los emisarios de don Fermín. Hubo gente que se apostó en los vallados crédulamente armada de hoces y horquillas y puños, listas a disputarle al primero que llegara la posesión de una tierra que creían haber pagado con creces. Y hubo gente también que capituló al primer conato de violencia, regresando con sumiso furor a las covachas serranas de donde los sacase el hambre años atrás. En cualquier caso, la defensa no pasó de ser una desesperación mancomunada que sólo condujo a demorar el éxodo unos angustiosos días más.

Algo imprevisto ocurrió, no obstante, antes de que ardiera el primer chozo. Sin que nadie se lo hubiese pedido y para sorpresa de todos, se presentó una mañana en el campo Felipe Anafre. No iba montado ni en caballo ni en tartana, sino en una estentórea motocicleta con sidecar, en el cual viajaba un personaje con aspecto estremecedor. El tal personaje era conocido en toda aquella redonda con el justo mote de Basilisco y parecía ser una especie de orangután de confianza o comisario volante de Felipe Anafre para asuntos de naturaleza conflictiva. Su estatura era más bien normal, tirando a baja, pero sus espaldas ostentaban una envergadura por lo menos ciclópea. Carecía de pelo y de dientes y tenía una oreja aparentemente arrancada de cuajo, es decir, que no la tenía. Se adornaba además de unos ojos abultados y rezumantes que, como los del camaleón, podía mover independientemente uno del otro, propiedad ésta verdaderamente útil para el desempeño de sus misiones de vigilancia. Nunca hablaba a no ser que fuera requerido para ello por Felipe Anafre, y aun así usaba una lengua monosilábica y silbadora de probable origen zulú. Lo que sí solía hacer con frecuencia incluso inoportuna era hinchar el pecho como para prevenir al prójimo de lo que podía ser capaz de destrozar en un momento de arrebato. Y eso fue lo primero que hizo cuando se apeó del sidecar y echó un vistazo a los alrededores, no porque supiera ni remotamente el motivo de haber sido transportado a aquel lugar, sino porque intuía que tampoco iba a ser para dar un paseo.

Felipe Anafre se dirigió a lo que debía ser un almacén comunal y solicitó hablar con quien a su vez pudiera hacerlo en nombre de los demás colonos. Una parte del almacén estaba destinada a depósito de aperos y la otra a despacho de víveres, y por allí anduvo curioseando Basilisco mientras Felipe Anafre se sentó a esperar en un poyete junto a la puerta. El supuesto portavoz tardó en comparecer bastante más de lo que el raudo niño que fue a avisarlo pronosticara. Y cuando lo hizo fue con una acusada lentitud y en compañía de tres portavoces más, o eso parecían, todos ellos jóvenes y con trazas de haber interrumpido de mal grado alguna faena. Los cuatro se quedaron a una prudente distancia de Felipe Anafre y de Basilisco, como dando a entender que el tiempo apremiaba y que no estaban dispuestos a despilfarrarlo, o acaso maliciándose que aquella visita debía referirse a algún nuevo ultimátum del amo. Pero se calmaron a medias cuando Felipe Anafre se adelantó y les habló de esta guisa:

—He venido para echarles una mano en lo que haga falta —se rascó la nuca con el gesto del vencedor magnánimo—. O sea, para decirles que se queden donde están. No se les vaya a ocurrir largarse por muy don Fermín que sea quien lo haya mandado.

—¿Usted qué vende? —inquirió el portavoz de más edad, un hombre cetrino y de ojos verdes, la piel hendida y parduzca como la cáscara de la nuez.

Basilisco emitió una especie de tos de una turbulencia aterradora.

—Calla —exclamó Felipe Anafre con un fugaz movimiento de la cabeza, dirigiéndose luego al que había hablado—. Verá usted, yo lo único que quiero es darle un consejo por la sencilla razón de que se lo puedo dar —miró para las besanas como si calculase las posibilidades operativas de todo aquel territorio—. Conozco ahí a unos andobas que estarían dispuestos a dar la cara por ustedes, o sea, que montarían un buen numerito.

—¿Y eso? —preguntó el mismo colono.

—La vida, compañero —dijo Felipe Anafre—. Ellos son así, lo harían a cambio de nada. Una satisfacción, ya usted me entiende. No son más que cuatro pero hacen por mil quinientos.

—¿Usted no es don Felipe, el dueño de *Pandehigo*? —dijo uno de los jóvenes del séquito.

—El mismo —repuso Felipe Anafre—. Pero lo que ahora importa es que no soy ningún hijoputa.

La aclaración no parecía haber producido en los colonos más mella que la de un incremento de la desconfianza. Se veía evolucionar por encima del almacén, entre unas nubecillas que azulaban aún más el fondo del cielo, al alcotán persiguiendo al abejaruco.

—¿Y por qué regla de tres viene usted a ofrecernos ayuda? —dijo el que llevaba la voz cantante—. Ni encaja ni me acabo de creer que eso sea así.

—¿No me está oyendo? —dijo Felipe Anafre, y sacó del bolsillo de la sahariana una cajita de pastillas de menta, con la que trazó un sucinto arco ante los colonos—. ¿Gustan?

Los colonos declinaron el ofrecimiento con la cabeza, pero Basilisco sí cogió desmañadamente una pastilla.

—A mí no me gusta cómo está el cotarro —prosiguió Felipe Anafre entre chupeteos—. O sea, que me equivoqué de número —se miró las palmas de las manos—. Mi padre vino aquí con lo puesto, hasta que se hizo con unas aranzadas de mala muerte. Se partió los cuernos abriéndole el lomo al pedregal y tuvo suerte, porque en vez de sacar maíz lo que sacó fue cobre. ¿Ustedes se dan cuenta de lo que quiero decir?

—No —contestó un colono con cara de morisco, el hierro de una escardilla asomando por la cintura del pantalón.

Felipe Anafre le dedicó una mirada más tediosa que molesta. Con los años, se le había acentuado ese aspecto entre canijo y negrucio de recogedor de carbonilla que siempre tuvo. Dijo razonablemente:

—Puede que yo sea lo que dicen por ahí que soy, un tal y un cual. Me la trae floja, cada uno tiene su vena —hizo un brusco y obsceno ademán—. Pero no aguanto que machaquen al que no se puede defender, ¿está claro? En *Pandehigo* hay sitio, o yo lo busco, para una docena de hombres. Y a lo que iba, los demás que no se muevan de aquí.

—Se agradece —dijo el colono entrado en años—. Un detalle que se agradece.

—¿De acuerdo, entonces? —dijo Felipe Anafre después de contemplar un momento al auditorio con incierta y negociable atención—. Yo aviso a esos amigos para que vayan inspeccionando el terreno.

—Ése ya es un asunto que ni entiendo ni me convence —dijo el de antes—. Además de que no tiene sentido, sería peor. Hay mucho miedo suelto y nadie quiere meterse en líos con la guardia.

—Por ahí —añadió otro de los colonos—, por ahí va la cosa.

—¿Con qué guardia? —preguntó Felipe Anafre—. No me suena.

—Si el que manda es un cabrón —dijo el morisco—, la gente como nosotros acaba perdiendo. Por las buenas o por las malas.

—No funciona, compañero —dijo Felipe Anafre—. ¿Usted ve aquí a éste? —señalaba con un vaivén del dedo gordo a Basilisco—. Pues si se tercia, lo enganchan a una traílla y se barre él solito a todos esos cabrones que andan jodiendo por libre.

Basilisco volvió a hinchar su descomunal tórax en el momento en que una piedra, arrojada probablemente con un tirachinas, caía a sus pies. Basilisco se quedó mirando la piedra sin ningún especial alarde de furia, pero tenía sangre en los ojos y abría y cerraba la boca en busca de más aire. Después hizo lo menos presumible: se agachó, recogió con una mano el pedrusco y con la otra un puñado de tierra y los apretó hasta que la piel de los nudillos se le puso blanca, señal inequívoca de que se disponía, si no a barrer el mundo con la traílla, sí a triturar al responsable consciente o involuntario de tamaña vejación. Ninguno de los colonos dijo nada, sólo uno de ellos miró hacia atrás como excusándose, de modo que Felipe Anafre consideró llegado el momento de la despedida. Y así lo hizo sin más tardanzas ni puntualizaciones, a pesar de que Basilisco parecía resistirse a subir al sidecar sin haber probado que su brazo era lo más parecido que había a una almádena.

Sólo en eso quedó la visita y subsiguiente oferta de ayuda de Felipe Anafre, pues ya no dio señales de vida ni aun después de que empezara la quema de los chozos. En cualquier caso, los planes logísticos de don Fermín se cumplieron según lo programado y, cuando llegó la hora del incendio del cereal, ya no quedaban por aquellos pagos ni la mitad de los colonos. Incluso los más rezagados terminarían prefiriendo el azar al sinvivir y escaparían en caravana o por suelto camino de la sierra o con rumbo desconocido. Se les había autorizado a cargar con animales y aperos y no hubo en principio otros percances que dos niños con quemaduras en brazos y piernas y una mujer atacada de alferecía. Pero mientras se propagaba el humo de la barbarie por toda aquella comarca y los encomenderos vigilaban las hijuelas para garantizar el desalojo, se vio a una cuadrilla de hasta cinco hombres y dos muchachas, armados de escopetas algunos de ellos, recorriendo la tierra calcinada en son de desafío. Nunca se supo, empero, si aquella partida de vengadores ilusos tenía relación con las poco claras propuestas de Felipe Anafre o, por el contrario, se trataba de una última escaramuza de los menos propensos a la sumisión.

Quien primero descubrió a los escopeteros fue un guarda, el cual mandó aviso a Lorenzo y éste a su vez al mayor de los Verdura. Así que los dos se presentaron a la mañana siguiente en el campo con la debida escolta y anduvieron de rastreo por chozos y vestigios de chozos y por lo poco que quedaba ileso del labrantío. Los ojeadores se habían dividido en dos grupos, igual que cuando salían a la caza de insurrectos bajo el mando de don Fermín. Y ya cuando volvían a reunirse sin haber encontrado a nadie, se escucharon lo que debían ser dos disparos de zorrera por la parte de las lomas, un aviso quizás o un reto para que se supiera que estaban allí y que se proponían vender cara su capitulación. Lorenzo mandó a tres hombres de a caballo a dar una batida, los mismos que no tardaron demasiado en volver diciendo que por allí no había más que cenizas y pajones humeantes y un cabrito y unos pájaros muertos.

—Ya se aburrirán —fue lo único que se le ocurrió añadir a Lorenzo—. Tú me dirás qué pueden hacer por aquí, como no sea comer cabrito asado.

—¿Y si les damos un susto? —sugirió el mayor de los Verdura, los ojos aguanosos y aletargados.

—Olvídate —dijo Lorenzo—. No vale la pena, asunto concluido.

Y se fueron sin más para la trocha. El aire parecía arroparlos en un bochorno sofocante y tupido, en la caliente respiración que exhalaban los últimos rescoldos de los pegujales. Olía a basura chamuscada y a pozo negro y a esa variante neutra de la incineración. Un caballo se había quemado un pie y empezaba a cojear con un ostensible incomodo. Lorenzo le dijo al hombre que lo montaba que se parase un momento, que le iba a orinar al caballo en la quemadura. Y en eso estaba cuando oyó un ruido leve, como un desplazamiento solapado, dentro al parecer de un chozo aledaño al carril. Le hizo señas al hombre para que se adelantase a mirar y el hombre así lo hizo, aunque de mala gana y con un medroso exceso de precauciones. Anduvo acechando cautelosamente por un ventanuco y luego llamó a Lorenzo con un nervioso gesto de la mano. Bajaba de las colinas una bruma violácea que se confundía con el humo que seguía saliendo de la pineda.

Lorenzo se acercó sin prisas, la escopeta cogida de la caja, y se asomó al chozo. Vio a una mujer en cuclillas junto a un camastro, postrada más bien en una posición que lo mismo podía ser la de una orante que la de una enferma. Era una mujer todavía joven, enjuta y empequeñecida por su propio recogimiento de genuflexa, los ojos como dos puntos negros de luz y el pelo mal recogido en un rodete. Lorenzo le dio la vuelta al chozo y se quedó estacionado en la puerta. Antes que nada, descubrió tres cosas que parecían poco verosímiles o, por lo menos, equivocadas de sitio: un ajado vestido de novia cogido de un cepo de alimañero y colgado del techo, una columna probablemente romana erguida a los pies del camastro y una cornucopia medio tapada de retamas y lilas mustias en mitad del terrizo. Algo había allí dentro, aparte de todo lo demás, que transmitía una impresión ilusoria y desvinculada de cualquier posible realidad exterior, como el amago de recordar un sueño o de imaginar que lo que está pasando va a soñarse testarudamente durante muchos días. La mujer lo miró un instante sin rencor ni temor y desde luego sin ninguna solicitud de piedad. Parecía que no había dormido nunca y que estaba allí desde la época en que llegaran los primeros colonos e iba a seguir estando hasta que aquella tierra esquilmada accediera también, como un cadáver, a su fase negra. Lorenzo dio unos pasos hacia el interior del chozo, pero ella no alteró ni su postura ni su actitud, seguía encogida junto al camastro, indefensa y omnipotente, una imagen libresca de la pasividad más lastimosa. A Lorenzo le costó trabajo hablar.

—¿Qué está haciendo aquí? —dijo lo suficientemente quedo para no quebrar aquel silencio ritualizado.

La mujer no contestó y él sintió entonces como si se hubieran taponado todas las aberturas del chozo y se encontrase perdido por un subterráneo cuya única luz se acababa de apagar. Dio un paso inseguro y se imaginó que andaba a tientas con Ambrosio por el túnel del canal, cuando buscaban a aquel potro que terminaría suicidándose a cabezazos contra un muro de la caballeriza. Y a quien ahora creía ver allí en lugar de a la mujer era a Nieves, reducida también a un endémico abandono y acurrucada al fondo del túnel, esa erótica eventualidad de unos encuentros que ella reemplazó al fin por la compañía estabilizadora de Ambrosio. Oyó a su espalda no la voz de éste ni la de Nieves, sino la del mayor de los Verdura preguntando:

—¿Se puede saber qué pasa, jefe?

Lorenzo se volvió pausadamente sin decir nada. Cogió de un brazo al mayor de los Verdura y lo condujo a unos pasos del chozo. Hecho esto, llamó a dos de los hombres de a caballo y les ordenó que se quedaran allí al cuidado de aquella mujer mientras él iba por el coche. Nadie hizo ningún comentario. Saltó de una higuera una pareja de tórtolas, el vuelo sesgado y vacilante, y se fueron a posar en la cimera del chozo.

—No me digas nada, joder —dijo el mayor de los Verdura, azotándose con la gorra los zahones polvorientos.

—Esa mujer necesita que la atiendan —repuso Lorenzo—. Nos la vamos a llevar de aquí.

—Muy buena idea —dijo el mayor de los Verdura—. ¿Quieres que cojamos a los que andan por las lomas y los ponemos también en tratamiento?

Lorenzo se fue otra vez para el chozo mientras las tórtolas levantaban nuevamente el vuelo. Miró a la mujer y se estuvo un tiempo indeciso antes de acercarse a ella y ponerle una suave mano en el hombro.

—¿Le ocurre algo? —preguntó con la voz velada—. ¿Puedo ayudarla?

La mujer permaneció impertérrita, aferrada a una quietud y una mudez que no parecían suyas, como si no pudiera ni moverse ni decir palabra debido a algún exacerbado decreto de obediencia. Lorenzo notó entonces ese ramalazo de hostilidad que produce a veces la mansedumbre ajena, ese desorden provocado por el exceso de equilibrio. Pero sólo fue un instante. Volvió a salir y montó con una ágil presteza en la jaca que sostenía de la brida uno de los hombres.

—No tardo —dijo.

Y efectivamente no tardó en regresar con el coche y en recoger a la mujer, que se dejó conducir sin dar muestras de ningún aparente cambio de conducta, sólo mirando de soslayo a la cornucopia que había en el suelo y asomándose a ella igual que a un pozo. Ya en la ciudad, quedaría de inmediato depositada en lo que fuera hospital de sangre para moros —los mismos que, según el viejo Leiston, habían contribuido al hundimiento del falucho *Leonardo*— y que ahora hacía las veces de sanatorio y refugio. Cuando Lorenzo, una vez cumplidas esas caridades, se fue a su casa a rendir cuenta de la operación, ya lo estaba esperando el padre en una sala del piso bajo, los dedos tamborileando en el brazo de la butaca con una aceleración muy por encima de la habitual.

—Liquidado —dijo Lorenzo—, ningún problema.

—Más vale —convino don Fermín dejando quieta la mano por un momento—. ¿Y los que quedaban por allí?

—Nada —dijo Lorenzo—. Acabarán yéndose ellos solitos, un paso detrás de otro, qué remedio.

—Ya me tenías preocupado —agregó el padre—. ¿Los vio alguien?

—Tampoco había que hacerles mucho caso —dijo Lorenzo con cierta desgana—. Allí ya qué van a hacer.

Don Fermín no parecía muy satisfecho, quizá le aflorase pasajeramente en lo más opaco de la memoria algo parecido a una rauda incomodidad emocional. Metió la nariz en la copa, o al revés, y luego le dio unas chupadas al puro, una nubecilla blanquiazul evolucionando muy despacio por encima de un bargueño con taracea de marfil, la humareda enroscándose en un chozo como en un pajar. Bebió la copa de un trago y ya se iba a levantar cuando comprobó que había entrado en la sala, aunque seguramente seguiría estando en cualquier otro sitio, su ubicua mujer, quien se dirigió enseguida a Lorenzo con una dejadez almibarada y católica.

—Qué calor —dijo—. Me acabo de enterar que te has traído del campo a una muchacha medio trastornada.

Lorenzo miró primero al padre y luego a la madre y luego a ningún sitio, y dijo a continuación:

—La vimos de pasada en un chozo —se secó la frente con un pañuelo inmaculado, las iniciales bordadas en amarillo—. No la íbamos a dejar allí tal como estaba.

—Que me avisen si necesita algo —dijo doña Herminia—. Alimentos, batas, misales, lo que sea.

Don Fermín se levantó sin decir nada, la copa vacía en la mano y un laborioso atisbo de paciencia en el ademán.

—Eso va también por ti —prosiguió doña Herminia—, otra prueba. Ya te dije qué pienso yo de todo lo que has hecho —respiró hondo—. Has hecho una completa barbaridad.

—¿Tú qué sabes? —dijo don Fermín sin excesiva acritud—. Había que quemar esa rastrojera. Le va a venir muy bien al campo, todo estaba infestado de bichos.

Lorenzo aprovechó aquel preámbulo de debate con visos de inmemorial para salir al patio sin ser notado. Ni aun el toldo, tendido de parte a parte a la altura de la azotea, había aminorado enteramente el denso envite del calor contra el mármol del piso.

—De bichos —recalcó doña Herminia—. ¿Y esa pobre gente? Toda la noche he estado pensando que tú tienes la culpa de lo que pueda pasarle a esa pobre gente.

—Muy bien, gracias —dijo don Fermín—. A cada uno se le ha dado su ayuda —intentó recordar en qué había consistido exactamente esa ayuda—. Y además se llevaron hasta el grano que me debían.

—Cállate, si puede ser —dijo a media voz doña Herminia—. Encima van a tener que darte las gracias. A lo mejor hasta duermes divinamente. Por ahí, claro.

Don Fermín procuró sin mucha habilidad hacerse el desentendido. Miró la hora y dijo:

—¿Tú sabes que hay peces que viven más de quinientos años?

Doña Herminia no parecía saberlo. Se quedó un momento como reflexionando sobre la secreta significación de la pregunta.

—¿Sin dormir? —inquirió.

—Tú calcula —dijo don Fermín—. Son mil ochocientas cincuenta hectáreas mal medidas que me habían quitado sin más. Esa tierra era mía desde antes de que naciera y ya iba siendo hora de que me la devolviesen —adoptó una especie de aire marcial—. Para eso luché como el primero, cada cual defiende lo suyo.

—¿Así también? —dijo ella—. ¿Así también, como un energúmeno?

Y paseó la vista por la habitación buscando a Lorenzo y encontrándolo posiblemente en la galería del piso de arriba.

—¿Qué querías que hiciera? —dijo don Fermín con una

irritación destinada a encubrir cierta vaga culpabilidad—. Dame otra solución, a ver si me la das, maldita sea.

—Por amor de Dios —dijo doña Herminia—. Incluso has metido en toda esa infamia a Lorenzo. Y Lorenzo no es como tú. Tú eres como tu hija Natalia, esa mala pécora.

Sonaban por la calle los cascos de una mula con un ritmo de crótalos cascados. Aunque no se tratase de ningún aviso, don Fermín se dispuso a dar por finalizadas aquellas sudorosas hostilidades. Dijo no sin algún balbuceo:

—¿Algo más?

—¿A qué venía eso de los peces que vivían tantos años? —preguntó doña Herminia con el escrúpulo de agarrarse a un clavo ardiendo.

—¿Algo más? —repitió don Fermín.

—Lo último que me quedaba por ver —dijo doña Herminia—. Nada más.

—Qué suerte —dijo él, inclinándose un poco para recibir en la cara la ráfaga aliviadora de un ventilador.

—De modo que ya lo sabes —concluyó ella—. Si no estoy aquí, es que estoy en el puerto.

Y salió sin despedirse, en la frente las dos arrugas verticales del honor mancillado. Don Fermín pensó que, entre los distintos sitios a los que su mujer se podía haber dirigido al mismo tiempo, debía incluirse preferentemente la habitación donde se había hecho instalar su oratorio privado: un altar con baldaquino de seda y mantel de lino, dos mediocres tallas de vírgenes de diferente advocación en las hornacinas y, bajo ellas, dos nobles reclinatorios a los que mandó quitar las almohadillas para mayor modestia penitenciaria. Allí estaría ya de hinojos, la barbilla apoyada en los dedos entrelazados, compensando su frigidez con los ardores de la piedad, tal vez al contrario de lo que podía ocurrirle a Fita por los recónditos vericuetos conventuales o a Natalia por otros más tortuosos derroteros.

Don Fermín veía proyectada en un mismo foco de hastío toda aquella ingrata irradiación de desajustes y discordias familiares. Llenó su copa de nuevo y barruntó, mientras bebía a buchitos, que quizá fuese el momento de ir pensando en la programación de alguna beneficencia, la última de las cuales había consistido en sustituir la exigencia testamentaria del viejo Leiston por un donativo equivalente con destino a un orfelinato. Era una táctica de la que nunca había dejado de valerse cuando las fases despóticas de su poder parecían aconsejar ciertas filantrópicas contraofensivas. Don Fermín se sintió como enaltecido por ese sedimento de maldad que coexiste con los buenos propósitos en la conciencia de los prepotentes. Cualquier desasosiego quedó directamente neutralizado por la jactancia: una acérrima evocación de hechos fraudulentos o simples fullerías que habían ido engendrando sus propias y altruistas compensaciones. Hizo una mueca, un guiño, una flexión triste de caderas, luego eructó y dio un traspiés. Cuando estaba solo, siempre tenía la impresión de incurrir desprevenidamente en la ridiculez o la grosería. Procuró sin embargo adoptar un aire mordaz, pero lo único que consiguió fue adoptar un aire histriónico. Se imaginó de repente a la muchacha que se había traído Lorenzo del campo y ese solo y patético episodio lo hizo encolerizarse contra todos los demás para no hacerlo contra él mismo. A lo mejor su mujer había ido a visitar a la enferma o estaba a punto de hacerlo, llevándole compasiones y escapularios, el estigma de la virtud en su carne beata y adiposa.

—Si necesita algo, que me avisen —había dicho con el tono de la rica hembra a la hora de la limosna.

Don Fermín recorrió una y otra vez el largo de la habitación y se detuvo distraídamente junto a un estuche de caoba que aparecía abierto sobre un escritorio. El estuche contenía una bella y sencilla arma: un revólver de percusión *Colt 1846,* con su polvorera y sus tenazas para moldear balas, cada cosa encajada en su hueco de fieltro verde. Don Fermín sacó el revólver y se acordó de los días en que el viejo Leiston se hospedó en la casa y David y Lorenzo fabricaron pólvora y cargaron el viejo *Colt* para ir a dar muerte a la gran culebra del canal. Acaso fue aquella veloz memoria la única que le produjo a don Fermín una leve fisura en su impermeabilidad emotiva. Pensó de pronto en la clara vida y la muerte oscura del viejo Leiston, a cuyo entierro acabó por no asistir en razón de nada, y pensó simultáneamente en que tendría que hablar con Lorenzo para ir con él a visitar al disponible —aunque todavía convaleciente— David. Dudó entonces entre beberse otra copa, acercarse a la bodega o aparecer por casa de las mellizas para almorzar y entretenerse un poco. Pero no eligió ninguna de las tres posibilidades. Supuso una vez más que, al margen de tantas prerrogativas y contradicciones, caudales que crecían por sí solos y hegemonías de diversa índole, la vida era lo más parecido que había a una bazofia.

V

—Ignoro por qué madruga tanto —dijo Estefanía—. Es una costumbre de lo más incómoda, posiblemente le viene de cuando creyó que le habían ofrecido ese absurdo cargo de comodoro. A lo mejor ya ni te acuerdas —parecía acomodar la mirada a la penumbra de la memoria—. La verdad es que nadie más capacitado que él para inspeccionar las embarcaciones. Golpeaba con los nudillos el casco del buque y ya sabía la edad de la madera y el índice de salinidad de los mares por los que había navegado y la clase de carga que transportaba.

—Me acuerdo muy bien —dijo Natalia—, en eso siempre se pareció a tu padre. El grumete David Leiston consigue él solo capear el temporal, un juego que.

—A veces me iba a escondidas detrás de él hasta la dársena —interrumpió soñadoramente Estefanía—. Me excitaba verlo pasear, todo vestido de azul marino, por la cubierta. También solía espiar sus movimientos por los ojos de buey, no podía dominar la tentación, tampoco me lo propuse nunca. Se rascaba mucho la frente con la uña del dedo pulgar, por debajo de la gorra, se la rascaba incluso con una impertinencia realmente cautivadora. Daba gusto verlo subir por la escala de gato, ágil y airoso como un gaviero de Wight —se inclinó como para comprobar el grado de atención que le prestaba Natalia—. ¿Me estás escuchando, hija, o te aburro? Hay momentos en que me cuesta trabajo convencerme de que no estoy hablando con la pared, sobre todo desde que esa intrusa se adueñó de la casa.

—Claro que te escucho —dijo Natalia—, sabes de sobra que estaba deseando charlar contigo. Ya era hora, ¿no?

—Siempre llevaba la pipa apagada, otra señal de inconfundible delicadeza. En realidad, nunca fumó fuera de sus posesiones, se limitaba a sorber el tabaco que iba macerando con la saliva. Hacía un ruido muy agradable, no sé si te diste cuenta alguna vez, como el de un chorrito de semen cayendo en el cuenco de la mano. Perdona, pero es que eran otros tiempos, otras comparaciones. Hasta que llegó ese miserable barco que había estado navegando sin tripulación durante cinco semanas seguidas.

—O cincuenta, qué más da. Sabes de sobra que a David no le gusta que se hable de eso, ¿por qué te sigues atormentando? Es peor para todos.

—Al contrario, hija, me sirve de sedante, es como si corrigiera los errores de mi hermano. Me parece que todavía estoy viendo a la bricbarca asomando por el horizonte. Desde esta misma ventana la vi, era igual que un enorme pajarraco arrastrado por la corriente. Venía de las Antillas, aunque se cuidaron mucho de decirlo. Estuvo fondeada dos días con sus noches por detrás de Punta Bolina antes de decidirse a amarrar al muelle de los Sirios. Lo tengo todo tan presente que de ninguna manera podría ser ecuánime. En seguida descubrí la sangre chorreando por la amura de babor —se pasó por la frente las yemas de los dedos—. Qué brillo más espantoso, a pesar de lo decorativo, bajo la neblina de aquel desdichado invierno. Todo el puerto estuvo oliendo a sangre podrida durante yo qué sé cuántos meses. ¿Has leído *The last Arcanum*, de Kinross?

—No.

—Supongo que tampoco lo habrá leído tu amiga Sagrario, qué va. Las desvergonzadas no suelen leer más que esas sucias jaculatorias donde se pide la muerte del enemigo. Pero es igual, a ver si me entiendes.

—Me sé de memoria lo que piensas de todo eso, Estefanía. ¿Por qué no hablamos de otra cosa? De la viña que ha comprado David, por ejemplo.

—Te ruego que me atiendas aunque lo sepas de memoria, es una deferencia que te pido. Hace un siglo que no hablo con nadie y tú eres la única persona con la que puedo hacerlo.

—Hay otras posibilidades.

—Escucha. El velero se fue arrimando como pudo al muelle de poniente y el viento trajo hasta el Promontorio el hedor de los cadáveres. Imagínate por un momento la situación. No, no puedes imaginártela, aunque a lo mejor sí —cerró momentáneamente los ojos, como ajustando a la historia una pieza extraviada—. David subió al mirador a ver si se enteraba de algo con ayuda del catalejo, lo oí subir desde el gabinete donde me había encerrado para mirarme en un espejito mientras lloraba. Pasó media hora justa, es decir, mi vida entera. Cuando bajó era como si ya trajese la peste metida por dentro de los ojos. A nadie le dijo una palabra, pero yo ya sabía lo que iba a pasar, lo sabía con una certeza insoportable, aunque tampoco le dije más de lo que tenía que decirle. Sólo lo miré como maniatándolo cuando ordenó que le sacaran un impermeable. Pero todo fue en vano.

—¿Para eso querías verme?

—También para eso, porque en medio de aquella macabra emboscada, ¿quién iba a subir a bordo? ¿Quién se ofreció a hacerlo, sin que nadie se hubiese atrevido a pedírselo? David, naturalmente, por algo le hicieron creer que lo habían nombrado comodoro o qué sé yo, una trampa de ésas. Él, que desempeñaba su cargo a título honorífico, figúrate, sin admitir más que gratitudes serviles, precisamente él, el único que podía haberse negado en virtud de su rango, subió a bordo. La misma determinación habría tomado mi padre y ya ves lo que hicieron con él: lo fueron acosando hasta que se ahogó delante de toda esa chusma —sacó un pañolito de dentro de la manga y lo mantuvo preventivamente a la altura de los ojos—. Ni un perro lo acompañó, ni un solo perro sarnoso de esos que merodean por el muelle. Aun siendo mi hermano, siempre lo he querido muchísimo más que a un hermano. ¿Para qué voy a andar con tapujos, y menos contigo, si nunca los empleé con nadie? Ni siquiera con esa advenediza de su mujer, ¿te das cuenta?

—No estoy muy segura, pero creo que tampoco me lo debes preguntar.

—Un día, hace ya tiempo, me dijiste que cada uno era también otro distinto. Enseguida comprendí de que se trataba.

—¿Eso te dije?

—Enseguida comprendí que hasta en lo más indiscutible hay siempre una contradicción. De modo que desde un primer momento supe lo que iba a suceder, o sea, lo contrario de lo que se suponía que iba a suceder. Sin que mediara ninguna explicación, vi el peligro que iba a correr David si subía a aquel barco. Fíjate bien, Natalia, me iba en ello la vida y no se lo impedí en absoluto. Lo dejé irse y yo me fui detrás de él, corriendo por esos atajos igual que una perdularia. Era como si me hubiese ido enjuagando la boca con su sangre, algo así. Cuando llegué a la trasera del pósito, ya estaba David en su sitio inmóvil y más arrogante que nunca frente a la tragedia. Parecía un druida a punto de ser devorado por las fauces del volcán. No puedo soportar la idea de una temeridad tan inútil, es superior a mis fuerzas.

—Supongo que tienes razón, pero no puedes estar todo el tiempo sacando verdades de mentiras, hazme caso. David estaba convencido de que ésa era su obligación y basta. ¿Qué otra cosa podía hacer sino subir al barco para ver qué ocurría?

—¿Su obligación, dices? Mi familia nunca tuvo obligaciones, que yo sepa. Ningún argumento es capaz de demostrarme lo contrario, absolutamente ninguno. Otra cosa sería si hubiésemos aceptado recompensas a cambio de nuestros servicios a la comunidad.

—Seguro que a mi padre le hubiese gustado mucho esa

teoría —sacó un cigarrillo de la pitillera y lo golpeó repetidas veces sobre la tapa, una sonrisa desmayándose por las esquinas de la boca—. No sé si has oído hablar de él últimamente, o si has oído hablar de él más que yo. Estaría de acuerdo en todo, siempre ha procurado que se sepa que es un benefactor.

—Posiblemente. Pero he desistido de plantearme esas cuestiones desde que la desgracia se encarnizó con David. Tú tienes que acordarte casi tan bien como yo, aunque a lo mejor te has dejado engañar por la versión de Sagrario Gazul.

—Ella también estaba allí, no se te olvide. Un testimonio tan bueno como el que más.

—También estaba allí, es cierto, pero naturalmente no se dio cuenta de nada. ¿Cómo iba a darse cuenta si sólo se ocupa en indisponer a mi hermano contra mí? —hizo el ademán de quitarse una telaraña de delante de la cara—. O sea, que David subió a bordo y no encontró a nadie. A nadie que saliera a recibirlo, quiero decir. Una inconveniencia que lo dejó confundido, según me explicó en su día. Pero allí estaban, por lo pronto, los siete cadáveres con los ganglios reventados por la peste. Los vio a todos juntos, como si se hubiesen reunido en la toldilla para esperarlo antes de morir. Tal vez habían estado intentando tirarse al mar unos a otros ya muertos, es una posibilidad en la que no había pensado hasta ahora.

—Es una posibilidad —parpadeó como buscando las palabras menos desabridas—, pero no creo que esté recogida en el sumario. Todo el mundo sabe más o menos lo que pasó, incluso aquel loco que se hacía pasar por capitán y que todavía debe estar loco. Lo único que tienes que hacer es olvidarte de lo que ya no tiene remedio, qué ganas. Perdóname si insisto, pero David es el primero que no quiere ni acordarse.

—Estás perdonada, pero déjame terminar. Ni el riesgo del contagio lo acobardó. Como a aquel piloto de la *Ringdove* en el infierno de Mozambique, igual. No te quepa la menor duda de que si David se quedó un momento indeciso no fue por flaqueza de ánimo, sino porque presintió la tragedia. Sabía que alguien, y no exactamente un difunto, estaba acechándolo en el combés por detrás de unos tablones.

—¿Te refieres a esa especie de ballenato que llevaban a bordo? —encendió el cigarrillo—. No te importa que fume, ¿verdad?

—Me refiero al verdugo, el único tripulante de raza mestiza que permaneció en el barco cuando lo abandonaron al norte de las Salvajes. Por el paralelo treinta y cinco tuvo que ser, corrígeme si me equivoco. Al día siguiente, ya debían de haber muerto todos los demás. Pero él siguió allí, comiendo cáñamo y carne de marinero, hasta quc la corriente del febrerizo lo empujó hasta Punta Bolina.

—Quizá tendrías que haberlo declarado en su momento, nadie supo nada de esa historia tan horripilante.

—Nadie, ni el propio David. Yo sí, yo me enteré de todo mejor que ningún testigo. La bricbarca traía la cangreja sin envergar, eso está claro, pero hay un detalle que nadie quiso admitir: el del verdugo que asomó de pronto por detrás del palo con un cuchillo de capador en la boca. Observa que he dicho en la boca, porque en la mano no esgrimía sino un fémur aún sin descarnar del todo, con la carroña goteando sobre el maderamen —echó hacia atrás la cabeza y respiró hondo, como recuperándose de una emoción demasiado intensa—. Qué escena aterradora, no recogida jamás por ningún heraldista de este ingrato país. Mi capacidad de perdón es sólo relativa cuando se trata de ofensas a mi apellido. Yo me naturalicé española, es cierto, no quise disgustar a papá, pero mi sangre no tiene mezcla inmunda desde el siglo quince.

—¿Por qué no me invitas a una taza de té, quieres que avise?

—David, afortunadamente, ya no podrá tener descendencia. No, no avises, por favor, nunca tomo té desde que descubrí el fraude. Supongo que estarás enterada: lo meten en unas repugnantes bolsitas de droguero y lo atan con hilo de aljofifa. Me repugna el té que no sabe directamente a fango de Calcuta.

—Si quieres, yo puedo proporcionarte algún paquete legítimo.

—Te lo agradecería mucho. ¿Es de la India?

—Supongo. Nos lo trae un sobrecargo que hace la ruta de.

—Nunca se me olvidará el viaje que hicimos David y yo a la India. Mucho antes del desastre de su boda, claro, a poco de que tu padre mandara saquear nuestra casa del muelle. No sé cuántos años hace, diez o dieciocho. Desembarcamos en Bombay y atravesamos todo el país hasta el golfo de Bengala, a través de los pantanos y los foscarrales. Una experiencia increíble. Qué calor más sexual el de las piedras y qué gentes maravillosas desguazándose por las pústulas —se inclinó sobre el brazo de la butaca y amagó un gesto parecido al de barrer el suelo con la mano—. David conoció en Nagpur o en algún otro establo de aquellos, a un descendiente del Tamerlán, no recuerdo cómo se llamaba, Kampura o Pankura, un mancebo más bien amujerado con quien acabó cometiendo sodomía. No se lo censuré cuando me lo confesó, porque me lo confesó sin yo insinuarle nada, no me pareció lícito hacerlo. Aunque fueron tantas mis amenazas de abandono, que aquélla fue la primera y última vez que David yació con varón.

—Se me hace tarde, Estefanía. Lo siento, voy a tener que irme.

—Si supieras hasta qué punto nos inmunizó la India contra cualquier apresuramiento emocional. Me refiero naturalmente a todo lo que ocurrió a partir del episodio de Nagpur. Jamás le di motivos para que se sintiera desazonado, tú lo conoces, hubiese sido imperdonable por mi parte. Hicimos la misma ruta que los madereros.

—No lo sabía.

—Me apasionan los madereros. Lo que sí podríamos tomar es un kéfir, ¿te apetece? En realidad, me apasionan todos los mercantes. Pero los madereros son como más sugestivos, más hospitalarios, ¿no crees? Tienen algo que no tienen los demás —rozó levemente con los dedos el contorno de sus pezones—. Te embarcas en uno y es como si te estuvieran untando los senos de resina, no sé.

—David quería bajar mañana al puerto, una buena señal. ¿Por qué no te vienes con nosotros? Yo os recojo a media mañana con el coche, podíamos comer en la playa.

—Espera, ¿no oyes como un ruido de élitros?

—¿De qué?

—De élitros, una especie de aleteo o algo por el estilo.

—Pues no —miró hacia uno de los ventanales—. Quizá sea la resaca.

—¿La resaca a estas horas? Qué idea. Es el mismo ruido que estuve oyendo anoche todo el tiempo, una cosa que me extrañó bastante. Ya sabes que no duermo bien.

—Deben ser los pájaros que se van. Ahora pasan de noche.

—A veces oigo ruidos de lo más sospechosos en esta casa, ruidos de gente que anda espiando o que se dedica a registrar por no sé dónde. Todo se debe a las intrigas de Sagrario Gazul, estoy convencida. Desde que vive bajo este techo no hace sino maquinar contra mí —bajó la voz—. Me envenenaría si pudiera.

—No digas barbaridades.

—Te aseguro que me envenenaría sin ninguna clase de escrúpulos. Ya la he sorprendido más de una vez intentando cambiarme el láudano por vete a saber qué bebedizo. Tú no te has dado cuenta, claro. Tú sólo atiendes en esta casa a lo que te interesa atender. Que conste que no tengo nada que objetar a ese respecto, eres muy dueña.

—¿A qué te refieres?

—Lo sabes de sobra, Natalia. Estás presa en las redes de esa intrusa y no haces nada por escapar, al contrario. ¿Tengo o no tengo motivos para decirlo? Te gusta demasiado mirarla mientras se desnuda, desde que eras una niña te gustaba mirarla.

—Vas a callarte ahora mismo.

—Y a ella le gusta todavía más que la mires, lo sé todo. ¿O es que vas a negarme la evidencia?

—No tienes ningún derecho a hablarme así y no voy a consentírtelo por muy trastornada que estés.

—Hazme caso, hija. Tú eres tan bella que debes tener

dificultades para actuar con una mínima lógica. Procura comprenderme, es por tu bien. A mí no me importa en absoluto lo que hagas o dejes de hacer, allá tú. Pero esto es distinto. Lo único que pretende esa víbora es engatusarte para acabar de arrinconarnos a mi hermano y a mí.

—Prefiero reservarme mis insultos —se puso en pie con un apremio irrevocable—. Me voy. A veces me pregunto si lo que realmente te propones es hacerle la vida imposible a todos los que están a tu lado.

—Siéntate, por favor —le dirigió una mirada desvalida y tortuosa—. No podía hablar de esto con nadie nada más que contigo, por eso te dije que vinieras a verme. Desde que David sufrió en su propia carne las consecuencias de aquel sacrificio, esta casa se ha ido convirtiendo en un basurero. Te autorizo para que lo divulgues. ¿Por qué te crees que me fui encerrando cada vez más en mí misma, sin querer compartir con nadie toda esta fatalidad? ¿Por qué te crees que se encerró mi padre, el hombre más abierto del mundo, después de que él y David hundieran aquel viejo falucho para no darles el gusto de hacerlo a esos asesinos?

—Tu padre era un señor y no tenía nada que ver contigo ni con lo que te pueda pasar, discúlpame que sea tan brusca. No tienes razón.

—Me sobra razón hasta para dilapidarla. Porque si David hizo lo que hizo fue para no dar pábulo a las habladurías de todo ese populacho. Nada de eso le importó nunca antes de la ignominia de su casamiento. ¿Se te ha olvidado tan pronto, has olvidado de qué repugnante manera se comportó tu amiga frente al infortunio? Redobló su desprecio cuando más necesitado estaba David de protección. Una ruina, una penosa ruina es lo que quedó de él después de aquel absurdo holocausto. Yo fui la única que logró hacerle recuperar su deseo de seguir viviendo.

—Ni David es una ruina ni Sagrario ha dejado nunca de portarse dignamente con él. Eso es lo que importa, ¿por qué no intentas enterarte?

—¿Eso es lo que importa? ¿Quién sufrió lo que yo cuando David se encontraba en medio de aquel cargamento de cadáveres? ¿Te haces cargo de lo que significó para mí verlo avanzar tan gratuitamente en busca de su propia desgracia?

—Lo mismo podría decir Sagrario, tendría todos los motivos que tú te inventas y algunos más.

—De ninguna manera podría decirlo. Ella no sabía para nada que cuando David pisó la cubierta ya tenía los bubones de la peste metidos por el cuerpo. Y aún le quedaba lo peor y esa zorra tampoco lo sabía. Porque el verdugo ya había salido de su escondite y se quedó quieto un buen rato mirando a David. Se miraron como dos adversarios desmemoriados que intentaran inútilmente reconocerse, mientras que yo seguía paralizada y envejeciendo junto al paredón del pósito. Un observador neutral habría dicho que no podía ocurrir nada irreparable. Yo no, yo seguía entumecida y envejeciendo, con toda la cara cubierta de arañazos.

—No sé si compadecerte o indignarme —dio unos pasos hacia la puerta—. ¿Cómo puedes decir esas cosas en serio, qué te pasa?

—Sé positivamente que lo primero que hizo David fue ocultarse en la bodega para que nadie pudiera atestiguar su valentía. No es costumbre nuestra dejarnos dominar por ciertas pueriles ostentaciones, más propias de héroes de baja extracción.

—No se ve nada. ¿Quieres que te deje encendido antes de salir?

—Una vez en la bodega, debió considerar que aún podía ser descubierto desde alguna torre vigía o desde el cuello de algún palo. No, no enciendas todavía, me costaría mucho trabajo seguir hablando contigo si me ves la cara —se pasó el dedo medio y el pulgar por los párpados—. De modo que continuó bajando, hasta la sentina supongo, vigilado de cerca por el verdugo. Puerca miseria. En la sentina estibaban a los negros según su envergadura y su estado de conservación. Nunca me gustó asomarme a la sentina de ningún barco, incluidos los nuestros, no por la cochambre sino por el ruido del agua. Y tuvo que ser allí precisamente, en lo más hediondo de aquel velero, donde fue despojado David de su capacidad para la reproducción. Ve a mirar si te atreves el horrible cuchillo usado por el verdugo, lo conservo ahí en ese cofre junto con la venda ensangrentada y una tirita de carne del escroto. Es igual que otro jirón de piel de mi padre que también tenía guardado, no sé qué he hecho con él. ¿Verdad que tú también habrías hecho lo mismo, Natalia?

—Adiós —se oyó vagamente entre el suave gemido de la puerta.

—Nunca me atreví a confesárselo a David. Hay cosas que él ya no puede comprender. Ni a mí, que soy su hermana, puede ya comprenderme del todo. ¿Has visto con qué insoportable resignación se consume? Ahí lo tienes hecho un guiñapo, una sombra de lo que fue, sin siquiera dejarse ayudar, rodeado de agujas que ya no le señalarán ningún rumbo y vilipendiado por esa bastarda. A no ser por mí, ya se habría ido arrastrando a un cementerio de barcos para morirse sin que nadie lo viera, ¿tú te das cuenta? Él, un gentilhombre galés, con los genitales machacados por el más miserable de todos los miserables. Desde entonces me resulta literalmente imposible permanecer junto a mi hermano sin que se me llene todo el cuerpo de arrugas —posó sus ojos llorosos en la carnosidad de los pechos—. También yo me voy a morir cualquier día convertida en una enorme arruga. No voy a tener necesidad de irme a ningún cementerio de barcos porque a nadie le va a importar el sitio donde me muera. ¿Estás ahí, hija? ¿Por qué no has encendido? No te veo, Natalia, ¿estás ahí?

VI

El peso lo hacía andar encorvado y ni siquiera pudo levantar la cabeza para mirar con una mínima atención. Apenas había luz en la galería, pero estaba seguro de haber visto la silueta de una monja observándolo furtivamente a través de una puerta entornada, la toca con algo de postiza y los ojos titilando como dos pabilos. El muchacho siguió su marcha con una lentitud indispuesta y pesarosa. Iba tocado de una especie de capuchón de arpillera, tal vez para evitar las rozaduras o protegerse del polvillo que iba soltando el saco que llevaba a la espalda. Atravesó el traspatio, que daba acceso a una amplia nave de puerta corredera, y soltó el saco con un ágil movimiento rotativo encima de los que ya estaban allí apilados. Una tenue bombilla, medio cegada por una costra de polvo, iluminaba parcialmente la vieja bodega conventual habilitada como almacén de grano. Volvió luego por el mismo camino que había traído y fue andando cada vez más despacio a medida que se acercaba a la puerta. Cuando llegó a su altura se detuvo un instante, no exactamente para comprobar si seguía entreabierta, sino porque sentía algo, una especie de atracción delictiva bullendo aún en la calma del corredor y suscitada sin duda por la anómala actitud de aquella monja entrevista en la penumbra. Pero la puerta estaba cerrada y no se oía ningún presunto indicio que delatara la oculta presencia de nadie. Así que continuó hasta la corraliza donde estaba estacionado el camión y cargó con otro saco, atravesándoselo en la espalda y sacudiendo los hombros en un brusco esfuerzo para equilibrarlo mejor. Regresó luego por el mismo itinerario, una sequedad en la garganta un pellizco en el bajo vientre haciendo más dificultosa su respiración. Jadeaba cuando pasó otra vez ante la puerta y oyó que se abría en aquel preciso momento, apenas una franja de sombra en la que se destacaba justamente la mancha del hábito, sus pliegues difusos y rígidos adosados a la madera negra. La puerta no correspondía desde luego a ninguna zona habitada del convento ni eran horas aquellas de que nadie de la comunidad anduviera por allí merodeando. El muchacho optó por detenerse, aunque el agobio de la carga no lo dejaba hacer otra cosa que corroborar que quien estaba observándolo era efectivamente una novicia, a juzgar por su aspecto. Advirtió entonces sin acabárselo de creer que ella le sonreía con la boca un poco tensa, una mano entre los pechos y una pierna ligeramente encajada entre la hoja y el batiente. Al muchacho le resbalaba por el lagrimal una gota de sudor polvoriento y no vio pero sí oyó un postigo que acababa de cerrarse. Pensó dejar el saco en el suelo cuando sintió los pasos del otro cargador acercándose por la galería.

—Venga, Dimas, que es para hoy. ¿Necesitas carburante?

El cargador adelantó al muchacho y éste siguió detrás de él hasta la bodega sin decir nada. Ni de regreso al camión de vacío ni durante los restantes acarreos volvió a ver la puerta entornada, pero sí creyó barruntar algo parecido a una succión, un roce de telas, un arañazo en la rugosidad de la pared. Sólo cuando volvía de descargar su último saco, el capuchón en la mano, descubrió inopinadamente a la novicia al fondo de la galería. Andaba con un apremio sigiloso delante de él y se volvió un momento a mirarlo antes de desviarse por un pasillo lateral. El muchacho aligeró el paso y torció también por aquel corredor a oscuras, no sabía si en seguimiento de un dudoso regalo o de una segura perdición.

El pasillo doblaba otra vez en sentido paralelo a la galería y terminaba en una ventana enrejada abierta al corral. Entraba por allí un turbio resplandor que parecía bloquear las sombras contra los muros desconchados, sin dejar ver más que aquel trecho final del corredor, un polvo de mazmorra embutido entre las vetas de la humedad. El muchacho llegó hasta la ventana y se volvió con un pusilánime desconcierto, imaginándose medrosamente que la novicia o se había volatilizado sin más o tenía que haber atravesado la pared, pues él no encontró ni puertas ni hueco alguno a todo lo largo del pasillo. La débil claridad le llegaba ahora por la espalda y penetraba a duras penas hasta el recodo. Notó entonces como el parpadeo de una llamita en la medianía del muro, un vaho movedizo que hacía bascular la oscuridad sobre los ladrillos gastados, a uno y otro lado del angosto espacio transitable. Miró más detenidamente y descubrió una especie de postigo abierto en un entrante de la pared y una mano enguantada sosteniendo una palmatoria en la que lucía un cabo de vela. El muchacho tanteó el muro como en busca de algún apoyo no fantasmal. Oyó el desprendimiento de los caliches y pensó vertiginosamente que todo aquello parecía asunto de religión y que se había metido sin querer en una especie de trampa sacrílega. Sintió un escalofrío de temor y miró hacia atrás, quizá para convencerse de que sólo podía salir de allí pasando por delante de la luz. Y así se dispuso a hacerlo, arrimado a la pared corroída y con paso cauteloso, no santiguándose pero sí con la memoria entrecruzada de fuegos fatuos y de otros fuegos más eternos. Quería no mirar hacia el postigo cuando llegara junto a él, pero no pudo evitarlo, y entonces vio lo que supuso que era una imagen planteada por su propia tendencia alucinatoria. Se detuvo perplejo y allí estaba la novicia inmóvil y sonriéndole, la palmatoria levantada a la altura de la cabeza y el hábito abierto por arriba, los menudos pechos blanqueando entre la tela negra con un brillo convexo de cerámica.

—Ven —oyó que decía—. Acércate, no seas miedoso.

El muchacho soltó el capuchón y se adelantó con ademanes de sonámbulo, mientras ella cerraba el postigo lo justo para que él la viera desde fuera pero sin que pudiese entrar.

—¿Te gusta? —preguntó muy bajito la novicia.

Él no pudo responder. Contrajo la cara en una mueca de lelo y alargó una mano temblorosa hacia el interior del cuarto.

—No me toques —susurró la novicia hurtándose a aquel contacto—, no se te ocurra tocarme.

El muchacho empujó la puerta, primero imperceptiblemente y luego con mediano vigor, pero la puerta no cedió ni en uno ni en otro sentido. Pasó entonces la mano por el batiente y tropezó con una especie de aldaba que inmovilizaba de algún modo la hoja en aquella posición.

—Déjame entrar —acertó a balbucir después de tragar saliva—. Nadie va a vernos.

—Ni pensarlo —dijo la novicia—. Si lo intentas, me pongo a gritar. Quédate quieto.

—No hay nadie —insistió él—. ¿Qué es lo que quieres?

—Nada —dijo ella, y se acercó la palmatoria a los breves pechos—. ¿No te gusta verme así?

Al muchacho le ardía la cara, que había medio podido

alojar en la abertura del postigo, una mano en el bastidor y otra en el batiente. No conseguía ver ahora a la novicia, oculta en algún recodo del cuarto que no se abarcaba desde allí, aunque sí seguía distinguiendo el parpadeo de la vela. Pensó en forzar la aldaba, pero ni se atrevió a hacerlo ni supuso que fuese un sistema adecuado para aquella todavía inverosímil situación. Oía un arrastre de pies descalzos y telas almidonadas y ya lacias con la humedad. Esperó un angustioso tiempo de ciego hasta que apareció ella otra vez, no revestida de nada que pudiera tener relación con su estado, sino luciendo una enagua de seda malva medio descolgada de los hombros y un sostén de la misma tela y color, ribeteado de encajes negros. Él no pensaba en nada aproximadamente coherente, a no ser en que iba a despertarse en el camión, tumbado encima de la clandestina carga de trigo, o en que ya se disponía a contarle al manigero las delirantes estratagemas eróticas en que había estado soñando. Pero la novicia dejó realmente la palmatoria en una hornacina que había allí junto, afectada sin duda del exhibicionismo de las visionarias, y se fue sacando la enagua con una atolondrada ficción de impúdica. El muchacho veía evolucionar aquella mano enguantada que tenía algo de pájaro negro y que lo acobardaba sin poder concretar por qué, como tampoco podía concretar ninguna otra subalterna incidencia de lo que supuestamente estaba ocurriendo. Se le nubló la vista cuando ella, una vez desprendida de la enagua, se quitó el diminuto sostén y se quedó por último más desnuda de lo que ninguna mujer podía estarlo, con esa desnudez absoluta y anonadante que sólo consiguen ostentar las castas de profesión. Cruzó ella las manos por detrás de la nuca y abrió un poco desmañadamente las piernas, permaneciendo luego en una postura de estatua copiada al parecer del más prohibido de los libros.

Llegaba entonces hasta allí el estruendo de un camión, perforando la madrugada como un reclamo imposible, el ruido asociado a la aceleración de los pulsos. El muchacho tenía todo el cuerpo agarrotado, con un frenético émbolo de lujuria desplazándose entre el vientre y la garganta. La luz de la vela ponía en la carne de la novicia un voluble y lascivo temblor y su cuerpo fue un instante el de una muñeca articulada. Sentía él la fascinación de aquellos exiguos pezones que parecían mirarlo como dos ojos engurruñidos, de aquel sexo sombreado de una leve pelusa y entreabierto sesgadamente como una boca. Por supuesto que él no podía saberlo, pero ella estaba allí representando todas las remembranzas quiméricas del instinto: era la efigie cuyos órganos sexuales reproducen atávicamente los órganos de los sentidos, era la madre primera que traga semen para traspasarlo al hijo que amamanta, era el animal que enloquece de súbito buscando el cobijo uterino, era la virgen de la vagina dentada y la sulamita de los senos videntes.

El muchacho oía jadear a la novicia mientras él jadeaba, sentía la palpitación del vientre de ella sincronizada a la palpitación del suyo. Se inclinó a ciegas, arañándose con la aldaba y las aristas del postigo, hasta que logró tocar los pechos de la novicia. Hubo un recíproco estremecimiento franqueando el contacto, pero ella lo rechazó a poco no con brusquedad sino incluso con cierta lasitud. Y fue entonces cuando la mano enguantada tropezó con la ávida mano del muchacho. Se inició un leve forcejeo, él obligándola a que le acariciara el sexo, con el que apuntaba en una grotesca y anhelante postura al interior del cuarto, y ella cediendo a veces y a veces rehusando entre nerviosas sacudidas, el orgasmo confundiéndose con el éxtasis, hasta que en una de ésas cayó el guante o la manopla al suelo. El muchacho palpó las membranas interdigitales, una repulsiva equivocación del tacto, pero sólo fue un segundo, pues la novicia lo empujó con una repentina violencia en tanto que desenganchaba la aldaba y cerraba de golpe el postigo. Todo quedó entonces interceptado por un vacío tenebroso, como engullido en esa aberración de la realidad que sucede a la pesadilla. En vano intentó el muchacho por todos los medios, incluso por los menos aconsejables, que ella abriera otra vez o que le dijese algo o diera alguna señal de vida. Ni apoyando la oreja en uno de los cuarterones del postigo oyó más que el ruido que hace la ausencia de ruidos. Ella no estaba allí, no existía, no la había visto nunca, no era nadie, era un paroxismo, un simulacro, una masturbación. Aún permaneció arrimado a la puerta no sabía qué largo tramo de la madrugada, hasta que recogió el capuchón y se alejó por el pasillo como un reo mientras se abrochaba la bragueta.

Ya debía de faltar poco para que amaneciese. El portalón de la corraliza estaba cerrado y el muchacho tuvo que trepar a duras penas por los travesaños para deslizarse por una de las pilastras y saltar afuera. Avanzó por el rellano y se volvió un momento a mirar aquella sombría, ilusoria fachada posterior del convento, a un lado el lienzo de muro con las ventanas enrejadas y, al otro, la tapia blanqueando entre las perfumadas crenchas de la dama de noche. Sentía en las ingles las punzadas friolentas del deseo obstruido, un ramalazo de estupor por dentro de la cabeza. Anduvo luego un buen trecho, todavía extramuros del caserío, y se entró por un callejón sin empedrar abierto entre dos altos paredones de bodegas. Cuando llegó a la cochera de don Fermín, ya no había allí nadie, de modo que se alargó hasta un ventorro del camino que conducía al puerto, donde supuso que encontraría al chófer del camión, como así fue.

—¿Dónde te has metido, criatura? —le preguntó éste al verlo aparecer, un vaso de malta cogido verticalmente entre el pulgar y el índice—. Te estuvimos esperando.

—Me quedé dormido —repuso el muchacho—. Ya ves.

—¿Dormido? —dijo el chófer—. Pues sí que son ganas. ¿Allí dentro?

—Yo qué sé —dijo el muchacho sacudiendo el capuchón en el muslo—. A lo mejor me metí en la cama con una monja.

El chófer lo miró con una hosca desconfianza mientras le daba un sorbetón a su vaso. Tenía la cara terrosa del que duerme a la intemperie y una expresión de cazador furtivo. Observó un momento a los dos únicos hombres que había en la venta y que hablaban al otro lado del mostrador.

—Toma, aquí tienes —le dijo al muchacho, alargándole un sobrecito celeste—. A ver si te espabilas.

—¿Va todo? —preguntó el muchacho.

—Va todo lo que te toca —dijo el chófer—. Me lo dejó el manigero.

El muchacho recogió el sobre, lo ahuecó distraídamente para mirar el contenido y se lo guardó. Llamó luego al ventero y le pidió una copa de aguardiente. Los dos hombres, que debían pertenecer a alguna gañanía de aquellas vecindades, seguían susurrando entre ellos con una contumacia taciturna, bajo un pizarrón donde se leía malamente la lista de los artículos disponibles en el ventorro: «Licores. Velas de sebo. Alpargatas. Carburo. Sal gorda. Yesca. Melaza. Escardillos.»

—¿Se trajina mañana? —inquirió el muchacho con la mirada fija en la tabla grisácea del mostrador.

—Yo me acerco por la tienda —tardó en responder el chófer—. Me parece que hasta el sábado no vas a tener que dormirte de pie —lo cogió del brazo con una prisa súbita—. Andando, Dimas, que ya estamos en el puerto.

El muchacho se bebió de un trago su copa, parecía que con repugnancia, y la pagó cuando ya el chófer había salido. Mientras subían al camión, uno de los braceros se asomó a la puerta del ventorro, la penumbra poniéndole en la cara como una huella vengativa. Atronaba el motor por la insondable placidez del campo, otra vez el vislumbre del cuerpo de la novicia instalado en los boquetes de la incredulidad. No hablaron durante todo el trayecto, el muchacho cabeceando contra el duro respaldo de la cabina y el chófer atento a sortear los baches de la vereda. Ya era de día cuando llegaron al cruce de *Los Gallardetes.* El chófer detuvo un momento el camión, le entregó una talega al consumero que esperaba al filo de la cuneta, y prosiguió la renqueante marcha. Al muchacho lo había sobresaltado la momentánea carencia de estruendos de la carrocería. Parpadeaba frente a aquella primera luz que parecía evacuarse del cercano canal, manchando los majuelos y las huertas de una coloración lechosa y uniforme. Bajaron por Cerromillán y torcieron hacia los tinglados de la zona franca, donde ya comenzaba a percibirse la actividad del primer turno. El camión se paró en el chaflán de un almacén.

—Que no sea nada —dijo el chófer.

El muchacho alzó apenas la mano por toda despedida y se encaminó negligentemente hacia la tienda de Jenaro Lacavallería. Atravesó despacio la explanada aún casi desierta y entró en el almacén de efectos navales por un portillo lateral. Lo primero que hizo fue recoger de un paragüero con ganchos lo que muy bien podía ser el mismo guardapolvo marengo que usara allí el padre durante veinte años. Dudaba entre ponérselo o echarse un rato sobre unos fardos de estopa, cuando apareció el enano. Traía ceñido al cuerpo un mandil de sarga que le llegaba hasta los pies y masticaba una zanahoria o algo con ese aspecto.

—Me apuesto lo que sea a que no te has acostado —dijo a guisa de saludo, una voz gutural de gallo.

El muchacho lo miró sin verlo y no contestó sino con un gruñido.

—O metiéndote donde no debes o de roneo por la Cañavera —añadió el enano, interrumpiendo los mordiscos para hurgarse en las muelas con un alambre—. Cuando no es una cosa es la otra, así te luce.

—Ya te estás callando —dijo el muchacho con una lacónica inercia.

—Y luego aquí sin dar una —concluyó el enano—. Tú me dirás si tengo que callarme.

—¿No te habías muerto? —dijo el muchacho—. Creí que te habías muerto.

El enano tragó su último trozo de zanahoria o raíz similar y amagó una pequeña cabriola, una especie de brinco más bien agorilado que no parecía obedecer a ningún motivo razonable. Dijo con lengua de trapo:

—Tú fíjate. Cuando tu padre empezó a trabajar aquí, yo ya estaba muerto —golpeaba con el puño en unas maromas mientras se reía o hipaba—. De modo que no te fíes de mí.

—¿Va a venir hoy el patrón? —prefirió preguntar el muchacho.

—Por las buenas, lo que quieras —dijo el enano, y se empinó como para dar mayor realce a sus palabras, los ojillos bisojos inyectados en sangre—. Ya tenía que estar aquí, hoy van a empezar esa dichosa obra.

Alguien había abierto la puerta del despacho de vinos y tres hombres que debían ser albañiles y otro más que era mariscador, entraron a la vez. Olía a zotal y a desagües matutinos y a esa destemplanza que sale de las sombras cuando empiezan a disiparse. El muchacho se fue para la trastienda y volvió con un pozal lleno de agua y el pelo chorreando de lo mismo, se conoce que se había querido despejar metiendo la cabeza en el cubo. Andaba como si llevase un saco encima y le golpeara en la memoria, con la persistencia de un error sensitivo, la puerta tras la que vio desnuda a la novicia. Empezó a regar, asperjando el agua con la mano, sobre los ladrillos desajustados y polvorientos, la mirada perdida en una lontananza de absurdos entreveros mentales. El enano lo observaba de cuando en cuando, prorrumpiendo en algún que otro ruido proveniente de la tráquea que no llegaba a ser ni voz ni eructo, al tiempo que iba ordenando en una estantería el heterogéneo amontonamiento de paquetes y cajas. Se asomó de pronto por un lado del mostrador y dijo:

—No puedes ni con el cubo.

—Tu madre la enana —dijo el muchacho sin interrumpir su tarea.

El enano cogió un rebenque embreado que había por allí y se plantó delante del muchacho con un gesto animal de desafío, el agua salpicándole en el mandilón.

—Repítelo —dijo—. Si tienes huevos, repítelo.

—Tu madre la enana —repitió el muchacho.

El enano dio un salto superfluo de enano, con la intención quizá de alcanzar al muchacho con el rebenque lo más arriba posible. Pero el muchacho, que había dejado el pozal en el suelo, esquivó aquella grotesca acometida y casi sostuvo al enano en vilo por debajo del brazo. El enano acezaba igual que un podenco y logró zafarse a la vez que azotaba de refilón las corvas del muchacho. Y en eso acudieron dos de los hombres que habían entrado en el despacho de vinos y apartaron, entre defectuosos consejos, a los desiguales contendientes.

—Un maricón —dijo el enano, cuya palidez había adquirido la tonalidad del mandil—. Eso es lo que tú eres, un maricón.

—¿Qué hago con él? —le preguntó a nadie el muchacho—. No hace más que buscarme y yo como si no fuera conmigo. A ver qué hago con esta cucaracha.

—Déjalo —dijo uno de los hombres—. No te vas a liar con él, estaría bueno.

El enano permanecía delante del mostrador, haciendo oscilar el rebenque en el aire. No decía nada, pero tenía un filo de navaja atravesándole los ojos, que bizqueaban con una ficticia ferocidad de ocelos. Y ya no hubo más conatos de reyerta aquella mañana. El muchacho terminó de regar apresuradamente y se fue otra vez para el fondo de los estantes. La fragancia de los ladrillos rociados salía de la tienda cuando entró Jenaro Lacavallería. En contra de sus hábitos más inalterables, había aparecido por allí casi a la hora en que solía abrirse el despacho de vinos. Se acercó a los supuestos albañiles, sin zambear demasiado, y estuvo hablando con ellos el tiempo justo que tardó en beberse dos copas de orujo. Luego se internó por los intrincados laberintos de la trastienda y salió a poco con un paquete, escrupulosamente envuelto con la técnica de un vendaje de momia. Llamó al muchacho, que ya se había revestido del guardapolvo marengo, y le entregó el paquete diciéndole:

—Lo llevas al Promontorio, para don David.

—¿Ahora? —se extrañó el muchacho.

—¿Te lo apunto o ya te has enterado? —dijo Jenaro Lacavallería, las señas del madrugón acentuando las bolsas púrpuras que tenía debajo de los ojos—. Preguntas por Octavio el jardinero y le encargas que le dé a don David el paquete tan pronto como se levante.

—De acuerdo —dijo el muchacho mientras se despojaba del guardapolvo y se sacudía luego los bajos del pantalón.

—Tan temprano no se va a levantar —dijo Jenaro Lacavallería—, pero es mejor llevárselo ahora —miró al techo en busca de ninguna justificación—. Mucho calor no va a hacer.

El muchacho salió con el paquete y con la tentación del catre de su cuarto bulléndole por los músculos como si se tratara de los mil cojines del paraíso. Siguió la línea de las casas frontales al muelle de los Sirios y vio a Mojarrita y a su tío junto a un carro repleto de cajas de pescado. Discutían al parecer con dos carabineros, Mojarrita mostrando unos papeles y el patrón del *Leonardo II* llevándose las manos a la cabeza con la actitud del injustamente amonestado. El muchacho iba a acercarse pero debió pensarlo mejor, pues siguió su camino sin salirse de la zona de sombra. Había dos lanchas rápidas fondeadas en mitad de la dársena, un lugar por supuesto indebido. Se cruzó con doña Herminia Moratoria y otra dama igualmente altanera, provistas ambas de velos y misales, santificadas y omnipresentes, de vuelta tal vez de las caridades de la hora prima o de la misa de las Preservadas. El muchacho miró a doña Herminia con una especie de desazón visceral con un atisbo de intimidación que él no pudo referir a ninguna clase de coincidencias entre la piel beata y enjoyada de la madre y la piel lasciva y desnuda de la hija. Abrió y cerró los ojos para comprobar que seguía caminando despierto. Y ya en la medianía de la cuesta del Promontorio, se detuvo un rato a descansar, reclinándose al abrigo de un repecho de piedras alfombradas de grama, cerca de la ruinosa torre vigía. Veía desde allí el varadero con sólo dos bous recostados en la ancha franja desalojada por la bajamar, escorados y con las quillas hundidas en la arena, los aparejos milagrosamente mantenidos al filo de la borda. Debió quedarse dormido, porque el sol ya estaba alto cuando lo sobresaltó el trote de un caballo que subía por el carril y cuya visión quedaba interceptada por unos macizos de adelfas. Se levantó aturdidamente y siguió hasta la casona.

Antes de entrar, el muchacho se entretuvo corrigiendo tal vez algún desorden de su conciencia, con el paquete bajo el brazo y las manos en los bolsillos. Entre la verja y la puerta de la casona corría un sendero de grava apisonada. Pero desde allí no se veían más que las cumbreras del tejado y parte del minarete. Lo demás permanecía oculto tras una curva del camino orillado de plátanos y setos de evónimos. Lo primero que vio fue la manguera reptando sobre la gravilla como una boa interminable. Supuso que alguien estaba jalando de ella y acercó la cara a los barrotes, las aristas del postigo conventual clavadas en las mejillas, dispuesto al parecer a llamar al jardinero o a hacerse notar de algún modo. Se dio cuenta entonces que la verja estaba abierta o, al menos, encajada, con el cerrojo descorrido por la parte de dentro. Así que la empujó y subió por el camino vacío. Notaba los vértices de la gravilla incrustados en el esparto de las alpargatas. Al rebasar una breve curva, descubrió el extremo de aquella manguera casi semoviente, por suya boca borbotaba el agua sobre una hijuela de la acequia. Y enseguida llegó frente a una puerta lateral abierta bajo un pequeño porche, con las hojas pintadas de blanco y divididas en pequeños rectángulos de cristal. Tiró de una campanilla y no acudía nadie. Llamó otra vez y apareció una mujer ni vieja ni joven, con aspecto de mayordoma, que lo pensó un momento antes de abrir.

—¿Qué desea? —preguntó con ese despotismo de los mediocres a quienes se les ha concedido algún poder.

—Buenas —dijo el muchacho—. ¿Está Octavio?

—No —dijo la mujer—. O sea, que está pero que no puede salir. ¿Quiere que avise a Antonia?

El muchacho asintió con la cabeza sin saber muy bien por qué.

—Traía este paquete —dijo.

La presunta mayordoma no contestó, se limitó a ajustar algún prudencial pestillo por dentro de la puerta. Tardó en volver bastante más de lo que había tardado en acudir a la llamada y, cuando lo hizo, no venía de dentro de la casa sino por la parte del jardín. Dijo con una estimable voz de mando:

—Acompáñeme.

El muchacho la siguió en silencio, observando de cerca por primera vez los extensos parterres, la fastuosa hilera de ventanas neogóticas, los ricos ornamentos y molduras de la *Casa del Listón*. Atravesaron toda la fachada lateral y siguieron por una pérgola hasta un invernadero que tenía adosada lo que parecía ser una vivienda auxiliar. Antonia les salió al encuentro, provista de un sombrero de pajilla y de un bastón de marfileño puño de cabeza de perro. El muchacho sospechó que toda aquella especie de protocolo o distaba mucho de ser normal o a él se lo parecía en razón de todas las anormalidades que le habían deparado las últimas horas.

—Dime —dijo Antonia entre displicente y mohína—. Soy la guardesa.

—Vengo de parte de don Jenaro —dijo el muchacho con una imprevista timidez, después de mirar a la presunta mayordoma, que permanecía a la escucha—. Tenía que entregarle este paquete a Octavio, es para don David.

—No creo que sea Octavio la persona más indicada para recogerlo —dijo Antonia, echándose el sombrero para atrás—. Tiene fiebre amarilla.

El muchacho se quedó sin saber qué decir ni qué hacer.

—Pierda cuidado —dijo la presunta mayordoma—. Deme a mí el paquete y yo se lo daré al señor. Podía haber empezado por ahí.

—Yo te conozco —le dijo Antonia al muchacho —. Tú eres Dimas, hijo de Dimas.

—Sí —dijo el muchacho.

—Tu padre era amigo mío —dijo Antonia con el tono de la otorgadora de audiencias—. Y de Octavio, claro. Un buen hombre, tu padre.

—¿Qué hago con el paquete? —dijo el muchacho.

Antonia y la presunta mayordoma se miraron con un competitivo encono. Se oyó entonces una voz cascada, como emitida a través de ese tupido embozo de las sábanas sucias de los enfermos, preguntando que quién estaba allí y que qué quería.

—Tiene que tomar mucha leche —fue la única y general respuesta de Antonia—. La leche es buena para todo y, si es de mujer, mejor. ¿Lo sabías?

—Traiga el paquete y yo se lo llevaré al señor —insistió la presunta mayordoma.

—Don Jenaro me dijo que se lo entregara a Octavio —se obstinó en puntualizar el muchacho, haciendo gala de una probidad para la que no estaba capacitado.

—Pero ¿no me estás oyendo, no ves que lo tienen en cuarentena? —dijo Antonia incluso con jactancia—. O me das el paquete a mí o se lo das a ésa —cambió de tono y de postura—. Dimas, hijo, ¿no te habló nunca tu padre de mí, de Antonia Negrón?

—No recuerdo —dijo el muchacho, convencido ya que aquel día era el señalado para que aprendiera algunas verdades sobre un millón de mentiras.

—Nunca me ha gustado tu patrón —dijo Antonia—, ése es una basura. ¿Sabes una cosa, quieres que te la cuente? —se hurgaba en la nariz con la punta de un pañuelo de yerbas—. Al padre del señor, ese caballero que me dejó parte de su fortuna, lo denunció tu patrón a esos cerdos de los moros.

—Por favor, Antonia, que es muy tarde —dijo la que cada vez tenía más cara de mayordoma—. No te sulfures y deja a este muchacho que se vaya —señaló hacia atrás—. La señorita Estefanía ya ha dado el segundo toque.

Volvió a oírse la voz del que se suponía atacado de fiebre amarilla, insistiendo en saber de qué estaban hablando y con qué médico. Y en eso apareció entre unos arbustos un perro danés de aspecto terrorífico, alto casi de un metro y de color arlequín, que corría hacia los allí reunidos como para comprobar si la visita era merecedora de confianza o debía ser devorada de inmediato. Antonia lo detuvo con un gesto ágil y autoritario que no encajaba del todo con su decrepitud. Le mostró al perro la cabeza de perro del bastón.

—Quieto —dijo escuetamente, y el gran danés se echó a sus plantas dispuesto a todas las mansedumbres—. Ya te habrá soltado quien yo sé —se dirigió al muchacho—. Es un regalo que le hizo don Fermín Benijalea al señor. No lleva aquí ni un mes y ya me conoce como de toda la vida, una malva. Lo único que me disgusta de él es que come pájaros, se come todos los pájaros que puede —dio un manotazo en el aire—. Los ve pasar cerca y zas.

El muchacho consideró llegado el momento de escapar, de modo que optó por el método más expeditivo: le entregó el paquete a la presunta mayordoma y se alejó diciendo que tenía mucha prisa y que hubiera alivio. Antonia intentó retenerlo en tanto que retenía al danés, pero desistió al fin y se quedó observando la pérgola con una cabizbaja inexpresividad. La presunta mayordoma precedió al muchacho hasta la puerta donde lo había recibido y le mostró desde allí el sendero que bajaba hasta la verja.

Cuando el muchacho se encontró nuevamente en el camino del Promontorio, tuvo la rara sensación de reincorporarse gustosamente al opaco mundo de los efectos navales y las criaderas de vino, de los barracones de la playa y los tugurios de la Cañavera. Atravesó de nuevo la explanada del muelle, esta vez por el lado de la zona de atraque, y torció después con una oblicua flojedad de asténico hacia la tienda. Estaban descargando unos sacos de cemento junto a un portón lateral, el que daba a la bodega. Volvió a recordar entonces no el acarreo de los costales de grano por el interior del convento, sino la mano palmeada de la novicia, aquel tacto repelente y membranoso que venía a ser como una evidencia previa del castigo destinado a los profanadores. El muchacho entró por el despacho de vinos, saludó con un rutinario movimiento de cabeza al empleado y se dirigió sin más a la trastienda. Le costaba trabajo acomodar la dispersión de sus cavilaciones a la realidad inmediata. Oyó voces antes de llamar a la puerta del cuarto que hacía las veces de escritorio y de empujarla sin esperar respuesta. Jenaro Lacavallería tenía la cara azul del alcohol de la media mañana y hablaba, con la mesa por medio, con su mujer y con mamá Paulina.

—Permiso —dijo apocadamente el muchacho—. Que ya entregué el paquete, ¿algo más?

—Está bien —dijo Jenaro Lacavallería sin hacer ninguna clase de airada mención a la tardanza, cosa que sin duda desconcertó aún más al recadero.

—Es que Octavio tiene la fiebre amarilla —añadió el muchacho—. Le tuve que dar el encargo a una criada.

Se oía un estruendo de escombros y tablones de andamio a todo lo largo de la azotea.

—Está bien —repitió Jenaro Lacavallería—. A ver si se te pega.

El muchacho salió y anduvo como sin vista por la tediosa penumbra del pasillo. Le llegaba a través del panderete lo que hablaban ahora dentro del cuarto.

—Lo siento —decía Nieves—. Pero ya lo tengo decidido.

—Yo no te lo voy a impedir —decía Jenaro Lacavallería—. Y no voy a hacerlo porque lo que estoy deseando es que desaparezcas, punto. Con Ambrosio o con su puta madre. Pero si te vas, ya sabes lo que te espera.

—Lo siento —insistía Nieves—. Voy a irme.

—Es mejor así —decía mamá Paulina— Por eso le aconsejé que se atreviera a contártelo. Las cosas hay que.

El muchacho tuvo el repente de rezagarse para seguir escuchando, pero ni la fatiga ni los broncos golpes de los zapapicos en la azotea, lo dejaron caer en la última contradictoria tentación de aquel día.

VII

SUBIÓ MOROSAMENTE LA ESCALERA, un hueco angosto y sofocante como un conducto de algibe, el barandal dejándole en la mano un frío pringoso. Llegó frente a la puerta, esperó un momento y llamó, dos golpes seguidos y otro más espaciado, no porque se tratara de ninguna contraseña sino porque ese ritmo de la aldaba parecía contrarrestar la arritmia de su pulso. No tardó en abrirse la mirilla, una especie de diafragma que dejaba pasar la luz suficiente para fijar la imagen del visitante, el ojo mágico capaz de registrar cualquier imperceptible síntoma sospechoso.

—¿Quién es? —preguntó alguien.

—Yo —dijo Mojarrita—. Abre, soy yo.

Se oyó el golpe seco de un cerrojo y una quejumbre de

bisagras. Barrió luego el descansillo la luz triste que despedía una rizada tulipa de cristal, balanceante sobre un fondo de silencio malsano. Una mujer de boca sumida y pelambre de medusa, observó dubitativamente a Mojarrita antes de dejarlo pasar. La inspección debió dar resultados positivos, pues la cancerbera acabó franqueándole la entrada al visitante.

—Están todas ocupadas —informó—. O esperas ahí un poco o te das una vuelta, escoge.

A Mojarrita no le satisfizo demasiado la aclaración, pero tampoco quiso elegir la eventualidad de marcharse. Así que pasó al interior del cubil precedido de la benévola medusa. Atravesaron un corto y sombrío pasillo con dos puertas a ambos lados, momentáneamente infranqueables, pero no clausuradas todavía. En cada cuarto, una subrepticia collera de desconocidos escapados de la gañanía o de la lonja, amaestrados por hambre, de gentes que nunca hasta entonces se habían podido aliar en ninguna empresa común. Al fondo quedaba la salita de espera, una habitación casi enteramente ocupada por una mesa camilla de perímetro por lo menos indiscreto. La mesa aparecía vestida de una faldeta de lanilla marrón, sobre la que se extendía un paño no higiénico de ganchillo, con un estilizado florero en cada ángulo.

—Siéntate, guapito —dijo la benévola medusa—. ¿Te tomas algo?

—No —titubeó Mojarrita sin sentarse—. Sí, una copa de ginebra.

—Ginebra no te puedo servir —dijo ella—. ¿Anís, coñac, moscatel?

—Coñac —escogió Mojarrita, las dos manos en el torneado espaldar de una silla de anea—. ¿Está Rosarito?

—¿Rosarito? —repitió ella en tanto que salía—. Ya no trabaja aquí, está en lo de Bárbara.

Mojarrita miró a su alrededor en busca de la ventana que no había. Sólo había cromos de ríos navegables y montañas nevadas y doncellas de otro mundo en posturas contemplativas. Pero lo más visible era una especie de capilla colocada sobre una rinconera, una mariposa encendida delante, no como ofrenda a ninguna estampa de santo o virgen protectora, sino para iluminar la vera efigie de sir Alexander Fleming, entronizado allí seguramente a manera de gremial y venérea gratitud. Mojarrita andaba confundiendo la santidad con la patología cuando oyó a la benévola medusa que regresaba con la copa de coñac. La colocó sobre la mesa y dijo como refiriéndose al coro de las odaliscas:

—Ya van a salir.

Se internó ella de nuevo por las tenebrosidades del corredor, golpeando de paso con brusca intolerancia en dos de las puertas. Mojarrita decidió sentarse en una silla provista de anémico cojín y le dio un sorbetón al venenoso coñac. No hacía frío, pero aquellas desconchadas paredes, revestidas a trechos de moho, dotaban a la salita de un desapacible clima de cueva. Se palpaba ese bloqueo sensitivo que subyace en las casas desde las que no se puede ver el mar. Apareció entonces la primera pupila liberta, una mujer de edad más que adulta, de cuyo hirsuto pelo teñido de pelo de mazorca salía el tufo acre de las albercas donde se macera esparto. Por la blusa de cresatén granate le asomaba una buena porción de los senos, tan apretados uno contra otro que el espacio entre ellos más parecía la deformación de una única mama que un repliegue natural de la anatomía. No tenía uñas, tenía unos cristalitos traslúcidos en las puntas de los dedos. Mojarrita la miraba a hurtadillas mientras ella se despedía de su acompañante y se sentaba al otro lado de la mesa, saludando con una sonrisa que le puso en la boca un pálpito de branquia. Sacó ella luego de una bolsa cosida a la faldeta un pequeño libro amarillento, abierto por la mitad, y se dispuso a proseguir las incidencias de la doncella zarandeada por un destino adverso.

Mojarrita acabó su coñac, más incómodo a medida que descubría mayor acumulación de hongos en las grietas dcl muro. Según la expresión de su cara, podía deducirse que echaba de menos otros hongos, concretamente marinos, entre los que se sentía mucho más a gusto. Se fijó otra vez en la mujer, buscando acaso un antídoto contra cualquier improbable deseo y encontrándolo en las carnes tapadas más que en las destapadas. Y en eso apareció otra vez la benévola medusa en compañía de dos nuevos visitantes, dos hombres ya maduros a los que Mojarrita creía haber visto antes en el muelle. Uno de ellos se sentó junto a la mujer, quien no levantó la vista hasta no haber acabado la página que leía, moviendo los labios con una manifiesta tendencia a masticar las oes. Sólo entonces examinó al aspirante y no pareció demasiado convencida ni de su grado de fealdad ni de su ruda manera de tentarle los muslos. Mojarrita dudaba entre pedir otro coñac o marcharse, levantándose por fin con su más cauto ademán de buzo. Casi tropieza con la segunda liberada, una muchacha decididamente joven, de negro pelo tirante y aceitoso, un encendido rosetón en cada mejilla. Tenía un gesto defensivo que no llegaba a ser huraño y un cuerpo enjuto y como viciado por una tenaz flexión de escardadora. Mojarrita no vio de dónde venía ni con quién, lo cual ya era una ventaja, porque podía no haber salido de ninguno de los cuartos. La miró con su ojo no postizo y ella también lo miró a él al tiempo que le rozaba la cadera al pasar con una molicie irreflexiva, sólo un instante de reconocimiento mutuo, un débil pacto epidérmico.

Ya iba la muchacha a sentarse cuando el otro hombre, que permanecía cabalgando silenciosamente sobre una silla puesta al revés, se levantó con inesperado brío y la cogió de un brazo como si la conociera de antes o se hubiese sorprendido de verla allí, saliendo con ella de la habitación sin más preámbulos. Según todos los síntomas, debía tratarse de algún imprevisto encuentro familiar, o eso fue al menos lo que pensó Mojarrita mientras se asomaba al corredor con ánimo de averiguar en qué terminaba la cosa. Pero la cosa no terminó como él suponía, pues alcanzó a ver a la muchacha entrar en un cuarto acompañada del hombre, volviéndose ella en seguida y haciéndole a Mojarrita una fugaz seña de que esperase, la boca en posición de chupar. Apareció entonces la benévola medusa y se metió en el cubículo detrás de la muchacha. Se escuchaba por alguna parte un rumor de voces y risas más bien subidas de tono. Mojarrita sentía una humedad ingrata en su habitualmente húmedo cuerpo.

Dio unos pasos en dirección a la puerta del cuarto, no sabía de cierto si para entrar él también y hacer salir a aquel hombre o para esperar que fuese ella quien lo hiciera. Pero quien salió fue la benévola medusa, un soniquete de llaves y monedas en la bolsa del delantal. Se quedó inspeccionando a Mojarrita con sañuda desconfianza.

—¿Quieres algo? —preguntó casi obligándolo a andar para atrás.

—Sí —dijo categóricamente Mojarrita—. Le voy a echar un polvo a ésa, dile que salga. Se lo voy a echar ahora mismo.

La medusa cambió al instante de actitud y de aspecto. No llegó a lucir serpientes en la cabellera, pero sí miró a Mojarrita como petrificándolo. Dijo o escupió:

—¿A quién?

—A ésa —reiteró Mojarrita, y apuntaba con un dedo a la puerta en cuestión—. Entra a decírselo, yo te espero aquí.

—¿Sabes una cosa? —dijo la ya airada medusa—. Que a mí no me vengas con martingalas, o sea, que no te lo aguanto.

—Conforme —dijo Mojarrita—. Yo aguanto media hora debajo del agua sin respirar y aquí estoy.

Se abrió una puerta del fondo, ampliando el eco de las voces que parecían salir de allí, y la airada medusa recuperó un insolente resto de su aplomo. Era como si alguien aguardara en algún sitio sin decidirse a intervenir.

—Ahora llamo a un pariente —dijo la airada medusa— y te entiendes con él.

—No hace falta —advirtió Mojarrita—. O me acuesto con ésa antes de que la machaquen o me voy —parpadeó como acordándose de algo—. Una de dos.

—Te vas a ir ahora mismito —dijo la airada medusa.

—Yo largo aquí una sonda —dijo Mojarrita— y la saco llena de mierda.

—¡Alvarito! —llamó la airada medusa con el tono de aplicar un diminutivo a un gigante.

Mojarrita buscaba algo por sus bolsillos cuando apareció no un gigante sino un joven de pelo engominado y mediana corpulencia, la tez del palúdico y la desenvoltura del truhán.

—¿Qué haces tú aquí? —preguntó sin acercarse demasiado—. De modo que eres tú —juntó femeninamente las palmas de las manos—. No sabía que te buscaras la vida fuera del agua.

Mojarrita ni contestó ni recordaba más que con serias dudas al joven de la tez palúdica. Sacó del bolsillo una vieja moneda de plata. La levantó a la altura del ojo que no debía ser de cristal y la examinó por uno y otro lado, supliendo la falta de lupa con la mucha atención.

—El muchachito se las trae —dictaminó la medusa—. Más vale no escarbar.

—Sial, sima, nife —recitó Mojarrita con intempestiva sabiduría geodésica, como ilustrando la alusión de la medusa a escarbar en alguna parte.

—Nada, ningún problema —dijo el joven de la tez palúdica—. Un amigo mío, no tenías ni que haberme llamado —bajó lánguidamente la voz—. Estoy ahí con esos dos artilleros y uno se me ha vestido de sultana, date cuenta.

—Toma —dijo Mojarrita alargando la mano hacia la medusa—. Te cobras el coñac y el resto para lavativas.

—¿Y esto qué carajo es? —preguntó la ya menos airada medusa.

—Esto es un dracma —aclaró Mojarrita—, si es que eso te dice algo. Vale más que tú, cien duros.

—Escucha, banquero —dijo el joven de la tez palúdica—. Otro día vienes y preguntas por mí, ¿te parece bien? —adelantó la cabeza olorosa a brillantina—. O me avisas con tiempo y yo te preparo a dos palomitas para ti solo.

Se oyó lo que parecía una risa de mujer sin serlo y se abrió otro de los cuartos. Una pareja atravesó cautamente el pasillo en dirección a la sala. Mojarrita la miró un momento y se fue hacia la puerta de la escalera, como acometido de una urgencia irremediable. La todavía recelosa medusa lo acompañó de mal grado y ya no hubo más. Otra vez el hueco del aljibe, la grasienta frialdad del hierro, el hedor a sumidero lastrando la pesadez del aire, una sombra cruzándose con la suya. Salió a la calle con la ambigua sospecha de haberse equivocado de sitio, de hora, de ocupación, de haberse equivocado de todo. Era como si lo envolviera una súbita y general incertidumbre submarina, el espíritu del viejo Leiston no incorporado todavía a la incorrupta madera del galeón. Mojarrita se detuvo en una esquina, quiso vomitar y que no, y se internó luego por un dédalo de callejuelas en parte concurridas y mal iluminadas y en parte desiertas y a oscuras. Unos pájaros atravesaron casi sin hacer ruido algún sector del bajo y negro cielo.

Por todo aquel pago de la Cañavera, más allá del camino que conducía a la parte de atrás del varadero, había ido creciendo una especie de nueva población portuaria —hombres de vacilante identidad, mujeres prófugas de la carbonífera sierra o de los antiguos chozos de colonos—, gentes todas ellas enroladas en las escaramuzas de la eventualidad o los cambios de rumbo de la supervivencia. La Cañavera pasó así de ser un campo medio baldío, poblado de lentiscares y huertecillos mustios, a un arrabal de viviendas de adobe encalado, de cobertizos de mampuesto habilitados como fonduchos y cafetines, de viejas casitas de labor convertidas en mancebías. En aquel abigarrado y laberíntico arrabal —que seguía el natural vaciado del terreno y trepaba luego por el talud— sobresalía como un alarde de distinción el bar montado y regido por miss Bárbara, cuyo previsible nombre de *Bar Bara* lucía en un cumplido rótulo luminoso, un rectángulo vertical de intermitentes destellos rojos y amarillos, un somero reclamo para patriotas pudientes.

Lo primero que vio Mojarrita al entrar fue una mesa adosada a otra de igual tamaño. Sentadas alrededor aparecían hasta cinco personas, sin contar a la dueña y a Rosarito —la presunta hija de Antonia Negrón—, a saber: Lorenzo Benijalea, el mayor de los Verdura, otra muchacha con la ampulosa indiscreción de la asidua, y dos personajes con pinta de descarados a sueldo. Mojarrita titubeó un momento antes de dirigirse al mostrador, esa prudencia de embarcar buscando con el pie la estable crujía del bote. Se situó entre unos hombres que bebían con una ecuanimidad de funcionarios por lo menos llamativa y le pidió una ginebra a la que atendía la barra, una joven famélica de grandes ojos pintados con tizo marroquí. Mojarrita se quedó mirando un reloj de anuncio que colgaba de la pared frontal, sorprendiéndose sin duda de la enorme cantidad de tiempo que cabía en un solo minuto: la una menos veintitrés, la una menos veintidós, toda esa eternidad, la vida perdurable, amén.

—Aquí tienes —dijo irreverentemente la camarera.

Mojarrita olisqueó la ginebra antes de probarla, un perfume metálico a botica, un sabor a lo mismo. Miró de refilón hacia los que estaban sentados y sólo entonces descubrió a Rosarito, un poco echada para atrás y sacándole sin ningún disimulo la lengua. Mojarrita sentía en el fondo de los ojos las punzadas del alcohol mal tolerado. Tragó de un buche su ginebra y se volvió para pedir temerariamente otra. Vio entretanto por el espejo ante el que se alineaban las botellas, la nada desapercibida entrada en el bar de Felipe Anafre y su fiel macrocéfalo Basilisco, el primero en aparente misión de ojeador y el segundo ostentando su invariable reminiscencia cuaternaria. Felipe Anafre saludó evasivamente a los de la mesa, recibiendo a cambio otro evasivo saludo por parte de Lorenzo y miss Bárbara. Antes de acercarse al mostrador, se asomó al otro contiguo salón del bar, que estaba vacío. Basilisco husmeó primero en términos generales y luego se aproximó a la barra para verificar si alguno de los que andaba por allí exigía una vigilancia especial o no exigía ninguna o ni tanto ni tan poco. Debió inclinarse por la segunda de esas posibilidades, porque cuando la mirada de Mojarrita tropezó con la suya no descubrió en ella el menor signo de beligerancia, sino una minuciosa expresión de lerdo. Felipe Anafre pidió media botella y una sola copa. Basilisco no bebía o, si bebía, no lo dejaba su amo, así que apoyó la hercúlea espalda en el mostrador y permaneció inmóvil y alerta. Se oyó decir al mayor de los Verdura:

—Huele a penco.

Miss Bárbara se levantó como para evitar que oliese y llenó las copas vacías y medio vacías que encontró sobre las dos mesas. La tira engomada de atrapar moscas se mecía regularmente con las ráfagas del ventilador, un péndulo hediondo marcando el tiempo de todas las contradicciones.

Dos hombres salieron y entró otro con una perplejidad tan modesta que se fue enseguida. Resbalaba por el salón ese silencio que despierta en la noche a los que viven junto al mar y de pronto lo dejan de oír, ese silencio que sale de los pozos a los que se asoman los niños, el que precede a la falacia del que se cree justo. Felipe Anafre llamó a Mojarrita, que se acercó con mediana diligencia, y lo invitó a beber.

—Te quería preguntar una cosa —dijo con un tono de voz más alto del preciso—. A ver si tú me lo aclaras, compañero.

—Usted dirá —dijo Mojarrita más reservado que solícito, la vista clavada en su copa otra vez llena.

—Tu tío Leonardo y tú os ibais a navegar con él —dijo Felipe Anafre—. Me parece que eso es lo que hacíais, ¿o no?

—¿Con quién? —preguntó Mojarrita.

—¿No te lo estoy diciendo? —dijo Felipe Anafre después de echarse el vino a la garganta con técnica de botijo—. Con el viejo Leiston.

—Según y cómo —dijo Mojarrita.

—O sea, que sí —tradujo Felipe Anafre—. ¿A ti te suena que lo mandó matar un cabrón?

La pregunta se había oído en todo el bar e incluso pudo salir a la calle y recorrer la Cañavera como un heraldo provocativo o, quizá mejor, como un reto a todo lo que el temor o la venganza había legislado. Mojarrita apoyó su bota de lona impermeable en el rodapié de la barra. Veía las cascarillas del albayalde y unas manchas de humedad o de cieno recientes. No levantó la cabeza para decir en un susurro:

—Yo lo único que sé es que se ahogó.

—Que viene a ser lo mismo —dijo Felipe Anafre—. Para el caso es lo mismo, no veo la diferencia —se rascó por dentro de la camisa—. Es como cuando sacan a tiros de un bancal al que lo había sembrado.

Lorenzo se levantó y se acercó a Felipe Anafre, seguido del mayor de los Verdura. No tenía en la cara más marcas que las de una discreta palidez. Basilisco se puso inmediatamente al lado de su amo, la mirada mortífera del animal

—quimérico o no— de su nombre. Felipe Anafre sacó una cajita de pastillas, cogió una y le dio otra a Basilisco.

—¿A que tú y yo vamos a tener que hablar de todo eso sin testigos? —propuso muy despacio Lorenzo—. Mano a mano.

—Mejor con testigos —dijo Felipe Anafre, exagerando el chupeteo de la pastilla—. No veo la razón de que hablemos sin testigos —volvió la cabeza a uno y otro lado—. ¿Qué estáis bebiendo?

—Es que tengo la impresión de que me andas buscando —dijo Lorenzo.

—¿Yo? —repuso Felipe Anafre—. ¿Buscándote yo, compañero? Eso era cuando salíamos a cazar alimañas, maldita sea.

—Ten cuidado —fue lo único que se le ocurrió decir a Lorenzo.

—¿Y esas mellizas que se mercó tu padre, siguen dando juego? —preguntó Felipe Anafre como para cambiar de impertinencia—. Dos buenas potritas, sí señor, recuerdo que una era cinco minutos más vieja que la otra.

—Ten cuidado —repitió más amenazadoramente Lorenzo.

Miss Bárbara se deslizó por detrás del mostrador. Parecía que iba a proponer algo cuando Basilisco volvió a bufar, y se produjo como un tintineo de cristales en las repisas.

—Cállate —dijo Felipe Anafre, dirigiéndose primero a Basilisco y luego a Lorenzo—. Yo no tengo que tener cuidado ni de ti ni de nadie, me la trae floja —hizo una pausa para ajustar mejor sus mezclas argumentales—. Lo que ocurre es que yo no aguanto que me timen, no se lo aguanté ni a mi legítima esposa, la madre de puta más grande que he conocido. ¿Tú te das cuenta de cómo funciono?

—Eso es cosa tuya —intervino el mayor de los Verdura con cierto tono conciliador.

Mojarrita sentía los tentáculos de una disputa que ni iba con él ni entendía del todo. Le cruzó por la memoria la aciaga y errática imagen de ahogado del viejo Leiston. Tenía la impresión de ir navegando y que el viento no le ayudaba por aquel rumbo.

—Me tuve que mantener con poca vela durante toda la noche —le dijo a la camarera o a nadie, las volutas del alcohol enroscándose en los atascos de sus ideas.

—Vamos a sentarnos —dijo el mayor de los Verdura, una mano en el brazo de Lorenzo—. Ven.

—Prefiero que éste me aclare lo que pasó con el viejo Leiston —dijo Lorenzo—. Y lo otro también.

—Ahora invita la casa —anunció miss Bárbara con la voz temblona—. ¿Pongo lo mismo?

—A quien le gustaría aclararlo es a mí —dijo Felipe Anafre—. No por nada, sino para saber a qué picador le corresponde cada toro, ¿me explico? —se barrenaba con el índice la palma de la otra mano.

—¿Usted ve a don David? —preguntó de repente Mojarrita, poniéndose en un oportuno traspiés delante de Lorenzo.

Lorenzo no contestó enseguida. Recogió una copa de manos de miss Bárbara, que seguía actuando incompetentemente de amigable componedora.

—¿A ti te ha dicho alguien que hables? —dijo Lorenzo.

—No, señor —repuso Mojarrita—. Es que yo le regalé al padre de don David un mapa que ya no sirve, o sea, que tenía algunos fallos —apoyó un vacilante codo en la barra—. Le dice usted que se lo he dicho yo.

—Éste, aquí donde lo ven —interrumpió Felipe Anafre mostrando a Basilisco como en una barraca de feria—, desbrava a los caballos tocándoles los huevos.

La alusión parecía contener un oculto sentido amenazador. O quizá no fuera más que un incoherente suplemento temático que sólo miss Bárbara pudo interpretar como un remoto corolario de su propia ninfomanía. Pero Mojarrita creyó que era el aviso de la ruptura de hostilidades, por lo que arbitró un remedio que no resultó todo lo desafortunado que podía suponerse. Y lo que hizo fue lo que sigue: se sacó el ojo de cristal con el deliberado propósito de atraer la atención de los contendientes, y lo echó en su copa. El ojo se fue al fondo como todos los ojos de cristal, sólo que con un tenue vaivén de pez agonizante en la pecera. Mojarrita levantó entonces la copa, esbozó un severo y rotativo movimiento de brindis, y se bebió a continuación la ginebra y el ojo de cristal. Anduvo luego chupándolo no sin cierta delectación, hasta que lo escupió en la mano como si del hueso de una fruta se tratara y se quedó mirándolo un momento con el otro ojo disponible. Usó por fin el faldón de la camisa para secarlo y se lo volvió a colocar en la cuenca vacía, un rugoso y cerúleo agujero cuyo poco agradable cariz debió acabar provocando la empresarial repulsa de miss Bárbara.

—Aquí no quiero asquerosidades —dijo—. Eso sí que no.

—Tú no te metas —intervino Lorenzo—. Quédate ahí sentadita hasta que yo te avise.

—La respuesta es no —dijo miss Bárbara con énfasis cinematográfico.

—No sé por qué va a ser una asquerosidad —afirmó Mojarrita, alentado por la entusiasta acogida de la exhibición—. Tengo cincuenta razones para no creer que lo sea.

En contra de todos los pronósticos, la refriega verbal parecía haber perdido virulencia. La tensión, por lo menos, sí se había ido mitigando. Basilisco miraba muy de cerca a Mojarrita, como si la condición de ojituerto representara una auténtica aberración incluso para un antropomorfo. Felipe Anafre aún emitía algún residuo de carcajada mientras se disponía a pagarle a la camarera. Los demás habían vuelto a sentarse, menos Rosarito, que aprovechó el irregular paréntesis para acercarse a Mojarrita y susurrarle que volviera al día siguiente. Y ya todo se fue normalizando con la lánguida neutralidad de una convalecencia. Mojarrita salió del bar poco después de que lo hicieran Felipe Anafre y Basilisco, quien arrambló con una botella de gaseosa y dos ceniceros sin intención ninguna de ocultarlo y por supuesto sin que nadie osara impedírselo.

Mojarrita atravesó la parte alta de la ya desolada Cañavera en dirección al varadero. No lograba concretar muy bien si había estado buscando algún vestigio de viejas culturas comarcanas por algún ignoto paraje submarino, o había descubierto una desconocida red de comunicaciones portuarias que, como los pájaros, aparecían y desaparecían de acuerdo con las mudanzas estacionales. Cuando llegó al varadero, miró hacia la brumosa boca del río y era como si de pronto tuviese ganas de llorar. Sentía a la vez un inestable atisbo de culpa, un asco, unos contradictorios recuerdos que nadie podía compartir, una remuneración.

VIII

La silueta del cuerpo se estacionó como una mancha borrosa en la pared, una especie de halo fosforescente contorneando un bulto todavía informe. No era sin duda el cuerpo que había visto cruzar poco antes, a la vez apacible y apresurado dentro de su anodino desplazamiento. No era tampoco la posible sombra de Sagrario acercándose de puntillas mientras él dormitaba, sino la imagen furtiva de otro cuerpo más plenario y acuciante, ya dimitido para siempre de una intimidad que no dejó nunca de contravenir el fraterno reclamo de los convencionalismos. Se movía sin que se supiese con certeza desde qué sigiloso rincón de la penumbra. Pero aun así podía advertirse como una lenta adecuación del perfil al somero fulgor que filtraban las rendijas, reduciéndose ostensiblemente la distancia entre los hombros mientras se insinuaba el rotundo abultamiento de los senos, la prieta convexidad del vientre, las rodillas demasiado angulosas. Parecía avanzar sin que todavía diera el primer paso hacia la parte de la habitación donde David permanecía recostado en la otomana.

—¿Sabes qué hora es? —oyó decir a su hermana mientras ésta abría discretamente un postigo.

David se incorporó un poco para ver acercarse a Estefanía, situada ya en la zona real del duermevela. La sucinta entrada de la luz apenas había conseguido alterar la bonanza del claroscuro.

—Estaba despierto —dijo David.

Estefanía se aproximó más a la otomana y se sentó en el

borde, su muslo carnoso contra el enteco muslo del hermano. Lo miró como si no quisiera despertarlo del todo y se agachó para rozarle el cuello con la boca. Le puso después el revés de la mano en la frente y susurró:

—¿Cómo te encuentras?

—La pierna me duele un poco —dijo David palpándosela—. Nada, me siento muy bien.

—No me engañes —dijo ella—. No se te ocurra engañarme —y se levantó con el porte de la enfermera despiadada.

A medida que David había ido recuperándose —dentro de su irreversible esterilidad— de aquel accidente que tantas controversias suscitó, también había ido Estefanía reduciendo de algún secundario modo la dosis de sus extravagancias. No es que las monomanías hubiesen remitido enteramente, es que eran distintas, acaso de una arbitrariedad menos insultante para todos, excepto para Sagrario. Al parecer, la evolución se había insinuado en parte durante lo que debió ser el ciclo más prescindible de la convalecencia de David, cuando la hermana se desvivía por atenderlo y disputarle a quienquiera que fuese, Sagrario incluida, el privilegio de ser la que con más amorosa eficacia podía cuidar al inválido. Pero ya antes, a raíz de la definitiva deserción o expulsión de miss Bárbara, se habían ido produciendo algunos impensables cambios en la siempre tornadiza conducta de Estefanía. Como primera medida, decidió ir reduciendo el espacio de la casona que se reservara para su exclusivo disfrute o para no tener que compartir nada con advenedizos. Empezó por renunciar a su gabinete y luego a un cuarto convertido en obrador de variopintas artesanías y más luego a su propia alcoba, refugiándose por último en una salita que daba acceso a un minúsculo baño. Ese nuevo capricho —si es correcto llamarlo así— no llevó consigo, según parecía lo propio, ninguna clase de retraimiento. Más bien ocurrió todo lo contrario. Aquel exacerbado prurito de vivir en sitio tan angosto, pudiendo hacerlo todo lo holgadamente que quisiera, propició como una especie de compensatoria apertura comunicativa. Se conoce que la propia estrechez del espacio habitado, había hecho las veces de estímulo terapéutico para que ella volviera a interesarse por el mundo exterior o, cuando menos, para no ignorar del todo que existía. Se la pudo ver entonces bajar al patio y salir al jardín y conversar de temas inocuos con la servidumbre, aventurándose incluso alguna que otra vez por el camino del Promontorio, la sombrilla y la pamela componiendo una ya anacrónica figura de pastel naturalista, todo ese esplendor marchito que había ido ilustrando su tendencia a la obesidad.

—Me encuentro muy bien —repitió David.

—No te creo —dijo Estefanía—. Anoche oí que te quejabas.

—Se oyen cosas que no son verdad, por las noches —replicó él—. Duendes y todo eso.

—Te oiría aunque fueras navegando a veinte millas de la costa —dijo ella—. Es como si nunca estuviese segura de que sigues estando aquí —se desabrochó el botón de arriba del vestido—. Por eso hago lo imposible para oírte.

—No me he movido desde que creyeron que me había ahogado —dijo él bajando la voz—. ¿O no lo creyó nadie? —y se incorporaba sin demasiada dificultad—. Precisamente mañana voy a salir a ver esa nueva instalación de la bodega.

—Nada más imprudente —dijo ella con el más acusado acento inglés de los momentos de enojo—. No me lleves la contraria por sistema. ¿Quién te ha recomendado semejante dislate?

David contempló indolentemente a la hermana. Dijo:

—Supongo que no querrás someterme a ningún interrogatorio de los tuyos. Cada vez se me hace más difícil recordar lo que he estado haciendo durante todos estos años.

—Puedes estar tranquilo —aseguró ella—. Nunca me he sentido menos inclinada que ahora a hacerte preguntas indiscretas.

—Lo celebro.

—Lo celebres o no, lo que sí me gustaría saber es qué está haciendo aquí Natalia todo el santo día.

Él no contestó sino después de alcanzar el bastón de anatómico puño de plata que había usado preferentemente el padre, la pipa apagada en la otra mano, una réplica exacta del viejo Leiston sentado en el sofá de su despacho bajo el grabado de la *Berenguela*.

—Nada —dijo—. Le gusta estar con nosotros, lo sabes de sobra.

—Una lógica de lo más irrazonable —dijo Estefanía rozándose las pestañas con la yema de un dedo—. ¿Quieres que te refresque la memoria o ya lo hace tu mujer por el procedimiento de imponerte su compañía? Me crucé con ella esta mañana y enseguida noté la maledicencia.

—No empieces, por favor.

—Fíjate que he dicho maledicencia. Me hubiese sido mucho más fácil llamar a las cosas por su nombre.

David encendió su pipa y miró sin querer los voluminosos pechos de su hermana, la boca húmeda con la saliva de la excitación. Volvía a revivir esa perpleja emotividad anclada en una adolescencia atosigante, en un mundo ya abolido que aún seguía conservando para él una ambigua y residual vigencia. Preguntó con la voz velada:

—¿A eso has venido?

—Te equivocas —repuso Estefanía—. Sólo he venido a decirte que me he pasado toda la mañana pensando en tu accidente.

—No sé qué es peor. Ya sabes que no quiero ni oír hablar de ese asunto —removió con el dedo un vaso mediado que había sobre una mesita—. Otra vez no, por favor.

—Cuando empiezan a pasar pájaros antes de que amanezca, siempre recurro a despertarme para volver a pensar en tu accidente. Reconozco que es una obsesión, pero no puedo evitarlo. Sería horrible, de todos modos, que pudiera evitarlo —se dirigió lentamente hacia la vidriera, un empaque tenso de cantante de ópera de espaldas al público—. ¿Tú admitiste alguna vez que el capitán de aquel barco del demonio estaba loco de verdad? ¿Sí? Pues he llegado a la conclusión de que no lo estaba en absoluto, que era el mismo que acabó con papá y que quería acabar contigo.

—Creo que ya me llaman por ahí el viejo Leiston —dijo David.

—¿El viejo Leiston? —se extrañó la hermana.

—Lo que oyes —dijo él bostezando mientras se palmeaba la boca—. Una idea muy poco brillante.

Encorvada y arrastrando los pies, entró Antonia en la habitación sin llamar y sin dar muestras de perseguir ningún objetivo inmediato. Se dirigió fatigosamente hacia el ventanal, pero no llegó a aproximarse del todo a Estefanía, quien simulaba mirar con módica atención los boneteros del jardín.

—Que quería saber cómo seguía —dijo como si cumpliese un incómodo deber.

Estefanía no contestó o, si iba a hacerlo, se adelantó David para preguntarle a su vez:

—¿Es que te pasaba algo?

Ella se volvió entonces hacia Antonia y le indicó que ya se había recuperado y que podía irse. Después se acercó a la otomana y se sentó otra vez junto al hermano con la aparente intención de darle cuenta de sus males. Todo había empezado aquella misma mañana, cuando oyó lo que probablemente había estado oyendo con mayor o menor asiduidad durante toda su vida y que no era otra cosa que un agudo gorgoteo intestinal. Pero sucedió que ella no recordaba haber oído nunca ninguna clase de ruido proveniente de sus tripas, de modo que se quedó primero estupefacta y luego horrorizada. Llamó entonces a la vieja Antonia y a una doncella nueva, a ver si entre las dos conseguían diagnosticar tamaño desarreglo y podían contrarrestarlo con lo que fuese: sinapismos, ungüentos, irrigaciones. No quiso Estefanía avisar a nadie más para no causar innecesarias alarmas. En todo caso, el ruido cedió a poco de que Antonia le recordase si se había tomado el láudano, cosa que casualmente no había hecho y que se apresuró a remediar con una discreta sobredosis.

—No fue nada —concluyó Estefanía—, un susto. Se me pasó enseguida con el láudano.

David miró las pupilas de la hermana dilatadas por el narcótico, los pómulos algo fláccidos dejando en el gesto una sombra triste y voluble.

—Comprendo —dijo, una mano en la rodilla de ella—. Pero lo que tienes que hacer es calmarte.

—Antes era yo quien tenía que pedirte que te calmaras —dijo Estefanía, escarbando entre los restos de un ilusorio exterminio sentimental—. Espera, David; no hagas locuras, David; ten un poco de paciencia, David. Era cuando vivíamos en ese asqueroso muelle —se interrumpió para forzar algún sello de la memoria—. ¿Te acuerdas de aquella inscripción que te atreviste a enmarcar junto a la credencial del Lancaster? ¿Te acuerdas de un día en que te fuiste a navegar sin hacerme caso y yo te la recité?

—¿Qué inscripción? —preguntó David.

Estefanía entornó reflexivamente los ojos. Llegaba de afuera el arrastre de una escoba barriendo la hojarasca.

—*God save thee, ancient Mariner!* —susurró—. Luego decía no sé qué de unos malos espíritus. Papá lo repetía todo el tiempo, ¿es posible que no te acuerdes?

—No —dijo él—. A propósito, don Fermín ya no debe tardar —consultó su reloj—. Todavía es pronto, me avisó con Natalia que iba a venir a eso de las siete y media.

—Hemos llegado a un punto en que cada uno habla de cosas que el otro ha olvidado —musitó ella, y se apretó el vientre con los dedos—. O que cree que no han ocurrido. O que a lo mejor son mentira.

Había algo parecido a una capitulación en las últimas palabras de Estefanía, un hastío lacónico que hizo más opaca la gama de los grises del gabinete.

—La versión de los hechos nunca depende de los hechos —dijo David—. Casi nunca.

—Te suplico que no emplees aforismos para hablar conmigo —dijo Estefanía parpadeando—, hazme ese pequeño favor. Me recuerdas al reverendo Kirkby, aquel pajarraco irlandés que cayó por aquí para bendecir los cañones. Traía un cargamento de aforismos.

—¿Te refieres al obispo Kilmuir?

—Seguramente. A ese puerco repartidor de aforismos, unos libritos donde se decía lo contrario de lo que uno quería creer. Papá lo odiaba.

—Era un fanático seguidor del vizconde de Bonald, eso es lo que era —se frotó la mejilla con el puño del bastón—.

No sé qué pensaría de él si lo volviese a ver ahora. Tenía un estigma en la muñeca que le sangraba en los momentos más inoportunos, una tara de lo más chocante, pregúntale a Natalia. Se hizo muy amigo de los Benijalea.

Estefanía se levantó de repente como si hubiese oído llegar a quien no deseaba ver. Unas pisadas firmes y decididas, no de una sino de al menos dos mujeres, se acercaban en efecto por la parte del vestíbulo. Estefanía se deslizó penosamente por una puerta del fondo antes de que apareciera nadie en el gabinete. No se despidió siquiera y David tuvo la deprimente sensación de que su hermana acababa de emprender un largo, un doloroso, un extenuante viaje hacia alguna zona, acaso la más prohibida, de su propia marginación. Pero ya entraba Sagrario seguida de Natalia y de mamá Paulina, ésta con las trenzas anudadas en la nuca y el ámbar de su piel descolorido y como cuarteado. David se incorporó sin demasiado esfuerzo con ayuda del bastón.

—No te levantes —dijo Sagrario—. Mamá Paulina tiene que hablar contigo.

—Nada más de mi agrado, ya era hora —dijo David—. Ven, siéntate aquí, te estaba esperando desde la semana pasada.

—¿Cómo estás? —le preguntó mamá Paulina después de besarlo y antes de sentarse.

—Bien —dijo David—. Mucho mejor.

—Le gusta que lo mimen —añadió Natalia con su más zalamera madurez de efebo—. Es un mimado.

—Quería verte —dijo mamá Paulina—. Acabo de hablar con Leonardo Fabeiro.

—¿Con quién? —preguntó David mirando por turno a las tres mujeres.

—El patrón del falucho —aclaró Sagrario—. Lo conoces de sobra.

David se acordaba de él con tan colindante puntualidad que pensó por un momento que su hermana había salido a recibirlo.

—Fue a verme esta mañana —dijo mamá Paulina—. No sé cómo explicártelo, es una confesión que me hizo —agachó la cabeza, una frágil zozobra en las largas y descoloridas manos—. No sé.

—Te escucho, ¿qué pasa? —preguntó David y se volvió un momento hacia Sagrario—. ¿Quieres avisar para que traigan el té? O quizá mejor una copa.

—Me estuvo hablando del día en que encontraron a tu padre —prosiguió mamá Paulina con una ficticia entereza—. Él fue el último que lo vio con vida.

—Sí —dijo David—, eso creo.

—Ahora llamo —interrumpió Sagrario—, espera un poco.

Y se sentó en una poltrona de tela brocada, gemela y próxima a la quc Natalia había acercado al sofá.

—Tu padre salió aquella tarde en el falucho con el patrón —dijo mamá Paulina—. Se fueron al varadero y anduvieron buscando a Jaquemate, eso me aseguró, una cosa que no acabo de entender.

—¿A Jaquemate? —inquirió David sin acentuar mucho la interrogación—. Dicen que apareció por aquí con un canasto de hinojo marino cuando Octavio tuvo el escorbuto.

—No recuerdo la visita de ningún fantasma —dijo Sagrario—, a no ser el de un comodoro.

Llegaba del jardín el rumor del agua corriendo por las almenaras de la acequia. Mamá Paulina miró sucesivamente a Natalia y Sagrario mientras parecía contar con un dedo las pecas que tenía bajo los ojos y permanecía de perfil. Respiró como superando algún estricto desconcierto y procedió a relatar las confidencias que le había hecho el patrón del *Leonardo II*, dueño también del lugre que le dejara en testamento el viejo Leiston y que él rebautizó con el ferviente nombre de *Listón*. De manera que el informe de que era depositaria mamá Paulina —cuyas acotaciones y perífrasis diferían sin duda de la versión original— fue el siguiente:

Parece ser que la búsqueda de Jaquemate no dio, como era presumible, ningún resultado positivo, por lo que el viejo Leiston invitó al patrón a no más de tres medias botellas de oloroso antes de volver a embarcar y poner rumbo a los caladeros de Argónida. El patrón no aclaró nunca, sin embargo, si fue en aquellas inmediaciones donde fondearon o bastante más acá, por Punta Bolina. Pero lo más seguro es que lo hicieran por estas últimas aguas, pues el viejo Leiston propuso guardar un minuto de silencio por los ajusticiados al pie del farallón, maldiciendo después en lengua inglesa al que nunca sería llamado por su nombre. El viejo Leiston tenía la voz de cuando lo atormentaba no ningún mal espíritu, sino una sed de las de peor remedio. Le pidió por favor al patrón que se quedara en la proa mientras él se disponía a esperar, con un bichero a mano, la improbable llegada del bote de Jaquemate. Y como quiera que éste tardara en aparecer o sospechase el viejo Leiston que no iba a hacerlo nunca, se volvió con paso inestable y, después de comprobar que no había a bordo ni una mala botella de vino, siguió hasta la proa. Le puso entonces una mano en el hombro al viejo marinero y le aseguró que era la única persona verdaderamente limpia de corazón que había conocido en todas aquellas costas. Se quedó luego callado más tiempo del razonable y, por fin, se hizo prometer que por nada del mundo debía saber nadie —o sólo Mojarrita en caso de inmediata y absoluta necesidad— lo que iba a ocurrir. No podía el patrón romper esa promesa salvo que David sufriera algún accidente —intencionado o fortuito— relacionado de algún modo con la mar, o bien a los dos años de volver a su casa, libre de toda culpa, el capitán Valerio Gazul, dado por muerto. Pasó después a explicarle que él iba a irse nadando hacia la playa, pero que si no regresaba al cabo de un tiempo prudencial, cosa bastante posible, que lo buscara por la orilla, que allí podría encontrarlo aunque fuese en condiciones poco presentables. Una vez que el patrón diera con él, debía cargar con el cuerpo y llevarlo hasta el rompeolas de Cerromillán, dejándolo junto a las defensas en el momento de la vaciante. Le pidió por último que le perdonara tantos engorros y molestias, y eso fue todo en un principio. Al menos, eso fue todo lo que produjo la desesperada y perpleja rebeldía del patrón, quien en vano quiso disuadir al viejo Leiston de que se echase al agua, no ya vestido y sin ninguna plausible causa que lo justificase, sino porque con toda probabilidad había bebido más de la cuenta y no parecía aconsejable un baño tan a destiempo. Insistió además que de ninguna manera iba a consentir en hacerse cómplice de semejante locura. Pero todo ocurrió como si hubiese estado preparado desde mucho antes y como si un repentino y desaforado fatalismo impidiera al patrón actuar con una mínima lógica o con una efectiva resistencia. De forma que éste se quedó petrificado en la proa, casi sin percatarse de lo que hacía, una vez que el viejo Leiston lo abrazara con lágrimas en los ojos. Pasaron todos los pájaros del mundo por encima del falucho. El patrón, de espaldas a la costa como permanecía, oyó el encontronazo del cuerpo contra el agua y como un ruido de remos y velas traslucHando. Sólo entonces miró hacia popa y vio un hueco sobrecogedor, el vacío absolutamente vacío que había ocupado el viejo Leiston por última vez. El patrón seguía anonadado y despavorido, pensando en el terrible desbarajuste de lo que no alcanzaba a entender, un abominable juego de espejos rielando entre dos aguas y reproduciendo imágenes inconexas, perfiles disparatados. Pasó un tiempo difícil de precisar: unos minutos, una hora, el plazo de una marea. Pasó el tiempo justo para hacer más refractaria la aceptación de todo lo que había sucedido. Oteó el patrón la mar en todas direcciones y no descubrió sino un madero que navegaba hacia ningún destino. Se volvió entonces aturdidamente para izar la pequeña vela de mesana, la dejó flamear y cobró el rezón. Se ayudó luego con la caña y el falucho se fue arrimando a la orilla con la tozuda lentitud de quien no quiere llegar. Cuando la quilla rozó tenuemente la arena, el patrón volvió a largar el rezón por barlovento y arrió la vela con una desmañada celeridad. Se arremangó después los pantalones hasta casi las ingles y desembarcó, las algas lamiendo sus piernas del color de la madera del casco. Contempló la desierta extensión de las dunas, un fondo de nopales y carrizos emborronados por el resol. Anduvo merodeando por la orilla y descubrió al fin el cuerpo del viejo Leiston flotando como un saco vacío en la pequeña cavidad abierta entre unos peñascos. Tenía las manos metidas en la arena y la cara debajo del agua, esa postura imposible y profanatoria de asomarse a su propia tumba. El patrón se pasó los dedos por el rostro demacrado y se refregó las cuencas de los ojos con los nudillos, hasta que miró de súbito a su alrededor, no por supuesto para ver si Jaquemate había aparecido a última hora, sino en busca de todos los marineros ahogados que acudirían para velar el cadáver del viejo Leiston. Se sentó después sobre una roca, medio preguntándose qué hacía o podía hacer allí, sentenciado a ser el único indefenso mediador de aquel espantoso velatorio. Unas nubes, moradas y veloces, taparon el sol y tendieron sobre la playa como las hilachas de sombra de un naufragio. El patrón consiguió al fin levantarse y se agachó junto al cuerpo del viejo Leiston, pero no se atrevió a voltearlo para verle la cara. Lo arrastró como pudo hasta el falucho, sólo al principio por fuera del agua, y logró a duras penas encaramarlo a bordo, ayudándose con unas cajas de pescado que apoyó en el poco fondo a manera de tarima. Esperó después un buen rato apoyado en unas maromas, con la angustia agarrotándole el cuerpo y quizá también esa musaraña de la memoria que suele llamarse alma. Un viento funeral ululaba por los trescientos sesenta rumbos de la mar, el frío del cadáver transmitiéndose al frío de la ropa mojada. Cuando se percató de que la marea estaba vaciando, cobró de nuevo el ancla y desembarcó un momento para dar impulso al falucho, saltando enseguida a bordo con la intención de quedarse por aquellas aguas hasta que anocheciera. Oía sin darse cuenta el mar de poniente rompiendo contra la amura, el crujido no inanimado de la jarcia, el flujo de la propia saliva que no podía tragar. Se encontró sin querer con la cara del viejo Leiston, que tenía un rictus casi beatífico en los labios y los ojos cerrados con la expresión del que ha conseguido sortear el suplicio del insomnio. Dejó que el falucho derivara con el viento de través y por allí se mantuvo hasta que el sol se ocultó entre unas nubes amarillas al filo del horizonte. El patrón corrigió entonces el rumbo, poniendo proa al muelle de los Sirios, donde amarró con la noche encima. Solapó el cuerpo entre el aparejo y sacó fuerzas de flaqueza para correr en busca de su sobrino

Mojarrita, a quien debió encontrar en la lonja. No se sabe qué le explicó ni cómo logró convencerlo para que le ayudase a cumplir mancomunadamente la última voluntad del viejo Leiston. Es muy posible que el resto de la narración correspondiera ya a Mojarrita, elevado a partir de entonces al rango de inconsolable y complementario testigo de los hechos. Se conoce, en cualquier caso, que no les fue difícil fingir alguna nocturna faena de bajura para poder rondar por el espigón sin despertar recelos en la batería. No bien tuvieron oportunidad de amarrar por allí cerca, cargaron entre los dos con el cadáver y lo condujeron a través del sombrío repecho del rompeolas hasta la altura de la playa, donde lo arrojaron con el acongojante tósigo de una complicidad jamás imaginada ni entendida. Lo único que Mojarrita se resistió a confesar fue que sacó entonces una navaja del bolsillo, el acero de la hoja untado de betún para que no fulgiera en la penumbra. Se volvió hacia donde ya no se veía al ahogado y besó la navaja, jurando no volver a bucear hasta no vengarse de quienes, real o imaginariamente, hubiesen podido inducir al viejo Leiston a hacer lo que hizo.

—El patrón no quería decírtelo hasta no saber que estabas recuperado del todo —concluyó mamá Paulina—. Podía habértelo contado desde el día de tu accidente, pero primero pensó hablar conmigo. No sabía muy bien qué hacer.

La más o menos fidedigna —o hipotética— historia no parecía haber producido en David más que una mediana impresión, ese brote episódico de una pesadumbre ya macerada por el tiempo. Se quedó un momento pensativo y dijo:

—Lo del suicidio lo sospeché desde un primer momento, pero no conocía los detalles, claro. Preferiría pensar que eso no es mentira.

—Hablaba tanto de sí mismo que nadie sabía cómo era —dijo mamá Paulina, una emoción húmeda en sus ojos celestes, ahora amarillos con la luz.

—Deberías decírselo a Estefanía —sugirió Sagrario—. ¿La llamo?

—No —exclamó David medio incorporándose—, cómo se te ocurre. Ella no se lo iba a creer, nadie en realidad se lo va a creer. Tampoco es eso exactamente lo que debió ocurrir.

—Si tú lo dices —murmuró Natalia.

Sonó algo parecido a una perruna voz de mujer y al ladrido de un perro por algún lugar del piso de arriba.

—Todos pensamos entonces muchas cosas —dijo mamá Paulina palpándose el moño trenzado—. Hasta Ambrosio las pensó.

—Por cierto —interrumpió con falsa curiosidad David—, ¿sabes algo de él?

—Me alegraría que Nieves no se haya equivocado —dijo mamá Paulina—. Hace tiempo que no sé nada de ellos.

—Una decisión muy valiente esa de irse juntos —dijo David con la voz y el gesto del padre—, pero peligrosa también. Siempre me gustó Nieves, una mujer que malgastó en rebelarse contra la mediocridad ajena la energía que necesitaba para dejar de ser mediocre.

Natalia lo miró con esa sonrisa que parecía estabilizarle su impulsiva hermosura de andrógina. Se levantó con un airoso saltito y dijo:

—¿Quién habló de que íbamos a tomar una copa de algo?

—¿Quieres? —preguntó Sagrario levantándose también—. ¿Qué tomas?

—Tu padre se tarda —dijo David—. ¿O no son las ocho todavía?

Apareció otra vez inopinadamente Antonia, un candelabro en una mano, seguida de un perro que, por las trazas, debía pertenecer a una reciente camada del danés. Según su más acendrada costumbre, Antonia no se dirigió a nadie en particular.

—Que ha entrado un murciélago en la sala de arriba —dijo—, qué hago.

David encendió su pipa y miró con cierta tolerante irritación a Sagrario, quien le acababa de entregar, como si fuese la hora de la medicina, una copa de oloroso. Nadie parecía dispuesto a dar ninguna solución a propósito del murciélago. Antonia evolucionaba por la sala con un aire de celadora de ningún orden doméstico.

—Vete arriba, Antonia —decidió proponer Sagrario—. Ahora subiré yo.

—Me gustaría verlo —dijo Antonia mientras salía escoltada por el inseparable cachorro, el injustificado candelabro a la altura de su cara de piel de higo. David cambió de postura y dijo evasivamente:

—No hace más que dar vueltas por la casa como un alma en pena —se rascó el mentón con el pulgar—. Seguramente lo es. ¿Por qué no se queda en el invernadero?

—Se niega a obedecerme —contestó Sagrario sin ninguna especial inquietud.

—Así es —dijo David—, pero yo procuraría que no se negara. Es más cómodo.

Mamá Paulina se levantó con una aparente urgencia. Tenía un ademán fatigado y melancólico, más acusado quizás a medida que se ponía de pie. Si se la miraba de perfil, cualquiera podía preguntarse por qué endiablada crueldad había cumplido más de veinte años.

—Tengo que irme —dijo—, ya vendré con más tiempo —titubeó un punto—. Te encuentro de lo más bien, de verdad.

—No tardes tanto —dijo David y se levantó con cierta desenvoltura para besarla, el cuello de la copa encajado entre los dedos temblorosos.

—Te acompaño —se ofreció Natalia—. Tengo que decirte un secreto.

Sagrario besó también a mamá Paulina en tanto que ésta le acariciaba el pelo. Se quedó después viéndola salir y le pareció de repente que se iba hacia el mismo inconsolable rincón del pasado donde estaba envejeciendo Estefanía.

—Tenía que haber tenido un hijo, mamá Paulina —dijo David sin tiempo de pensar que no debía de haberlo dicho.

Sagrario sí lo pensó antes de responder. Sentía la insidiosa constancia de la esterilidad de David cruzando la habitación como una sombra espuria y disociativa.

—Mejor no tener ningún hijo —musitó—, estoy segura que mamá Paulina también lo cree así.

—Eso es una pobre mentira —dijo David con un ficticio

desdén—. ¿Por qué no me cuentas una mentira más sustanciosa?

—Puede —dijo ella—. Dos mentiras juntas valen por una verdad —se metió una mano con algo de obscena por la cintura de la falda, estirándose la blusa hacia abajo—. Creo que se lo oí decir a tu padre, cada vez te pareces más a él.

—Tú también deberías tener un hijo —añadió David, como queriendo anular con un simple sarcasmo una sentencia irremisible—. ¿Por qué no lo tienes con alguien que valga la pena? Con Lorenzo o con.

Vibró en los cristales el motor de un coche que subía por el sendero del jardín. O tal vez no fuese más que una confusión acústica provocada por una bomba de la alberca.

—¿Qué tengo que contestar, que sí o que no? —dijo lánguidamente Sagrario.

—Me asombra que no elijas la respuesta más ambigua —dijo él—. Ése era uno de tus mayores encantos.

—De acuerdo, comodoro —dijo ella—. Te elijo a ti —se pasó la lengua entre los labios—. ¿No te parece una buena incongruencia?

David bebió un largo trago de su copa. Parecía que ya no iba a agregar nada, pero dijo pausadamente:

—Me temo que no —levantó la vista hacia un sitio que parecía estar mucho más allá del artesonado—. Hasta donde yo recuerdo, todo lo que ha ocurrido es una incongruencia. Pero eso no, eso es una idiotez.

—Voy a tener un hijo —mintió ella—. O sea, que tampoco es verdad.

—Lástima que no puedas tenerlo con Natalia —dijo él y la miró con una intensidad que en ningún caso resultaba insultante—. Físicamente sería perfecto.

—Lástima —repitió ella—. Y ahora cállate, por favor.

Él se calló mientras Sagrario se sentaba a su lado y le arreglaba el pañuelo del cuello con una solicitud entre mimosa y conturbada, esa mezcla de incertidumbre y veracidad en que había consistido su vida entera y quizá también la de todos los restantes protagonistas de esta relación portuaria. David cruzó las piernas y ella le posó una mano inocua en la rodilla, parecían dos amantes que acababan de jurarse infidelidad eterna. Y en eso entró nuevamente Natalia y anunció con una reverencial parodia la llegada de su padre, quien apareció de inmediato conducido por una doncella cuyo uniforme no podía haber sido diseñado sino por Estefanía. David se levantó con la ociosa ayuda de Sagrario antes de que don Fermín atravesara el salón como el generalísimo el podio. Había un silencio antiguo, como copiado de otra escena lejana.

—Perdona el retraso —dijo don Fermín desviándose hacia el sofá, ya previstas las manos para coger a David de los hombros—. Tienes un magnífico aspecto —miró a Sagrario de pasada—, aunque no tanto como esta jovencita.

—*God save thee* —murmuró David sin que aparentemente lo oyera nadie.

Se sentaron cada uno a su tiempo. Sagrario ordenó a la sirvienta que acercara el carrito de las bebidas, una especie de casco de velero con ruedas que habría hecho montar en cólera al viejo Leiston.

—Preferiría que retiraras de la circulación ese armatoste —dijo casi montando en cólera David.

—La *Berenguela* —dijo Natalia con enigmática parquedad, y se quedó un momento en cuclillas, como asomada a un boquete por el que se viera un caduco panorama marítimo.

Sagrario sirvió ella misma otro oloroso para David y un escocés sin agua ni hielo para el recién llegado. Dijo mientras lo hacía:

—Podéis hablar incluso de vinos —miró a David y sonrió—. Si necesitas algo, me llamas. Estamos arriba.

—No del todo —añadió Natalia.

Salieron sin cogerse del brazo y don Fermín las despidió con un amago de saludo militar.

—Perfecto —dijo éste frotándose las manos sin demasiada rapidez—. Ya está todo a punto, nos vamos a hacer los amos.

David también lo quería creer, aunque no con tan codiciosa exclusividad. Parecía estar atento, pero estaba simplemente abstraído. Evocaba sumariamente la fecunda aceleración de sus incursiones en un negocio que no conocía —o conocía mal— y en el que terminó invirtiendo todo el monto en libras de su herencia materna. Después de haber comprado dos viñedos en óptimas tierras de albariza, adquirió una bodega de almacenado de casi seiscientas botas de solera, las mismas que no se habían movido desde antes de que el nuevo dueño saliera de Portsmouth. Finalmente —olvidado sin duda de lo que el viejo Leiston habría definido como la temible tregua que se intercala en el tifón—, accedió a fundar la «Leiston Benijalea, Cosecheros y Exportadores», sociedad en comandita cuyos últimos trámites organizativos acababan entonces de solventarse.

—La oficina está prácticamente lista —dijo don Fermín—. Un alarde, ya me lo vas a contar.

A ver si me acerco por allí un día de éstos —dijo David, y bebió con desusada ansiedad—, ya va siendo hora.

—Una buena noticia —dijo don Fermín con ese aire de no estar del todo sentado que tenía cuando estaba sentado—. Yo te recojo a la hora que más te convenga. O te mando a Lorenzo.

—Cuando acaben de pasar los pájaros —dijo David sin precisar más nada.

Don Fermín tampoco pareció interesado en aclararlo. Olía a ozono y a lavanda incluso con desmesura. David miró hacia la vidriera, que iba adquiriendo una tonalidad cuaresmal con las ya intensas veladuras del crepúsculo. Se irguió un poco y también se irguió confusamente en el cristal una sombra abocetada, un reflejo deforme coincidiendo con el bisel del vidrio. Aquella imagen le pareció de pronto la de otro, póstuma y remota, con esa falsa perseverancia de los muertos que no pueden envejecer. Tuvo la culpable sospecha de que todos sus recuerdos eran erróneos: una especie de última contradicción superpuesta a todas las contradicciones que habían ido reactivándose a medida que se quedaban atrás.

—Comprendo —dijo incomprensiblemente don Fermín—.

Dentro de poco habrá que salir de viaje, a lo mejor ya me puedes acompañar.

—Sí —dijo David mientras recogía de la mesa la belladona—. Tendría que volver a Portsmouth.

Madrid - Soto del Real - Sanlúcar de Barrameda, 1976-1980

Índice

El autor agradece a la Fundación March la ayuda prestada para la realización de este libro.